高等学校土木工程专业系列教材

工程技术经济分析与估价

许 伟 主编

中国建筑工业出版社

图书在版编目（CIP）数据

工程技术经济分析与估价/许伟主编. — 北京：中国建筑工业出版社，2023.5
高等学校土木工程专业系列教材
ISBN 978-7-112-28416-0

Ⅰ.①工… Ⅱ.①许… Ⅲ.①建筑工程-技术经济学-高等学校-教材 Ⅳ.①F407.9

中国国家版本馆 CIP 数据核字（2023）第 035158 号

本书包括工程经济学和工程估价两个部分，为从事工程技术及管理人员提供工程经济分析与管理的基本原理与方法，具有较强的应用性。

工程经济学部分包括基本建设程序及在每个阶段应该完成的主要工作，资金时间价值相关概念及计算方法，建设项目经济评价的静态、动态评价方法、盈亏平衡分析、敏感性分析等方法，价值工程的原理及分析解决问题的主要方法。

工程估价部分系统包括建设项目工程估算、设计概算、施工图预算、招标控制价、投标价的全过程的工程估算方法及在基本建设各阶段如何进行造价控制，基于现行规范《建设工程工程量清单计价规范》GB 50500—2013 和《房屋建筑与装饰工程工程量计算规范》GB 50854—2013 对工程量清单计算及计价方法进行详细解读。

全书配有大量实际案例和习题，实现了理论教学与工程实践的有机结合。

本教材可作为高等学校土木工程专业、工程管理专业、工程造价专业及相关专业的本科、研究生教材及相关执业资格考试的参考书，还可供从事建设工程的建设单位、施工单位及设计监理等工程咨询单位的工程造价管理人员参考使用。

为了便于教学，作者特别制作了配套课件，任课教师可以通过如下途径申请：
1. 邮箱 jckj@cabp.com.cn，12220278@qq.com
2. 电话：（010）58337285
3. 建工书院 http://edu.cabplink.com

责任编辑：吕　娜
责任校对：党　蕾

高等学校土木工程专业系列教材
工程技术经济分析与估价
许　伟　主编

*

中国建筑工业出版社出版、发行（北京海淀三里河路9号）
各地新华书店、建筑书店经销
北京科地亚盟排版公司制版
北京圣夫亚美印刷有限公司印刷

*

开本：787毫米×1092毫米　1/16　印张：16½　字数：408千字
2023年8月第一版　2023年8月第一次印刷
定价：55.00元（赠教师课件）
ISBN 978-7-112-28416-0
（40369）

版权所有　翻印必究
如有内容及印装质量问题，请联系本社读者服务中心退换
电话：（010）58337283　QQ：2885381756
（地址：北京海淀三里河路9号中国建筑工业出版社604室　邮政编码：100037）

前言
PREFACE

　　本书包括工程经济学和工程估价两个部分，为从事工程技术及管理人员提供工程经济分析与管理的基本原理与方法，具有较强的应用性。

　　工程经济学部分包括基本建设程序及在每个阶段应该完成的主要工作，资金时间价值相关概念及计算方法，建设项目经济评价基础知识及静态、动态经济评价方法、盈亏平衡分析、敏感性分析等方法，价值工程的原理及分析解决问题的主要方法。

　　工程估价部分包括工程估价发展的历史沿革及特征，建设项目工程估算、设计概算、施工图预算、招标控制价、投标价的全过程工程估算方法及在基本建设各阶段如何进行造价控制，并基于现行规范《建设工程工程量清单计价规范》GB 50500—2013（简称《计价规范》）和《房屋建筑与装饰工程工程量计算规范》GB 50854—2013 对工程量清单计算及计价方法进行详细解读。

　　本书除介绍工程经济学和工程估计的基本原理外，配以大量的实际图例、案例和常用的表格，力求具有实用性和可操作性，实现理论教学与工程实践的有机结合。

　　教材可作为高等学校土木工程专业、工程管理专业、工程造价专业及相关专业的本科、研究生教材及相关执业资格考试的参考书，还可供从事建设工程的建设单位、施工单位及设计监理等工程咨询单位的工程造价管理人员参考使用。

　　本书由沈阳建筑大学许伟担任主编，并负责全书的统稿编写工作。沈阳建筑大学许峰、刘莉担任副主编；沈阳建筑大学石刚、吴潜、郭凯、张逸超、东北大学李艺、沈阳城市学院许璐、浙江万科南都房地产有限公司许博超、大连海洋大学陈杨、中建三局科创产业发展有限公司刘翔参编；研究生葛超、何昱娇、郑法东、李亚静、程嘉宝、魏玉波对全书的校对、插图等做了大量工作。

　　沈阳建筑大学张海霞教授对本书进行了认真的审核，特此感谢。

　　本书在编写过程中，参阅和引用了不少专家、学者论著中的有关资料，在此表示衷心感谢。

　　本书获沈阳建筑大学校级质量工程教材出版资助。

　　由于作者的理论水平和工作实际经验有限，成书过程中，虽经仔细校对修改，但难免仍有不当之处，敬请各位专家和学者不吝指教。

目 录
CONTENTS

第1章 工程经济学概述 ... 1
1.1 工程技术经济的概念 ... 2
1.1.1 工程、技术与经济 ... 2
1.1.2 工程经济学的研究对象 ... 2
1.1.3 工程经济学的产生和发展 ... 3
1.2 工程经济学的特点 ... 4
1.2.1 立体性 ... 4
1.2.2 实用性 ... 4
1.2.3 定量性 ... 4
1.2.4 比较性 ... 4
1.2.5 预测性 ... 4
1.3 基本建设程序 ... 5
1.3.1 基本建设的概念 ... 5
1.3.2 基本建设的内容 ... 5
1.3.3 基本建设项目的分类 ... 5
1.3.4 基本建设程序 ... 5
1.4 工程项目设计与施工阶段 ... 8
1.4.1 设计阶段 ... 8
1.4.2 资金使用计划的编制 ... 8
1.4.3 施工合同的订立 ... 9
1.4.4 组织施工 ... 9
1.4.5 生产准备 ... 9
1.5 工程项目竣工验收阶段 ... 9
1.5.1 竣工验收的程序 ... 9
1.5.2 竣工验收的内容 ... 10
1.5.3 保修 ... 10
习题 ... 10

第2章 资金时间价值 ... 11
2.1 资金时间价值的基本概念 ... 12
2.1.1 资金时间价值与等值资金 ... 12

  2.1.2 建设项目的现金流量与现金流量图 ……………………………………… 12
  2.1.3 利息及计算 ………………………………………………………………… 13
 2.2 资金等值时间变换公式 ……………………………………………………………… 15
  2.2.1 现值与终值的相互变换 …………………………………………………… 15
  2.2.2 年值与终值的相互变换 …………………………………………………… 16
  2.2.3 年值与现值的相互变换 …………………………………………………… 18
  2.2.4 等差系列公式 ……………………………………………………………… 20
  2.2.5 等比系列公式 ……………………………………………………………… 22
 2.3 名义利率和实际利率 ………………………………………………………………… 22
 习题 ………………………………………………………………………………………… 23

第3章 建设项目经济评价 …………………………………………………………… 24

 3.1 建设项目经济评价概述 ……………………………………………………………… 25
  3.1.1 建设项目经济评价的含义 ………………………………………………… 25
  3.1.2 建设项目经济评价的层次 ………………………………………………… 25
  3.1.3 常用的建设项目经济评价指标 …………………………………………… 25
 3.2 建设项目盈利能力指标 ……………………………………………………………… 26
  3.2.1 静态投资回收期 …………………………………………………………… 26
  3.2.2 动态投资回收期 …………………………………………………………… 27
  3.2.3 净现值 ……………………………………………………………………… 29
  3.2.4 净年值 ……………………………………………………………………… 31
  3.2.5 内部收益率 ………………………………………………………………… 32
 3.3 建设项目清偿能力指标 ……………………………………………………………… 33
  3.3.1 借款偿还期 ………………………………………………………………… 33
  3.3.2 利息备付率 ………………………………………………………………… 34
  3.3.3 偿债备付率 ………………………………………………………………… 35
  3.3.4 资产负债率 ………………………………………………………………… 36
  3.3.5 流动比率 …………………………………………………………………… 36
  3.3.6 速动比率 …………………………………………………………………… 37
 3.4 盈亏平衡分析 ………………………………………………………………………… 37
  3.4.1 线性盈亏平衡分析 ………………………………………………………… 38
  3.4.2 非线性盈亏平衡分析 ……………………………………………………… 39
 3.5 敏感性分析 …………………………………………………………………………… 40
  3.5.1 基本概念 …………………………………………………………………… 40
  3.5.2 敏感性分析的一般步骤 …………………………………………………… 40
 3.6 决策方法 ……………………………………………………………………………… 43
  3.6.1 决策问题的构成 …………………………………………………………… 43
  3.6.2 决策的分类 ………………………………………………………………… 43
  3.6.3 非确定型决策方法 ………………………………………………………… 43

  3.6.4 风险型决策的方法 ····· 45
 习题 ····· 47

第4章 价值工程 ····· 49

 4.1 概述 ····· 50
  4.1.1 价值工程的产生与发展 ····· 50
  4.1.2 价值工程的概念 ····· 51
  4.1.3 实施程序 ····· 52
 4.2 价值工程对象的选择 ····· 53
  4.2.1 选择对象的原则 ····· 53
  4.2.2 选择方法 ····· 53
 4.3 信息资料收集 ····· 58
  4.3.1 信息资料收集的原则 ····· 58
  4.3.2 信息资料收集的内容 ····· 59
  4.3.3 信息资料收集的方法 ····· 60
 4.4 功能分析 ····· 60
  4.4.1 功能分类 ····· 60
  4.4.2 功能定义 ····· 61
  4.4.3 功能整理 ····· 61
 4.5 功能评价 ····· 62
  4.5.1 功能成本法 ····· 62
  4.5.2 功能指数法 ····· 64
 4.6 改进方案的提出与评价 ····· 66
  4.6.1 方案创新的方法 ····· 66
  4.6.2 方案评价 ····· 67
 习题 ····· 68

第5章 建设工程造价 ····· 69

 5.1 概述 ····· 70
  5.1.1 定义 ····· 70
  5.1.2 建筑工程造价运动的经济规律 ····· 70
 5.2 工程造价管理体系的历史沿革 ····· 71
  5.2.1 国外发展历史 ····· 72
  5.2.2 国内发展历史 ····· 73
 5.3 建设工程造价特点 ····· 74
  5.3.1 单件性计价 ····· 74
  5.3.2 多次性计价 ····· 74
  5.3.3 按工程构成的分部组合计价 ····· 74
  5.3.4 动态性 ····· 75

5.4 建设工程造价的组成 ·· 75
 5.4.1 设备工器具购置费 ·· 75
 5.4.2 建筑安装工程费 ·· 76
 5.4.3 工程建设其他费用 ·· 83
 5.4.4 预备费及其构成 ·· 84
 5.4.5 建设期贷款利息与铺底流动资金 ·· 85
5.5 世界银行和国际咨询工程师联合会建设项目投资组成 ···························· 86
 5.5.1 项目直接建设成本 ·· 86
 5.5.2 项目间接建设成本 ·· 87
 5.5.3 应急费 ·· 87
 5.5.4 建设成本上升费用 ·· 88
习题 ··· 88

第6章 造价控制 ·· 89

6.1 投资决策阶段工程造价的确定与控制 ·· 90
 6.1.1 概述 ·· 90
 6.1.2 投资估算的编制方法 ·· 90
 6.1.3 基于现代数学理论的投资估算方法 ·· 93
6.2 设计阶段工程造价的确定与控制 ·· 96
 6.2.1 设计概算的编制与审查 ·· 96
 6.2.2 施工图预算的编制与审查 ·· 104
 6.2.3 价值工程在优化设计中的运用 ·· 109
 6.2.4 推行限额设计 ·· 110
 6.2.5 加强设计规范和标准设计的制定和应用 ·· 114
 6.2.6 设计对建设工程造价影响因素分析 ·· 116
6.3 施工阶段工程造价的确定与控制 ·· 122
 6.3.1 索赔与现场签证 ·· 122
 6.3.2 建设工程价款结算 ·· 133
 6.3.3 工程价款的动态结算 ·· 140
习题 ··· 142

第7章 工程量清单计价 ·· 143

7.1 概述 ··· 144
 7.1.1 基本概念 ·· 144
 7.1.2 工程量清单的编制 ·· 147
7.2 工程量清单计价 ··· 152
 7.2.1 简介 ·· 152
 7.2.2 基于综合单价法的工程造价计算 ·· 153
7.3 招标控制价的编制 ··· 159

- 7.3.1 招标控制价的概念 …………………………………………………… 159
- 7.3.2 招标控制价的编制依据与程序 ………………………………………… 160
- 7.3.3 招标控制价的编制 …………………………………………………… 160

7.4 投标价的编制

- 7.4.1 投标价的概念 ………………………………………………………… 162
- 7.4.2 编制投标价的注意事项 ……………………………………………… 162
- 7.4.3 投标价的编制依据 …………………………………………………… 163
- 7.4.4 投标价的编制内容 …………………………………………………… 163

7.5 合同价款的约定

- 7.5.1 合同类型 ……………………………………………………………… 166
- 7.5.2 合同价款的约定 ……………………………………………………… 167

7.6 工程量计算

- 7.6.1 概述 …………………………………………………………………… 168
- 7.6.2 建筑面积计算规则 …………………………………………………… 169
- 7.6.3 土石方工程 …………………………………………………………… 180
- 7.6.4 地基处理与边坡支护工程 …………………………………………… 185
- 7.6.5 桩基工程 ……………………………………………………………… 189
- 7.6.6 砌筑工程 ……………………………………………………………… 195
- 7.6.7 混凝土及钢筋混凝土工程 …………………………………………… 201
- 7.6.8 金属结构工程 ………………………………………………………… 216
- 7.6.9 木结构工程 …………………………………………………………… 221
- 7.6.10 门窗工程 …………………………………………………………… 222
- 7.6.11 屋面及防水工程 …………………………………………………… 228
- 7.6.12 保温、隔热、防腐工程 …………………………………………… 233
- 7.6.13 楼地面装饰工程 …………………………………………………… 236
- 7.6.14 墙柱面装饰与隔断幕墙工程 ……………………………………… 242
- 7.6.15 天棚工程 …………………………………………………………… 247
- 7.6.16 油漆、涂料、裱糊工程 …………………………………………… 249

习题 ………………………………………………………………………… 252

主要参考文献 ……………………………………………………………… 253

部分习题
参考答案

第 1 章
工程经济学概述

chapter 01

1.1 工程技术经济的概念

1.1.1 工程、技术与经济

工程是指土木、机械、水利等需要投入大量人力、物力、生产经验、知识技能的学科，是指人们应用科学的理论、技术手段和先进的设备来完成的较大且复杂的具体实践活动。

在现代社会中，"工程"一词有狭义和广义之分。就狭义而言，工程的定义为"以某组设想的目标为依据，应用有关的学科知识和技术手段，通过一群人的有组织活动将某个（或某些）现有实体（自然的或人造的）转化为具有预期使用价值的人造产品的过程"。就广义而言，工程的定义为"一群人为达到某种目的，在一个较长时间周期内进行协作活动的过程，是将自然科学的理论应用到具体工农业生产部门中形成各学科的总称"。工程是需要投入较多的人力、物力进行的较大且复杂的工作，需要一个较长的时间周期来完成。

技术是人类改造自然的手段和方法，是应用各种科学所揭示的客观规律进行各种结构或系统开发、设计和制造所采用的方法、措施、技巧等的总和。技术不仅包含劳动者的技能，还包括部分取代这些技能的物资手段。它包括劳动工具、劳动对象等一切劳动的物资手段以及工艺、方法、程序、信息、经验、技巧和管理能力等非物资手段。

经济是个多义词，通常包括以下几方面含义：

(1) 指经济关系或经济制度，如马克思的《政治经济学》中所研究的"经济"的含义；

(2) 指一个国家国民经济部门或总体的简称，如国民经济、农业经济中"经济"的含义；

(3) 指物资资料的生产以及与其相适应的交换、分配、消费等生产和再生产活动，如工业经济学中研究的"经济"的含义；

(4) 指资源的有效利用和节约，有精打细算之意，如工程经济学中研究的"经济"的含义。

工程技术经济学是一门研究技术和经济之间辩证关系的学科。工程经济研究的主要是人、财、物、时间等资源的节约和有效利用，以及技术经济决策涉及的经济问题。

工程技术和经济的关系十分密切。要发展经济，必须采用一定的技术手段，而任何技术手段的运用，都必须消耗人力、物力、财力等经济资源。二者互相促进又互相制约，经济的发展离不开技术的进步，技术的发展也离不开经济的支持。

1.1.2 工程经济学的研究对象

工程经济学（我国多称为工程技术经济学）的研究贯穿基本建设的各个阶段。工程经济学是一门工程与经济的交叉学科，工程经济分析的目的是提高工程经济活动的效果。实际上，工程经济学是为了从经济角度解决对技术方案的选择问题，为正确的投资决策提供科学依据的一门应用性综合学科。这也是工程经济学区别于其他经济学的显著标志。

工程经济学的任务不是创造和发明新技术，而是对成熟的技术和新技术进行经济性分析、比较和评价，从经济的角度为技术的采用和发展提供决策依据。工程经济学也不去研究经济规律，它是在尊重客观规律的前提下，对技术方案的经济效果进行分析和评价。

1.1.3　工程经济学的产生和发展

工程经济学是一门研究技术领域内资源的最佳配置，寻找技术与经济的最佳结合以求可持续发展的科学。工程经济学产生的标志是：1887 年，美国的土木工程师亚瑟·M·惠灵顿（A·M. Wellington）出版的著作《铁路布局的经济理论》。

当时美国正进行大规模的铁路建设，其投资超过了其他所有工业固定资产的投资，耗资极大，但铁路投资回收却很慢。作为一名建筑工程师，惠灵顿经过研究发现，铁路线路的选择是一个含有许多可行性方案的工程项目，然而许多铁路工程师在选择方案时，只考虑技术上的可行性，很少注意铁路工程所需要的投资和将来可能带来的经济效益，几乎完全忽视了在收益和运营费用上对各方案加以比较，这也正是铁路建成后投资回收慢的原因所在。惠灵顿首次将成本分析方法应用于铁路的最佳长度和路线选择，并提出了工程利息的概念，开创了工程领域中的经济评价工作。他在书中指出：因布局的错误"可以使为数众多的镐、铲和机车干着徒劳无益的活。"他在《铁路布局的经济理论》一书中，对工程经济下了第一个简明的定义："一门少花钱多办事的艺术"。

1915 年，斯坦福大学菲什（J·C. Fish）教授运用数学方法对工程的投资效益进行了分析，出版了第一部名为《工程经济学》的著作。他将投资模型与证券市场联系起来，分析内容包括投资、利率、估价与预测、工程报告等。与此同时，戈尔德曼（O·B. Gold-man）教授在其《财务工程学》一书中提出了决定相对价值的复利模型，他还颇有见地地指出"有一种奇怪而遗憾的现象，就是许多作者在其工程著作中，没有或很少考虑成本问题。实际上，工程师最基本的责任是考虑成本，以便取得真正的经济效益。"

真正使工程经济学成为一门系统化科学的学者是格兰特（E·L. Grant）教授。他在 1930 年发表了被誉为工程经济学经典之作的《工程经济学原理》。格兰特教授不仅在该书中剖析了古典工程经济的局限性，而且以复利计算为基础，讨论了判别因子和短期评价的重要性以及资本长期投资的一般方法，首创了工程经济的评价理论和原则。他的许多理论贡献获得了社会公认，被誉为工程经济学之父。

1982 年，里格斯（J·L. Riggs）的著作《工程经济学》出版。该书内容丰富新颖、论述严谨，系统地阐述了货币的时间价值、货币价值、经济决策和风险以及不确定性等工程经济学的内容，把工程经济学的学科水平向前推进了一大步。

在我国，工程经济学作为一门独立的学科，产生于 20 世纪 50 年代末期、60 年代初期，1963 年被列入全国的科学发展规划。这一时期属于经济分析方法与经济效果学发展阶段，经济分析方法开始应用于工程技术中，并在工程建设和许多领域得到广泛应用，是发展较快的时期。

改革开放之后，工程经济研究又活跃起来。1978 年成立了中国技术经济研究会，20 世纪 70 年代末，中国建筑学会正式成立了建筑经济学术委员会。国务院于 1981 年批准成立技术经济研究中心，标志着我国工程经济学的发展进入了一个新阶段，以建筑经济为主的工程经济得到迅猛发展。这一时期，各省市部门的技术经济研究会相继成立，各高等院校工程经济课程也不断发展。化工、机械工程、能源、水利、农业、林业、冶金等部门都成立了相应机构。从全国的发展来看,工程经济这门学科处于方兴未艾阶段。

目前,工程经济学原理和方法在经济建设的项目评价中得到系统、广泛地应用,学科体系、理论与方法等研究不断深入,形成了较完整的学科体系,属于蓬勃发展阶段,也是各类执业考试的必考科目。

1.2 工程经济学的特点

1.2.1 立体性

工程经济学是由工程技术学科、经济学科以及管理学科互相交叉结合而形成的综合性边缘学科,研究内容涉及工程建设项目的前期、中期、后期等各个阶段,充分体现其综合性、立体性。

1.2.2 实用性

工程经济学之所以具有强大的生命力就在于它非常实用。工程经济学研究的课题,分析的方案都来源于生产建设实际,并紧密结合生产技术和经济活动进行,而它的分析和研究成果又都直接用于并指导生产实践。工程经济学的研究内容是在技术上可行的条件确定后,进行经济合理性的研究与论证。

1.2.3 定量性

工程经济学的研究方法是定量计算与定性分析相结合,以定量计算为主。

1.2.4 比较性

工程经济学研究的实质是进行经济比较。工程经济分析通过对经济效果进行比较,从众多可行的技术方案中选择满意的可行方案。工程经济学是对技术可行性方案的未来"差异"进行经济效果分析、比较的科学。工程经济学的着眼点,除研究各方案可行性与合理性之外,还要放在各方案之间的经济效果差别上,把各方案中相等的因素在具体分析中略去,以简化分析和计算。

1.2.5 预测性

工程经济分析活动大多在事件发生之前进行。工程经济分析是对将要实现的技术政策、技术措施、技术方案进行事先的分析评价。工程经济学所讨论的经济效果问题几乎都和"未来"有关。着眼于"未来",也就是对技术政策、技术措施制定后或技术方案被采纳后将要带来的经济效果进行计算、分析与比较。

工程经济分析对将要实现的技术政策、措施、方案进行预先的分析、评价、选优。既然工程经济学讨论的是各方案未来的经济效果问题,那就意味着会有对不确定性因素与随机因素的预测与估计,这将关系到技术效果评价的结果。因此,工程经济学是建立在预测基础上的科学。

1.3 基本建设程序

1.3.1 基本建设的概念

基本建设是指利用国家预算内基建拨款、自筹资金、国内外基本建设贷款以及其他专项资金进行的以扩大生产和再生产能力为主要目的的新建、扩建、改建工程及有关工作。

1.3.2 基本建设的内容

（1）所需要进行的全部建筑工程；
（2）各种大型设备的安装工程；
（3）项目内的各种材料、设备、工具、器具等的购置工作；
（4）建设项目的勘测设计工作；
（5）与基本建设连带有关的其他建设工作。

1.3.3 基本建设项目的分类

基本建设项目按性质划分可划分为以下 5 类：

1. 新建项目
从无到有或扩建后固定资产价值较原固定资产价值增加三倍以上的扩建工程。

2. 扩建项目
在原有固定资产的基础上，兴建的一些主要生产车间或其他工程项目，扩大生产场所，一般称为外延扩大再生产。

3. 改建项目
为了提高生产效率或改进产品质量或改变产品方向，对原有固定资产进行技术改造的工程项目，一般称为内涵扩大再生产。

4. 恢复项目
为了恢复原貌进行的原来规模的重新建设的工程项目。

5. 迁建项目
搬迁到其他地方建设。

1.3.4 基本建设程序

基本建设程序是基本建设活动过程中必须遵循的前后次序关系。

1. 基本建设程序的内容
第一阶段：工程项目论证阶段。包括可行性研究、可行性研究报告、选择建设地点。
第二阶段：工程项目设计阶段。包括初步设计、技术设计、施工图设计。
第三阶段：工程项目施工阶段。包括基本建设年度计划、建设准备、组织施工和生产准备。
第四阶段：工程项目竣工验收阶段。包括竣工验收、交付使用。

2. 工程项目论证阶段

1) 项目建议书

项目法人按照国民经济和社会发展长远规划、行业规划和建设单位所在的城镇规划的要求,根据本单位的发展需要,经过调查、预测、分析,编报项目建议书。

2) 可行性研究

可行性研究是指在项目投资决策阶段、运用科学的手段和方法,对拟建项目的必要性、可行性和合理性所进行的全面的技术经济论证工作。可行性研究是建设项目前期的重要工作,目的是实现项目决策的科学化、民主化,避免工程建设中的盲目性和风险性,对建设项目的技术先进性和经济合理性进行全面分析和论证。

可行性研究可分为投资机会研究、初步可行性研究、详细可行性研究。可行性研究工作是循序渐进的,各研究阶段的研究内容由浅入深,对建设项目投资与估算的精确程度由粗到细,研究的工作量由小到大,研究工作需要花费的时间和经费也逐渐增加。可行性研究在任何一个阶段,一旦得出"不可行"的研究结论,就不需要再进行下一阶段的研究,具体区别见表1-1。可行性研究也要根据建设项目的规模、性质、要求和复杂程度的不同有所侧重,可进行适当调整和精简。如对小型项目,就可以不必经过投资机会研究阶段,直接进行可行性研究。可行性研究各阶段的要求见表1-1所列。

可行性研究各阶段要求　　表1-1

	目的	投资与成本估算精度	研究费用占投资总额的百分比(%)	所需时间(月)
投资机会研究	鉴别与选择项目,寻找投资机会	±30%	0.2~1.0	1~2
初步可行性研究	对项目进行初步技术经济分析,筛选项目方案	±20%	0.25~1.25	2~3
详细可行性研究	进行深入细致地技术经济分析,多方案优选,提出结论性意见	±10%	大项目0.2~1.0 小项目1.0~3.0	3~6或更长

3) 可行性研究报告的用途及资质要求

可行性研究报告是在招商引资、投资合作、政府立项、银行贷款等领域常用的专业文档,主要对项目实施的可能性、有效性、如何实施、相关技术方案及财务效果进行具体、深入、细致地技术论证和经济评价,以求确定一个在技术上合理、经济上合算的最优方案和最佳时机而形成的书面报告。可行性研究报告按照用途,主要分为6种:

(1) 用于企业融资、对外招商合作的可行性研究报告。这类研究报告通常要求市场分析准确、投资方案合理,并提供竞争分析、营销计划、管理方案、技术研发等实际运作方案。

(2) 用于中华人民共和国国家发展和改革委员会(简称国家发改委)立项的可行性研究报告、项目建议书、项目申请报告。该文件根据《中华人民共和国行政许可法》和《国务院对确需保留的行政审批项目设定行政许可的决定》编写,是大型基础设施项目立项的基础文件,国家发改委根据可行性研究报告进行核准、备案或批复,决定某个项目是否实施。另外医药企业在申请相关证书时也需要编写可行性研究报告。

（3）用于银行贷款的可行性研究报告。商业银行在贷款前进行风险评估时，需要项目方出具详细的可行性研究报告。对于国家开发银行等国内银行，若该报告由甲级资质单位出具，通常不需要再组织专家评审，部分银行的贷款可行性研究报告没有资质要求，但要求融资方案合理、分析正确、信息全面。另外在申请国家的相关政策支持资金、工商注册时往往也需要编写可行性研究报告，该文件类似用于银行贷款的可行性研究报告。

（4）用于境外投资项目核准的可行性研究报告、项目申请报告。企业在实施"走出去"战略，对国外矿产资源和其他产业投资时，需要编写可行性研究报告或项目申请报告，报给国家发展和改革委员会或省发改委；需要申请中国进出口银行境外投资重点项目信贷支持时，也需要可行性研究报告和项目申请报告。

（5）用于企业上市的可行性研究报告，通常需要出具国家发改委的甲级工程咨询资格。

（6）用于申请政府资金（国家发展和改革委员会资金、科技部资金、农业农村部资金）的可行性研究报告。这类可行性报告通常需要出具国家发改委的甲级工程咨询资格。

在上述六种可行性研究报告中，（2）、（3）、（5）、（6）准入门槛高，需要编写单位拥有工程咨询资格，该资格由国家发展和改革委员会颁发，分为甲级、乙级、丙级三个等级，甲级最高。

4）可行性研究报告内涵

可行性研究是建设项目立项、决策的主要依据。按照建设内容不同可行性研究可分为工业建设项目可行性研究、景区开发项目可行性研究、农业与养殖业项目可行性研究、市政项目可行性研究、环保项目可行性研究、交通建设项目可行性研究、教育项目可行性研究等。各类投资项目可行性研究的内容及侧重点因行业特点而差异很大，但一般应包括以下内容：

（1）投资必要性

主要根据市场调查及预测的结果，以及有关的产业政策等因素，论证项目投资建设的必要性。在投资必要性的论证上，一是要做好投资环境的分析，对构成投资环境的各种要素进行全面分析论证；二是要做好市场研究，包括市场供求预测、竞争力分析、价格分析、市场细分、定位及营销策略论证。

（2）技术可行性

主要从项目实施的技术角度，合理设计技术方案，并进行比选和评价。各行业不同项目技术可行性的研究内容及深度差别很大。对于工业项目，可行性研究的技术论证应达到能够比较明确地提出设备清单的深度；对于各种非工业项目，技术方案的论证也应达到目前工程方案初步设计的深度，以便与国际惯例接轨。

（3）财务可行性

主要从项目及投资者的角度，设计合理的财务方案，从企业理财的角度进行资本预算，评价项目的财务盈利能力，进行投资决策，并从融资主体（企业）的角度评价股东投资收益、现金流量计划及债务清偿能力。

（4）组织可行性

制定合理的项目实施进度计划、设计合理的组织机构、选择经验丰富的管理人员、建立良好的协作关系、制定合适的培训计划等，保证项目顺利执行。

(5) 经济可行性

主要从资源配置的角度衡量项目的价值,评价项目在实现区域经济发展目标、有效配置经济资源、增加供应、创造就业、改善环境、提高人民生活质量等方面的效益。

(6) 社会可行性

主要分析项目对社会的影响,包括政治体制、方针政策、经济结构、法律道德、宗教民族、妇女儿童及社会稳定性等。

(7) 风险因素及对策

主要对项目的市场风险、技术风险、财务风险、组织风险、法律风险、经济及社会风险等风险因素进行评价,制定规避风险的对策,为项目全过程的风险管理提供依据。

5) 可行性研究报告编制要点

(1) 设计方案

可行性研究报告的主要任务是对预先设计的方案进行论证,所以必须设计研究方案,才能明确研究对象。

(2) 内容真实

可行性研究报告涉及的内容以及反映情况的数据,必须绝对真实可靠,不允许有任何偏差及失误。其中所运用的资料、数据,都要经过反复核实,以确保内容的真实性。

(3) 预测准确

可行性研究报告是投资决策前的活动。它是在事件没有发生之前的研究,是对事务未来发展的情况、可能遇到的问题和结果的估计,具有预测性。因此,必须进行深入地调查研究,充分地利用资料,运用切合实际的预测方法,科学地预测未来前景。

(4) 论证严密

论证性是可行性研究报告的一个显著特点。要使其有论证性,必须做到运用系统的分析方法,围绕影响项目的各种因素进行全面、系统地分析,既要做宏观的分析,也要做微观的分析。

1.4 工程项目设计与施工阶段

1.4.1 设计阶段

(1) 初步设计

初步设计可用于主要设备的订货和施工的准备工作,如满足土地征用、基建投资控制、编制施工组织设计、编制设计概算等,但不能据以施工。

(2) 技术设计

大型复杂的工程有此设计阶段,如特殊工艺、新型设备等,并据以编制修正总概算。

(3) 施工图设计

在批准的初步设计的基础上设计和绘制出更加具体详细的可据以施工的图纸,据以编制施工图预算。

1.4.2 资金使用计划的编制

可按子项目划分资金使用计划,大中型建设项目都由多个单项工程组成,每个单项工程还可能由多个单位工程组成,而每个单位工程又由许多分部分项工程组成,因此首先要把总投资分解到单项工程和单位工程,在施工阶段一般可分解到分部分项工程中。

1.4.3 施工合同的订立

1. 订立施工合同应具备的条件
(1) 初步设计已经批准;
(2) 工程项目已经列入年度建设计划;
(3) 有能够满足施工需要的设计文件和有关技术资料;
(4) 建设资金和主要建筑材料设备来源已经落实;
(5) 工程中标通知书已经下达。

2. 订立施工合同的程序
依据《中华人民共和国招标投标法》(以下简称:招标投标法)的规定,中标通知书发出 30 天内,中标单位应与建设单位依据招标文件、投标书等签订施工合同。

1.4.4 组织施工

施工合同文件的组成:
(1) 施工合同协议书;
(2) 中标通知书;
(3) 投标书及其附件;
(4) 施工合同专用条款;
(5) 施工合同通用条款;
(6) 标准、规范及有关技术文件;
(7) 图纸;
(8) 工程量清单;
(9) 工程报价单或预算书。

1.4.5 生产准备

生产准备是基本建设程序中的重要环节,是衔接基本建设和生产的桥梁,是建设阶段转入生产经营阶段的必备条件。

1.5 工程项目竣工验收阶段

1.5.1 竣工验收的程序

1. 承包人提交竣工验收报告
承包人向发包人提供完整的竣工资料和竣工验收报告,并提交竣工图。

2. 发包人组织验收
发包人在收到竣工验收报告后 28 天内组织有关部门验收,并在验收 14 天内给予认可或者提出修改意见。承包人应当按要求进行修改,并承担自身原因造成修改的费用。竣工

日期为承包人送交竣工验收报告日期。需修改后才能达到竣工要求的，竣工日期为承包人修改后提请发包方验收日期。

1.5.2　竣工验收的内容

（1）完成工程设计和合同中规定的各项工作内容，达到国家规定的竣工条件；

（2）施工单位：出具工程竣工报告；监理单位：出具工程质量评价报告；勘察设计单位：对设计变更通知书进行确认；

（3）工程质量应符合国家现行有关法律、法规、技术标准、设计文件及合同规定的要求，并经质量监督机构核定为合格；

（4）工程所用的设备和主要建筑材料、构件应具有产品质量出厂检验合格证明和技术标准规定必要的进场试验报告；

（5）具有完整的工程技术档案和竣工图，已办理工程竣工交付使用的有关手续；

（6）已签署工程保修证书。

1.5.3　保修

质量保修期从工程竣工验收合格之日起计算。

《建设工程质量管理条例》和建设部颁发的《房屋建筑工程质量保修办法》对正常使用条件下，建设工程的最低保修期限分别规定为：

（1）地基基础工程和主体结构工程为设计文件规定的该工程合理使用年限；

（2）屋面防水工程、有防水要求的卫生间、房间和外墙面的防渗漏，为5年；

（3）供热与供冷系统，为2个采暖期、供冷期；

（4）电气管线和给水排水管道、设备安装为2年；

（5）装修工程为2年。

其他项目的保修期由发包方与承包方约定。

习题

1. 如何理解工程技术与经济的关系？
2. 工程经济学有哪些特点？
3. 如何理解基本建设与建筑业的关系？
4. 基本建设各阶段应完成的主要工作有哪些？

第 2 章
资金时间价值

chapter 02

2.1 资金时间价值的基本概念

2.1.1 资金时间价值与等值资金

1. 资金时间价值

在工程经济分析中，无论是技术方案所发挥的经济效益，还是所消耗的人力、物力和自然资源，最后基本上都是以货币形态及资金的形式表现出来，资金是企业物资和货币的总和，是用于生产和再生产过程中生产、分配、流通和消费等环节的财产的货币表现。

资金时间价值就是指资金在运动的过程中，其价值随着时间的推移而发生增值的特征，即不同时间发生的等额资金在价值上的差别。具体表现为，当我们将这笔货币资金投入生产、投入经营，那么在正常情况下，经过一段时间之后，这笔资金会增加，这是因为资金在运动的过程中创造出了新的价值。

应该注意的是：

（1）资金具有时间价值是有一定条件的。作为贮藏手段的货币，无论经过多长时间仍为同数量货币，金额不变。只有用于投资和储蓄的货币才有时间价值；

（2）资金的时间价值是客观存在的，是商品生产条件下的普遍规律，只要商品生产存在，资金就具有时间价值。

资金时间价值的意义在生产实践中有广泛应用，最大作用在于使资金的流向更加合理和易于控制，从而使有限的资金发挥更大的作用。在基本建设投资活动过程中，必须充分考虑资金的时间价值，千方百计缩短建设周期，加速资金周转，提高建设资金的使用价值。

2. 等值资金

由于资金具有时间价值，决定了即使金额相等的资金，因其发生的时间不同，其价值也会有所不同。反之，时间不同，绝对数额不等的资金在时间价值的作用下却可能具有相等的价值，这种现象就是资金等值。这种不同时间点上绝对数额不等而其经济价值相等的若干资金称为等值资金。有了资金等值的概念，便于对资金在不同时间点上进行等值变换。

2.1.2 建设项目的现金流量与现金流量图

在工程经济分析过程中，现金流量是一个综合概念。现金，除我们通常所理解的手持现金，即企业的库存现金，还包括现金等价物，即企业持有的期限短、流动性强、容易转换为已知金额现金、价值变动风险很小的货物、有价证券等。现金流量包括资金的大小和方向，分为现金流入、现金流出和净现金流量三个部分。

为了便于说明现金流量的概念，我们把工程经济的研究对象看作是一个项目，这个项目是一个寿命周期，即从项目发生第一笔资金开始一直到项目终结报废为止的整个时间为项目的寿命周期。考察对象一个计算期内各时间点上实际发生的现金流入或现金流出称为现金流量，一般以计息周期（年、季、月）为时间量的单位，用现金流量图或现金流量表来表示。进行投资决策时,主要着眼于项目在整个计算期内的现金流量,因为现金流量最能反映企业经营状况的本质,在众多价值评价指标中,基于现金流量的评价是最具权威性的。

1. 建设项目的现金流量

现金流出量:在某一时间点上,流出项目的货币称现金流出量,包括固定资产投资、流动资金支出、经营成本和销售税金等。

现金流入量:在某一时间点上,流入项目的货币称现金流入量,包括产品销售收入、回收固定资产价值和回收流动资金等。

净现金流量:同一时点上的现金流入量与现金流出量的代数和称为净现金流量。

2. 建设项目的现金流量图

建设项目从决策、设计施工到正常运营要经历相当长的时间,在这个时期内,现金流量的发生次数非常多,且不同的时间点上发生的现金流量是不尽相同的,所以在分析项目的现金流量时,现金流量图就成为一种重要的工具。

现金流量图是将现金流量绘在时间坐标上的图形。图上横坐标表示时间,纵坐标表示资金的收支情况:资金流入为正值,画在横坐标的上方,箭头向上;资金流出为负值,画在横坐标的下方,箭头向下。一般情况下,时间单位为年。投资发生在年初,经营费用、销售收入与残值回收发生在年末。

例如:某工程项目预计寿命为 6 年,总投资额为 200 万元,第一年初投资,当年投产,每年销售收入为 80 万元,第 1 年至第 3 年每年经营费用为 20 万元,第 4 年至第 6 年每年经营费用为 30 万元,第 6 年末收回固定资产余值 10 万元,其现金流量图如图 2-1 所示。

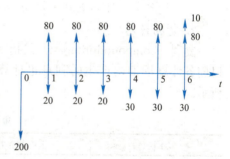

图 2-1 工程项目现金流量图

2.1.3 利息及计算

利息,是货币的所有者因贷出货币而从借贷者手中获得的报酬;从另一个角度看,是借贷者使用货币资金必须支付的代价。工程经济学中,利息是指一定数额货币经过一定时间后,资金的绝对增值,利息一般用"I"表示,其计算公式如下:

$$I = F - P \tag{2-1}$$

式中 I——利息;
F——本金与利息之和(简称本利和);
P——本金。

利率就是在一定时期内的利息与本金的比值,通常用百分比表示,利率一般用"i"表示,其计算公式如下:

$$i = \frac{I_t}{P} \times 100\% \tag{2-2}$$

式中 i——利率;
I_t——单位时间内的利息;

P——本金；

t——计息周期，用来表示计算利息的时间单位。通常用年、月、日表示，也可以用半年、季度来计算。

1. 单利计息

单利（Simple Interest）是指一笔资金无论存期多长，只有本金计取利息，而以前各期利息在下一计息周期内不计算利息的计算方法，即"利不生利"。单利计息的计算公式如下：

$$F = P(1 + i \cdot n) \tag{2-3}$$

式中　F——本利和；

　　　P——本金；

　　　i——利率；

　　　n——计息次数。

【例 2-1】 某工程项目建设贷款 1000 万元，合同规定 4 年后偿还，年利率为 5%，单利计息，问 4 年后应还贷款的本利和共多少？

解　由式（2-3）计算得：

$$F = P(1 + i \cdot n) = 1000(1 + 0.05 \times 4) = 1200 \text{ 万元}$$

2. 复利计息

复利（compound interest）是指一笔资金除本金产生利息外，在下一个计息周期内，以前各计息周期内产生的利息也计算利息，即"利滚利"。复利计算公式推导如表 2-1 所示。

复利计息公式推导表　　　　　　　　　　　表 2-1

年份	年初本金 P	当年利息 I	年末本利和 F
1	P	$P \cdot i$	$P(1+i)$
2	$P(1+i)$	$P(1+i) \cdot i$	$P(1+i)^2$
…	…	…	…
$n-1$	$P(1+i)^{n-2}$	$P(1+i)^{n-2} \cdot i$	$P(1+i)^{n-1}$
n	$P(1+i)^{n-1}$	$P(1+i)^{n-1} \cdot i$	$P(1+i)^n$

由此可以得出复利计算的计算公式如下：

$$F = P(1+i)^n \tag{2-4}$$

式中　F——本金与利息之和（简称本利和）；

　　　P——本金；

　　　i——利率；

　　　n——计息次数。

【例 2-2】 同上例，年利率 5%，复利计息，问 4 年后本利和是多少？

解　由式（2-4）计算得：

$$F = P(1+i)^n = 1000(1 + 5\%)^4 = 1215.51 \text{ 万元}$$

由计算可知，数额相等的一笔贷款，在利率和计算周期均相同的情况下，采用复利法计算的利息总额比单利法计算的利息总额多 15.51 万元。本金越大、利率越高、计息周期越长时，两者差距就越大。

单利"利不生利"不符合客观的经济发展规律，未反映资金随时都在增值的概念，即未完全反映资金的时间价值。所以在工程经济分析中，使用较少。通常，只适用于短期投资及不超过一年的短期贷款。

采用复利计息反映资金时间价值，符合资金运动规律，因为在社会再生产过程中，资金总是不断地周转、循环并增值的。单利计息是假设每年的盈利不再投入到社会再生产中去，这不符合商品化社会生产资金运动的实际情况。因此，建设项目经济评价中采用复利计息进行资金等值变化。

2.2 资金等值时间变换公式

在工程经济分析中，由于资金的时间价值的存在，为了计算项目整个周期内现金流量的真实价值，需要将各个时间点上产生的不同的现金流量转换成同一时间点上的等值资金进行计算和分析。工程项目投资贷款时，有的是一次贷款，一次偿还；有的是一次贷款，分期等额偿还；有的是分期贷款，一次偿还等。根据资金时间分布的不同情况和评价的需要，常用的资金时间价值复利计算公式有：现值与终值的相互变换；年值与终值的相互变换；年值（也称年金）与现值的相互变换等。在计算中常用的概念如下：

现值，用 P(Present Value) 表示。现值是指资金发生在某一特定时间序列起始点或未来某时间点的资金按利率折算到起始点上的价值，即计息周期开始点的金额。

终值，用 F(Future Value) 表示。终值是指资金发生在某一特定时间序列终点或终点以前某时间点的资金按利率折算到终点上的价值，即指全部计息周期末的本利和。

年金，用 A(Annuity) 表示。年金是指发生在（或折算为）某一特定时间序列各计息期的等额资金序列的价值。

利率，用 i(Interest rate) 表示。一般指年利率。

计息周期数，用 n(Number) 表示。

2.2.1 现值与终值的相互变换

1. 一次支付终值公式

此公式可以解决这一类问题：如果现在投资 P，年利率为 i，按复利计息，到 n 年末其本利和 F 为多少？已知现值求终值的现金流量图如图 2-2 所示。

$$F = P(1+i)^n \quad (2-5)$$

式中，系数 $(1+i)^n$ 称为一次支付终值系数。为了计算方便，终值系数也可以用 $(F/P, i, n)$ 表示，故式 (2-5) 可简化为：

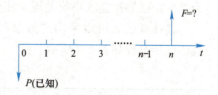

图 2-2 已知现值求终值的现金流量图

$$F = P(F/P, i, n) \quad (2-6)$$

在式中，括号内斜杠前方的符号表示所求的未知数，斜杠后方的符号表示已知数，$F=P(F/P, i, n)$ 表示在已知 P、i、n 的情况下求解 F 的值。计算时，可以查阅复利系数表，查出 $(1+i)^n$ 的值，根据已知值算出 F。

复利表

【例 2-3】 在第一年年初以年利率 5% 投资 1000 万元，按复利计息，到第四年末的本利和是多少？

解 由式（2-5）计算得：

$$F = P(1+i)^n = 1000(1+5\%)^4 = 1216 \text{ 万元}$$

或者可以用复利系数表查表计算：

$$F = P(F/P, i, n) = 1000(F/P, 0.05, 4) = 1000 \times 1.2155 = 1216 \text{ 万元}$$

2. 一次支付现值公式

此公式可以解决这一类问题：假设 n 年后有一笔资金为 F，按年利率 i 折算到现在的价值 P 为多少？这种把将来一定时间收支换算成现值的变换，称"折现"或"贴现"。已知终值求现值的现金流量图如图 2-3 所示。

图 2-3 已知终值求现值的现金流量图

由式（2-5）可知：

$$P = F/(1+i)^n \tag{2-7}$$

式中，系数 $1/(1+i)^n$ 称为一次支付现值系数，为了计算方便，现值系数也可以用 $(P/F, i, n)$ 表示，故式（2-7）又可表示为：

$$P = F(P/F, i, n) \tag{2-8}$$

【例 2-4】 为了在 5 年后获得 10 万元，在利率为 3% 的条件下，按复利计息，现在必须投资多少？

解 由式（2-7）计算得：

$$P = F/(1+i)^n = 10/(1+3\%)^5 = 8.63 \text{ 万元}$$

或者可以用复利系数表查表计算：

$$P = F(P/F, i, n) = 10(P/F, 0.03, 5) = 10 \times 0.8626 = 8.63 \text{ 万元}$$

2.2.2 年值与终值的相互变换

1. 等额支付系列复利公式

此公式可以解决这一类问题：当已知 n 年内每年末的等额年金 A 和利率 i 的条件下，求 n 年末终值 F 为多少？已知年金求终值的现金流量图如图 2-4 所示。

其计算公式可以采用"数学归纳法"推导得出，具体推导过程如表 2-2 所示。

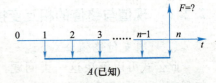

图 2-4 已知年金求终值的现金流量图

等额年金终值计算公式推导表　　表 2-2

年末	等额支付值	终值
1	A	A
2	A	$A + A(1+i)$
3	A	$A + A(1+i) + A(1+i)^2$
…	…	…
n	A	$A[1 + (1+i) + (1+i)^2 + \cdots + (1+i)^{n-1}]$

即：
$$F = A[1+(1+i)+(1+i)^2+\cdots+(1+i)^{n-1}] \tag{2-9}$$

根据等比数列前 n 项和的公式 $S_n = \dfrac{a_1(1-q^n)}{(1-q)} = \dfrac{A[1-(1+i)^n]}{1-(1+i)} = A\left[\dfrac{(1+i)^n-1}{i}\right]$，

得出：
$$F = A \cdot \left[\dfrac{(1+i)^n-1}{i}\right] = A(F/A, i, n) \tag{2-10}$$

式中，系数 $\left[\dfrac{(1+i)^n-1}{i}\right]$ 称为等额系列终值系数。

【例 2-5】 某洗衣机厂自筹资金扩建，连续 5 年每年年末从利润中提取 100 万元存入银行，年利率 6%，复利计息，试问 5 年后能筹集多少万元？其扩建现金流量图如图 2-5 所示。

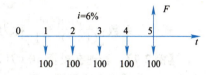

图 2-5 洗衣机厂扩建现金流量图

解 由式（2-10）计算得：
$$F = A \cdot \left[\dfrac{(1+i)^n-1}{i}\right] = 100\left[\dfrac{(1+0.06)^5-1}{0.06}\right] = 563.7 \text{ 万元}$$

或者可以用复利系数表查表计算：
$$F = A(F/A, i, n) = 100(F/A, 0.06, 5) = 100 \times 5.637 = 563.7 \text{ 万元}$$

2. 等额支付偿债基金公式

此公式可以解决这一类问题：计算为了在 n 年后，得到一笔未来资金 F，从现在起每年年末必须等额存储的资金 A 为多少？已知终值求年金的现金流量图如图 2-6 所示。

从等额支付系列复利公式可得：
$$A = F\left[\dfrac{i}{(1+i)^n-1}\right] = F(A/F, i, n) \tag{2-11}$$

式中，系数 $\left[\dfrac{i}{(1+i)^n-1}\right]$ 称为等额支付偿债基金系数。

【例 2-6】 某公司第 5 年末应偿还一笔 20 万元的债务，设年利率为 8%，复利计息，那么该公司每年年末应向银行等额存入多少钱，才能使其本利和在第 5 年年末正好偿清这笔债务？公司偿还借款现金流量图如图 2-7 所示。

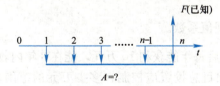

图 2-6 已知终值求年金的现金流量图

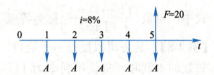

图 2-7 公司偿还借款现金流量图

解 由式（2-11）计算得：
$$A = F\left[\dfrac{i}{(1+i)^n-1}\right] = 20\left[\dfrac{8\%}{(1+8\%)^5-1}\right] = 20 \times 0.1705 = 3.41 \text{ 万元}$$

或者可以用复利系数表查表计算：
$$A = F(A/F, i, n) = 20(A/F, 0.08, 5) = 20 \times 0.17046 = 3.41 \text{ 万元}$$

2.2.3 年值与现值的相互变换

1. 等额支付系列资金回收公式

此公式可以解决这一类问题：若第一年年初借贷一笔资金 P，年利率为 i，规定从第 1 年末起至 n 年末止，每年年末等额还本付息 A，每年年末应偿还多少？其现金流量图如图 2-8 所示。

由式 (2-5)、式 (2-10) 可得：

$$A = P\left[\frac{i(1+i)^n}{(1+i)^n - 1}\right] = P(A/P, i, n) \tag{2-12}$$

式中，系数 $\left[\dfrac{i(1+i)^n}{(1+i)^n - 1}\right]$ 称为等额支付系列资金回收系数。

【例 2-7】 若现在投资 100 万元，预计利率为年 10%，分 5 年等额回收，每年可回收多少资金？其现金流量图如图 2-9 所示。

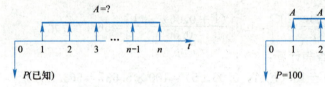

图 2-8 已知现值求年金的现金流量图　　图 2-9 现金流量图

解 由式 (2-12) 计算得：

$$A = P\left[\frac{i(1+i)^n}{(1+i)^n - 1}\right] = 100\left[\frac{10\%(1+10\%)^5}{(1+10\%)^5 - 1}\right] = 26.38 \text{ 万元}$$

或者可以用复利系数表查表计算：

$$A = P(A/P, i, n) = 100(A/P, 10\%, 5) = 100 \times 0.2638 = 26.38 \text{ 万元}$$

2. 等额支付系列现值公式

此公式可以解决这一类问题：已知 n 年内，每年年末有等额的一笔收入（或支出）A，求其现值 P 为多少？其现金流量图如图 2-10 所示。

由式 (2-12) 可得：

$$P = A\left[\frac{(1+i)^n - 1}{i(1+i)^n}\right] = A(P/A, i, n) \tag{2-13}$$

式中，系数 $\left[\dfrac{(1+i)^n - 1}{i(1+i)^n}\right]$ 称为等额支付系列现值系数。

【例 2-8】 某公司拟投资一个项目，预计建成后每年能获利 10 万元，能在 3 年内收回全部贷款的本利和（贷款年利率为 11%），问该项目总投资应控制在多少万元的范围内？其现金流量图如图 2-11 所示。

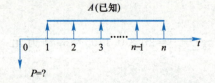 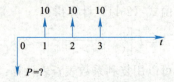

图 2-10 已知年金求现值的现金流量图　　图 2-11 公司投资项目现金流量图

解 由式（2-13）计算得：

$$P = A\left[\frac{(1+i)^n - 1}{i(1+i)^n}\right] = 10\left[\frac{(1+11\%)^3 - 1}{11\%(1+11\%)^3}\right] = 24.44 \text{ 万元}$$

或者可以用复利系数表查表计算：

$$P = A(P/A, i, n) = 10(P/A, 11\%, 3)$$
$$= 10 \times 2.4437 = 24.44 \text{ 万元}$$

【例 2-9】 某公司拟投资一个项目，计划用 5 年时间收回全部贷款（年利率为 10%），前 5 年现金流量见图 2-12，问该项目总投资应控制在多少万元范围内？

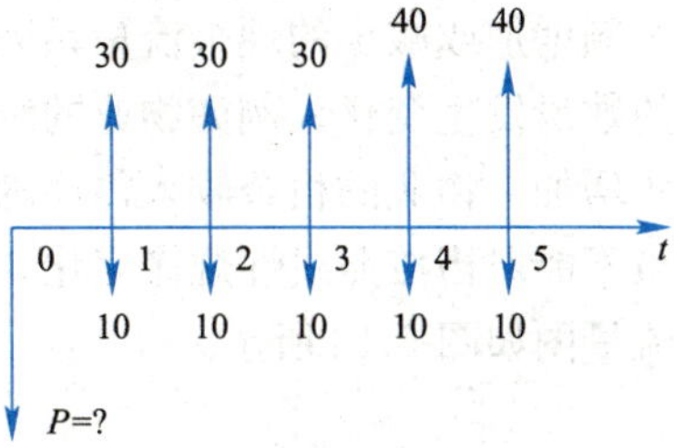

解 由式（2-13）计算得：

$$P = 20\left[\frac{(1+10\%)^3 - 1}{10\%(1+10\%)^3}\right]$$
$$+ 30\left[\frac{(1+10\%)^2 - 1}{10\%(1+10\%)^2} \times \frac{1}{(1+10\%)^3}\right]$$
$$= 88.86 \text{ 万元}$$

图 2-12 公司投资项目现金流量图

常用的资金时间价值复利计算的图形表达式及公式如表 2-3 所示。

表 2-3 常用资金时间价值复利计算图形表达式及公式表

公式名称	图形表达式	公式	系数名称
一次支付终值公式	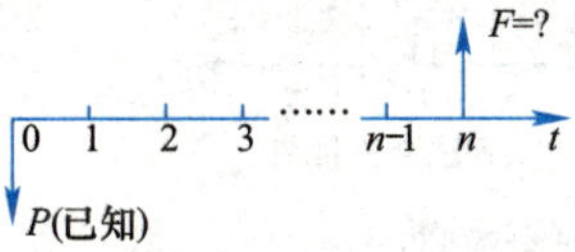	$F = P(1+i)^n$ $= P(F/P, i, n)$	$(1+i)^n$ 一次支付终值系数
一次支付现值公式	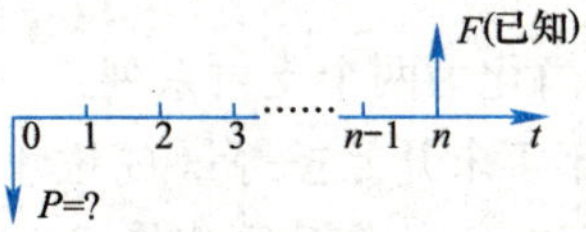	$P = F/(1+i)^n$ $= F(P/F, i, n)$	$1/(1+i)^n$ 一次支付现值系数
等额支付系列复利公式	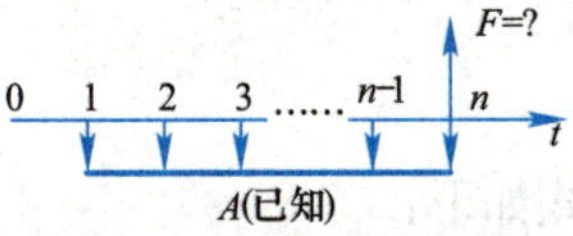	$F = A \cdot \left[\frac{(1+i)^n - 1}{i}\right]$ $= A(F/A, i, n)$	$\left[\frac{(1+i)^n - 1}{i}\right]$ 等额系列终值系数
等额支付偿债基金公式	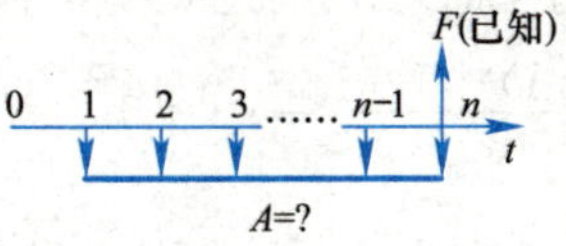	$A = F\left[\frac{i}{(1+i)^n - 1}\right]$ $= F(A/F, i, n)$	$\left[\frac{i}{(1+i)^n - 1}\right]$ 等额支付偿债基金系数
等额支付系列资金回收公式	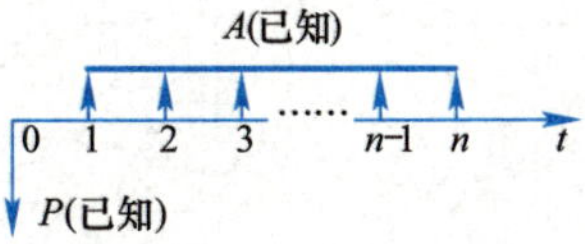	$A = P\left[\frac{i(1+i)^n}{(1+i)^n - 1}\right]$ $= P(A/P, i, n)$	$\left[\frac{i(1+i)^n}{(1+i)^n - 1}\right]$ 等额支付系列资金回收系数
等额支付系列现值公式	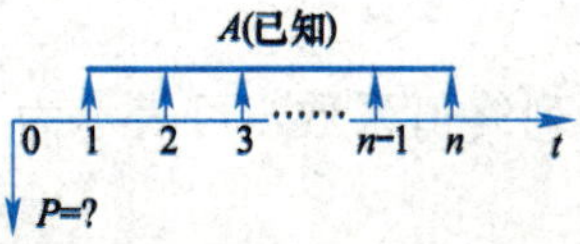	$P = A\left[\frac{(1+i)^n - 1}{i(1+i)^n}\right]$ $= A(P/A, i, n)$	$\left[\frac{(1+i)^n - 1}{i(1+i)^n}\right]$ 等额支付系列现值系数

2.2.4 等差系列公式

在许多工程经济问题中，现金流量每年均有一定数量的增加或减少。等差系列是一种等额增加或减少的现金流量系列。换句话说，这种现金流量序列的流入或流出每年以相同的数量发生变化。例如物业的维修费用往往随着房屋及其附属设备的陈旧程度的提高而逐年增加，物业的租金收入往往随着房地产市场的发展逐年增加等。逐年增加的收入或费用虽不能严格按照线性规律变化，但根据多年资料，可整理成等差序列以简化计算。其现金流量图如图 2-13 所示。

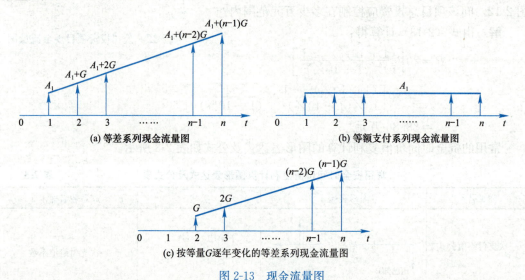

图 2-13　现金流量图

图 2-13(a) 为等差系列现金流量图，可以简化为两个支付系列：一个是等额支付系列现金流量图，即图 2-13(b)，另一个是从第二年年末开始按等量 G 逐年递增（或递减）的等差系列现金流量图，即图 2-13(c)。现在我们的任务是计算出图 2-13(c) 支付系列的现金流量。

1. 等差系列终值公式（已知 G 求 F）

根据图 2-13(c)，可以写出 F 与 G 的计算式如下：

$$\begin{aligned} F_G &= G[(F/A,\ i,\ n-1) + (F/A,\ i,\ n-2) + \cdots + 1] \\ &= G\left[\frac{(1+i)^{n-1}-1}{i} + \frac{(1+i)^{n-2}-1}{i} + \cdots + 1\right] \\ &= \frac{G}{i}\left[(1+i)^{n-1} + (1+i)^{n-2} + \cdots + (1+i) - (n-1)\right] \\ &= \frac{G}{i}\left[\frac{(1+i)^n - 1}{i} - n\right] \\ &= G\left[\frac{(1+i)^n - 1}{i^2} - \frac{n}{i}\right] \end{aligned} \tag{2-14}$$

式中，系数 $\left[\dfrac{(1+i)^n - 1}{i^2} - \dfrac{n}{i}\right]$ 称为等差系列终值系数，可表示为 $(F/G,\ i,\ n)$。因此式（2-14）还可以写成：

$$F = G(F/G, i, n) \tag{2-15}$$

则，图 2-13(a) 的终值 F 与 G 的关系式为：

$$F = A_1(F/A, i, n) \pm G(F/G, i, n) \tag{2-16}$$

其中加号表示等差递增系列现金流量，减号表示等差递减系列现金流量。

2. 等差系列现值公式（已知 G 求 P）

由 P 与 F 的关系可得：

$$P_G = F_G(1+i)^{-n} \tag{2-17}$$

因此，等差系列现值公式为：

$$P_G = G\left[\frac{(1+i)^n - 1}{i^2(1+i)^n} - \frac{n}{i(1+i)^n}\right] \tag{2-18}$$

式中，系数 $\left[\frac{(1+i)^n - 1}{i^2(1+i)^n} - \frac{n}{i(1+i)^n}\right]$ 称为等差系列现值系数，可表示为 $(P/G, i, n)$。因此式 (2-18) 又可以写成：

$$P_G = G(P/G, i, n) \tag{2-19}$$

则，图 2-13(a) 的现值 P 与 G 的关系式为：

$$P = A_1(P/A, i, n) + G(P/G, i, n) \tag{2-20}$$

1）现金流量等差递增，公式有以下两种情况

（1）当 n 为有限年时：

$$P = \left(\frac{A_1}{i} + \frac{G}{i^2}\right)\left[1 - \frac{1}{(1+i)^n}\right] - \frac{G}{i} \times \frac{n}{(1+i)^n} \tag{2-21}$$

（2）当 n 为无限年时：

$$P = \frac{A_1}{i} + \frac{G}{i^2} \tag{2-22}$$

2）现金流量等差递减，只分析一种 n 为有限年的情况：

$$P = \left(\frac{A_1}{i} - \frac{G}{i^2}\right)\left[1 - \frac{1}{(1+i)^n}\right] + \frac{G}{i} \times \frac{n}{(1+i)^n} \tag{2-23}$$

3. 等差系列年金公式（已知 G 求 A）

由 A 与 F 之间的关系可得：

$$A_G = F_G \frac{i}{(1+i)^n - 1} \tag{2-24}$$

因此，等差递增系列年金公式为：

$$A_G = G\left[\frac{(1+i)^n - 1}{i^2} - \frac{n}{i}\right]\frac{i}{(1+i)^n - 1} = G\left[\frac{1}{i} - \frac{n}{(1+i)^n - 1}\right] \tag{2-25}$$

式中，系数 $\left[\frac{1}{i} - \frac{n}{(1+i)^n - 1}\right]$ 称为等差系列年金系数，可表示为 $(A/G, i, n)$。因此式 (2-25) 又可以写成：

$$A_G = G(A/G, i, n) \tag{2-26}$$

则，图 2-13(a) 的年金 A 与 G 的关系式为：

$$A = A_1 \pm G(A/G, i, n) \tag{2-27}$$

其中减号表示等差递减系列现金流量。

2.2.5 等比系列公式

在某些工程经济分析中，常常出现收入、费用支出等以某一固定百分数逐年递增（递减）的情形。例如，某些写字楼的年收入在投入使用后呈现逐年等比递增的现象，某些设备的运营费用会随着时间的延长而逐年以某一固定百分数递增的现象等。等比系列现金流量如图 2-14 所示，在等比系列现金流量中，A_1 表示第一年末的净现金流量，g 表示现金流量逐年递增的比率，其余符号同前。

我们仅以现值为例计算等比系列的现金流量。

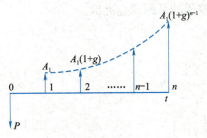

图 2-14　等比系列现金流量图

1. 现金流量按等比递增的公式

（1）n 为有限年的公式：

$$P = \frac{A_1}{i-g}\left[1-\left(\frac{1+g}{1-i}\right)^n\right] (当\ i \neq g\ 时) \qquad (2\text{-}28)$$

$$P = \frac{A_1}{1+i} \times n (当\ i = g\ 时) \qquad (2\text{-}29)$$

（2）n 为无限年的公式（适用于 $i > g$ 的情况）：

$$p = \frac{A_1}{i-g} \qquad (2\text{-}30)$$

2. 现金流量按等比递减的公式

（1）n 为有限年的公式：

$$P = \frac{A_1}{i+g}\left[1-\left(\frac{1-g}{1+i}\right)^n\right] \qquad (2\text{-}31)$$

（2）n 为无限年的公式：

$$p = \frac{A_1}{i+g} \qquad (2\text{-}32)$$

2.3　名义利率和实际利率

在工程经济学计算中，我们采用的利率一般都默认为年利率，即计息周期默认为是一年。但在实际应用中，计息周期不一定是年，可以按半年计息，或者按季度、按月计息，甚至在金融市场上，短期利率还可以按日计算。因此，同样的年利率，由于计息周期的不同，产生了名义利率和实际利率的区别，而与此相关则产生了如下概念：

1. 名义利率

名义利率是指周期利率乘以一年内的计息周期数所得到的年利率。

若以一个月为计息周期，月利率为 1%，则名义利率为 12%。很显然，计算名义利率时忽略了前面各期利息再生利息的因素，这与单利的计算相同。

2. 实际利率

当计息周期为年时，其利率即为实际利率。

当计息周期为半年、季度、月或日时，以计息周期利率按复利换算的年利率为实际利率。

名义利率与实际利率之间的关系：

如果年利率为 r，年计息次数为 m，则计息周期利率为 r/m，将其代入一次支付本利和公式得 m 次计息后，一年末的本利和为：

$$F = P(1+r/m)^m \tag{2-33}$$

其中年利息为：

$$F - P = P(1+r/m)^m - P \tag{2-34}$$

根据利率定义得到：

$$i = \frac{P(1+r/m)^m - P}{P} = (1+r/m)^m - 1 \tag{2-35}$$

实际利率与名义利率的关系式如下：

$$i = (1+r/m)^m - 1 \tag{2-36}$$

式中 i——实际利率；
r——名义利率；
m——年计息次数。

【例 2-10】 某厂向外商订购设备，有两个银行可提供贷款，甲行年利率 17%，计息周期为年；乙行年利率 16%，但按月复利计息，试问应向哪家银行贷款？

解 甲行的年利率 17%，为实际利率；而乙行的年利率为名义利率，应换算成实际利率后才能比较。

由式（2-36）计算得：

$$i = (1+r/m)^m - 1 = (1+0.16/12)^{12} - 1 = 17.227\%$$

即乙行的实际利率高于甲行的实际利率，故应向甲行贷款。

习题

1. 简述资金时间价值在工程建设过程中的意义。
2. 资金时间价值与哪些因素有关？
3. 简述名义利率与实际利率的关系。
4. 某施工企业计划 6 年后设备更新，共需资金 400 万元，银行利率 10%，试问该厂每年年末等额的从利润中提取多少万元存储，才能满足需要？
5. 某厂拟投资一个项目，预计建成后前 2 年每年获利 10 万元，第 3 年至第 5 年每年可获利 20 万元，第 6 年至第 8 年每年可获利 30 万元，计划前 8 年可收回全部贷款（利率为 10%），问该项目总投资应控制在多少万元之内（请画出现金流量图）？

第 3 章
建设项目经济评价

chapter 03

3.1 建设项目经济评价概述

3.1.1 建设项目经济评价的含义

建设项目的经济评价是项目可行性研究中，对拟建项目方案计算期内各种有关技术经济因素和项目投入与产出的有关财务、经济资料数据进行调查、分析、预测，对项目的财务、经济、社会效益进行计算、评价，分析比较各项目方案的优劣，从而确定和推荐最佳项目方案。

建设项目的经济评价是项目可行性研究和评估的核心内容，其目的在于避免或最大限度地减少项目投资的风险，明确项目投资的财务效益水平和项目对国家经济发展及对社会福利的贡献大小，最大限度地提高项目投资的综合经济效益，为项目的投资决策提供科学的依据。

建设项目经济评价遵循动态分析与静态分析相结合、定量分析与定性分析相结合、宏观效益分析与微观效益分析相结合等方法，对项目在经济上的可行性、合理性、合算性进行分析论证，作出全面的经济评价，选出经济效益最优的投资方案，并提出结论性意见或建议，提供给决策者作为投资决策的经济论证依据。

3.1.2 建设项目经济评价的层次

建设项目的全面经济评价，分为财务评价和国民经济评价两个层次。

财务评价是建设项目经济评价的第一步，是从企业角度，根据国家现行财政、税收制度和现行市场价格，计算项目的投资费用、产品成本与产品销售收入、税金等财务数据，考察项目投资在财务上的潜在获利能力，据此可明确建设项目的财务可行性和财务可接受性，并提出财务评价的结论。

国民经济评价是在财务评价的基础上进行的高层次的经济评价，是从国家和社会角度，采用影子价格（描绘的是真实价格）、影子工资、影子汇率、社会折现率等经济参数，分析建设项目的国民经济盈利性。决策部门可根据项目的国民经济评价结论，决定项目的取舍。

影子价格是指社会经济处于某种最优状态下，能够反映社会劳动消耗、资源稀缺程度和最终产品需求状况的价格。

影子工资是指项目使用劳动力、社会为此付出的代价。影子工资＝财务工资×影子工资换算系数。

换算系数组成：①因项目使用劳动力而在别处放弃的边际产出；
②社会为安排劳动力支付的，劳动者本人又未得到的费用。

3.1.3 常用的建设项目经济评价指标

建设项目的经济评价指标可以分为三类，分别是时间性指标、价值性指标和比率性指标。时间性指标是以时间来计量，通常以年为单位，一般是反映投资的回收速度，比如投资回收期和借款偿还期。价值性指标是以货币单位来计量，一般反映投资的净收益或耗费，比如净现值、净年值、净终值、费用现值、费用年值等。比率性指标是以百分比或比例表示的，反映资金的利用效率，比如投资收益率、内部收益率、净现值率等。

从资金时间价值角度，可以把项目的经济评价指标分为两类，分别为静态指标和动态指标。静态指标就是在计算工程项目技术方案时，不考虑资金的时间价值，比如静态投资回收期、借款偿还期、投资收益率、资本金收益率、资产负债率等。而动态指标主要考虑资金的时间价值，比如净现值、净年值、内部收益率、净现值率等。

根据是否考虑不确定性因素，建设项目经济评价的基本方法分为确定性评价方法和不确定性评价方法两类，对于同一项目必须同时进行确定性评价和不确定性评价，不确定性评价的方法有盈亏平衡分析、敏感性分析等方法。

根据建设项目经济评价的内容，可以将指标划分为三类：财务盈利能力分析指标、清偿能力分析指标和外汇平衡能力分析指标。财务盈利能力分析指标包括投资回收期、财务净现值、财务净年值、内部收益率等。清偿能力分析指标包括借款偿还期、资产负债率、流动比率、速动比率、利息备付率等。外汇平衡能力分析指标指财务外汇净现值。

3.2 建设项目盈利能力指标

3.2.1 静态投资回收期

1. 概念

静态投资回收期是指不考虑资金的时间价值，由项目获得的净现金收益来回收其投资总额所需要的年限。也可以说，静态投资回收期就是一个建设项目为了补偿其投资总额，而要积累足够的净现金收益所需要的时间。它是反映项目方案在财务上投资回收能力的重要指标。

由于没有考虑资金的时间价值，静态投资回收期仅对若干方案进行粗略评价，或对于短期投资项目作经济分析时适用。

2. 数学表达式

1）理论公式

$$\sum_{t=0}^{p_t}(CI-CO)_t=0 \tag{3-1}$$

式中　p_t——静态投资回收期；
　　　CI_t——第 t 年现金流入量；
　　　CO_t——第 t 年现金流出量；
　　　$(CI-CO)_t$——第 t 年的净现金流量。

2）实用公式

静态投资回收期不宜用理论数学公式进行计算，在实际工作中往往按项目的现金流量表列出的各年净现金收益来推算，当现金流量表中累计净现金流量等于零的年份，即为项目的静态投资回收期，也就是在现金流量表中累计净现金流量由负值转向正值之间的年份。在具体运用现金流量表推算静态投资回收期时，应先确定出年末累计净现金流量由负值转变成正值的年数，然后再用插入法确定出实际年数，即按下式计算：

$$P_t = \text{累计净现金流量出现正值的上一年份数} - 1 + \frac{\text{上一年累计净现金流量绝对值}}{\text{当年净现金流量}}$$

用字母可表示为:

$$P_t = T - 1 + \frac{\sum_{t=0}^{T-1}(CI-CO)_t}{(CI-CO)_t} \tag{3-2}$$

式中 $(CI-CO)_t$——第 t 年的净现金流量;

T——项目各年累计净现金流量首次出现正值或零的年份。

3. 评价标准

一般将该项目的静态投资回收期 P_t 与国家或行业部门的基准投资回收期 T_0 进行比较。当 $P_t \leq T_0$ 时,经济效益良好,方案可行;当 $P_t > T_0$ 时,没有经济效益,方案不可行。P_t 说明了投资回收的速度,P_t 越小,表明项目投资回收速度越快;反之,则越慢。因此 P_t 越小越好,既表示在短时间内回收投资。同时 P_t 越小,也说明项目抗风险能力越强。

【例 3-1】 某项目现金流量如表 3-1 所示,若基准投资回收期为 7 年,求其静态投资回收期,并判断项目是否可行。

各年净现金流量表(单位:万元) 表 3-1

年份	0	1	2	3	4	5	6	7
净现金流量	−600	−600	−100	100	300	500	500	600

解 首先计算出各年的累计净现金流量,见表 3-2。

各年累计净现金流量表(单位:万元) 表 3-2

年份	0	1	2	3	4	5	6	7
净现金流量	−600	−600	−100	100	300	500	500	600
累计净现金流量	−600	−1200	−1300	−1200	−900	−400	100	700

根据计算结果可知,累计净现金流量首次出现正值的年份是第 6 年,因此静态投资回收期为:

$$P_t = 6 - 1 + \frac{|-400|}{500} = 5.8 \text{ 年}$$

由于本方案的静态投资回收期小于基准投资回收期,因此项目可行。

3.2.2 动态投资回收期

1. 概念

动态投资回收期是指在考虑资金时间价值的前提下,项目回收全部投资所需要的期限。具体来说,是把建设项目各年的净现金流量按固定的折现率折成现值之后,再来推算投资回收期。

2. 数学表达式

1) 理论公式

$$\sum_{t=0}^{P'_t}(CI-CO)_t(1+i_c)^{-t} = 0 \tag{3-3}$$

式中　p_t'——动态投资回收期；
　　　i_c——基准收益率；
$(CI-CO)_t$——第 t 年的净现金流量。

动态投资回收期可借助项目现金流量表的数据来推算。

2）实用公式

在实际应用中，可根据项目现金流量表中的净现金流量的现值，用下列近似公式计算：

$$p_t' = 累计净现金流量出现正值的上一年份数 - 1 + \frac{上年累计净现金流量绝对值}{当年净现金流量}$$

3. 评价标准

利用动态投资回收期来评价方案或项目时，也是与国家或行业部门的基准投资回收期 T_0' 比较来判断，当 $p_t' \leq T_0'$ 说明有经济效益，方案可行，当 $p_t' > T_0'$ 时说明没有经济效益，方案不可行。同样 p_t' 越小，即表示在越短时间内回收投资。

【例 3-2】 题意如例 3-1，基准收益率 $i_c = 8\%$，试计算该项目的动态投资回收期。

解　净现金流量现值、累计净现金流量现值的计算结果见表 3-3：

某项目现金流量表（单位：万元）　　　　表 3-3

年份	0	1	2	3	4	5	6	7
净现金流量	−600	−600	−100	100	300	500	500	600
$(P/F, 8\%, n)$	1.000	0.926	0.857	0.794	0.735	0.681	0.630	0.584
净现金流量现值	−600.0	−555.6	−85.7	79.4	220.5	340.5	315.0	350.4
累计净现金流量现值	−600.0	−1155.6	−1241.3	−1161.9	−941.4	−600.9	−285.9	64.5

动态投资回收期 $(p_t') = 7 - 1 + \frac{|-285.9|}{350.4} = 6.82$ 年

【例 3-3】 某建设项目，寿命周期为 10 年，开始投资 100 万元，第一年末又投资 150 万元，第二年开始投产，第二年净收益为 30 万元，第 3 年至第 10 年，每年净收益 80 万元，投资贷款利率为 10%。该项目的基准投资回收期为 7 年，试判断该项目是否可行？

解　该项目现金流量图如图 3-1 所示。设从第 2 年末开始，需 N 年可回收全部投资。

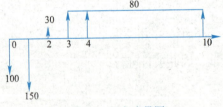

图 3-1　现金流量图

$$-100 - \frac{150}{(1+0.1)} + \frac{30}{(1+0.1)^2} + 80\left[\frac{(1+0.1)^N - 1}{0.1\ (1+0.1)^N} \times \frac{1}{(1+0.1)^2}\right] = 0$$

整理得：$1.1^N = 1.47$

$$N = \frac{\lg 1.47}{\lg 1.1} = 4.04\ 年$$

投资回收期 $p_t' = 2 + 4.04 = 6.04 < 7$，此项目可行。

从技术上看，动态投资回收期长于静态投资回收期，这是因为计算动态投资回收期时考虑了资金的时间价值，先投资的资金比未来的资金价值更大，动态投资回收期不仅考虑了资金的时间价值，而且具有静态投资回收期的优点，因此动态投资回收期比静态投资回收期应用更广。

3.2.3 净现值

1. 概念

净现值是反映建设项目在计算期内财务获利能力的动态评价指标。建设项目的财务净现值是指在其整个寿命周期内各年所发生的现金流入量与流出量的差额，用一个预定的固定折现率，都折现到项目开始实施时的现值之和，即建设项目按部门或行业的基准收益率，将各年的净现金流量折现到建设起点（建设起初）的现值之和。

2. 计算公式

$$NPV = \sum_{t=0}^{n}(CI-CO)_t(1+i_c)^{-t} \tag{3-4}$$

式中　CI_t——项目第 t 年的现金流入量；

CO_t——项目第 t 年的现金流出量；

i_c——基准收益率；

n——项目的计算期。

3. 评价标准

净现值是评价项目盈利能力的绝对指标，它反映项目在满足按设定折现率要求的盈利能力之外，获得的超额盈利的现值。

$NPV \geqslant 0$，表明该建设项目投资的获利程度超过基准折现率，可获得更高的收益，该项目可行。

$NPV < 0$，表明该建设项目投资的获利程度低于基准折现率，该项目不可行。

4. 计算方法

（1）现金流量表列表计算；

（2）净现金流量折现公式计算。

【例 3-4】　某建设项目寿命周期内历年的现金流入量和流出量如表 3-4 所示，基准收益率为 15%，计算该项目的净现值。

解　（1）列表 3-5 计算。

某建设项目现金流量表（单位：万元）　　　　表 3-4

时期	年份	现金流入量 A	现金流出量 B
建设期	0		1000
	1		5000
	2		5000
试生产期	3	10000	7500
	4	10000	7500
	5	10000	7500

续表

时期	年份	现金流入量 A	现金流出量 B
正常生产期	6	12500	9500
	7	12500	9500
	8	12500	9500
	9	12500	10360
	10	12500	10360
	11	12500	10360
	12	12500	10360
残值		3500	

某建设项目净现值计算表（单位：万元） 表 3-5

时期	年份	现金流入量 A	现金流出量 B	净现金流量 C=A−B	$\frac{1}{(1+i_c)^t}$ D	净现值 E=C·D
建设期	0		1000	−1000	1	−1000
	1		5000	−5000	0.8696	−4348
	2		5000	−5000	0.7561	−3780
试生产期	3	10000	7500	2500	0.6575	1644
	4	10000	7500	2500	0.5718	1430
	5	10000	7500	2500	0.4972	1243
正常生产期	6	12500	9500	3000	0.4323	1297
	7	12500	9500	3000	0.3759	1128
	8	12500	9500	3000	0.3269	981
	9	12500	10360	2140	0.2843	608
	10	12500	10360	2140	0.2472	529
	11	12500	10360	2140	0.2149	459
	12	12500	10360	2140	0.1869	399
残值		3500		3500	0.1869	654
合计						1244

(2) 公式计算，现金流量图如图 3-2 所示。

$$NPV = -1000 - 5000\left[\frac{(1+0.15)^2 - 1}{0.15(1+0.15)^2}\right] + 2500\left[\frac{(1+0.15)^3 - 1}{0.15(1+0.15)^3}\right] \times \frac{1}{(1+0.15)^2}$$

$$+ 3000\left[\frac{(1+0.15)^3 - 1}{0.15(1+0.15)^3}\right] \times \frac{1}{(1+0.15)^5} + 2140\left[\frac{(1+0.15)^4 - 1}{0.15(1+0.15)^4}\right] \times \frac{1}{(1+0.15)^8}$$

$$+ 3500 \times \frac{1}{(1+0.15)^{12}}$$

$$= -1000 - 8128.54 + 4316.12 + 3405.5 + 1997.26 + 654.18$$

$$= 1244.52 \text{ 万元}$$

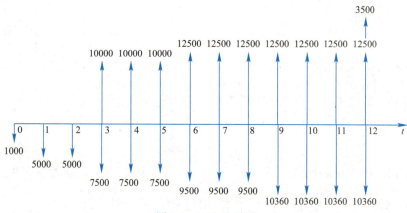

图 3-2 现金流量图

3.2.4 净年值

1. 概念

净年值是通过资金等值计算，将项目寿命周期内的净现金流量以基准收益率为中介折算到每一年年末的等额年值。

2. 计算公式

$$NAV = \sum_{t=0}^{n} (CI-CO)_t (1+i_c)^{-t}(A/P, i, n) \tag{3-5}$$

式中 NAV——净年值；

i_c——基准收益率；

$(CI-CO)_t$——第 t 年的净现金流量。

3. 评价标准

当 $NAV \geqslant 0$ 时，项目在经济上可行；

当 $NAV < 0$ 时，项目在经济上不可行。

【例 3-5】 已知某建设项目期初一次性投资 3000 万元，当年投产，预计寿命周期 10 年，每年能获得净收益 600 万元，10 年末可得到残值 200 万元，已知基准折现率为 12%，试判断该项目的经济可行性。

解 此项目的现金流量图如图 3-3 所示。

图 3-3 现金流量图

$NAV = 600 - 3000(A/P, 12\%, 10) + 200(A/F, 12\%, 10)$
$= 600 - 3000 \times 0.1770 + 200 \times 0.0570$
$= 80.4 \text{ 万元}$

该项目的净年值大于零，因此项目在经济上是可行的。

【例 3-6】 现有 A、B 两种设备可供选择，两种设备均可满足使用要求，A 设备投资 1000 元，每年末净收益 400 元，使用寿命 4 年；B 设备投资 2000 元，每年末净收益 530 元，使用寿命 6 年。若有吸引力的最低投资收益率 $i_c = 10\%$，试选择一台经济上有利的设备。

解 因此题为不同寿命周期方案的比选，故可用净年值法评价，A、B 设备现金流量图如图 3-4、图 3-5 所示。

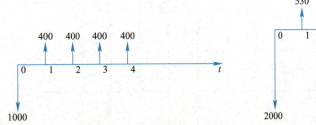
图 3-4 A设备现金流量图

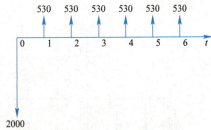
图 3-5 B设备现金流量图

$$NAV_A = 400 - 1000\left[\frac{0.1(1+0.1)^4}{(1+0.1)^4-1}\right] = 400 - 315.47 = 84.5 \text{ 元}$$

$$NAV_B = 530 - 2000\left[\frac{0.1(1+0.1)^6}{(1+0.1)^6-1}\right] = 530 - 2000 \times 0.22961 = 70.8 \text{ 元}$$

$NAV_A > NAV_B$，故应选择设备 A 方案。

3.2.5 内部收益率

1. 概念

内部收益率，是指建设项目在建设和生产服务各年限内，各年净现金流量的累计和等于零时的利率。我国建设项目的经济评价中，IRR 为最重要的评价指标。

2. 计算方法

内部收益率的公式为：

$$\sum_{t=1}^{n}(CI-CO)_t(1+IRR)^{-t} = 0 \qquad (3-6)$$

内部收益率，一般采用累试法求解，即首先假定一初值 r_0，代入净现值公式求净现值，如果净现值为正，则增加 r_0 的值；如果净现值为负，则减小 r_0 的值，直到净现值等于零为止。此时的 r 即为所求的内部收益率。一般计算步骤如下：

(1) 先不考虑资金的时间价值，把全部资金流出平行移到项目开始点上相加，作为项目开始点总支出；同样把全部资金流入平行移到项目寿命周期末点上相加，并作为项目在寿命期末的总收入，然后按复利公式求相应的利率，作为初始值 r_0 使用。

(2) 以 r_0 作为折现率求净现值，如果净现值为正，就再取一个更高的折现率试算；如果净现值为负，就取更小的折现率试算。直至两次试算的正、负净现值对应的 r 值之差足够小（一般不超过 2%）。

(3) 利用最后试算的 r 值及相应的净现值用线性内插法近似求出内部收益率 IRR。内部收益率计算图见图 3-6。其计算公式为：

$$IRR = r_1 + \frac{(r_2-r_1)NPV_1}{NPV_1-NPV_2} \qquad (3-7)$$

式中　IRR——内部收益率
　　　r_1——较低的试算利率；
　　　r_2——较高的试算利率；

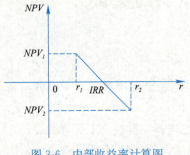
图 3-6 内部收益率计算图

NPV_1——与 r_1 对应的净现值；

NPV_2——与 r_2 对应的净现值。

3. 评价标准

建设项目经济评价时，如果其内部收益率 $IRR \geqslant i_c$（基准收益率），则 $NPV \geqslant 0$，方案在经济上可行；如果 $IRR < i_c$，则 $NPV < 0$，方案在经济上不可行，故二者对同一个项目的评价结论是一致的。

3.3 建设项目清偿能力指标

3.3.1 借款偿还期

借款偿还期是指根据国家财政规定及投资项目的具体财务条件，以项目可作为偿还贷款的项目收益（利润、折旧、摊销费及其他收益）来偿还项目投资借款本金和建设期利息所需要的时间。它是反映项目借款偿债能力的重要指标。

1. 原理公式

$$I_d = \sum_{t=1}^{P_d}(R_P + D + R_o - R_r) \tag{3-8}$$

式中　P_d——借款偿还期（从借款开始年计算）；

　　　I_d——投资借款本金和利息之和（不包括已用自有资金支付的部分）；

　　　R_P——第 t 年可用于还款的利润；

　　　D——第 t 年可用于还款的折旧和摊销费；

　　　R_o——第 t 年可用于还款的其他收益；

　　　R_r——第 t 年企业留利。

2. 实用公式

在实际工作中，借款偿还期可直接根据资金来源与运用表或借款还本付息计算表推算，其具体推算公式如下：

$$P_d = (借款偿还后出现盈余的年份数 - 借款开始的年份数) + \frac{当年应偿还借款额}{当年可用于还款的资金额} \tag{3-9}$$

关于建设期贷款利息的计算，如果按实际贷款、还款日期计算将十分复杂，为简化计算，一般规定借款发生当年均在年中支付，按半年计息，其后年份按全年计息；还款当年按年末还款，按全年计息。

每年应计利息的近似公式：

$$每年应计利息 = (年初借款本息累计 + \frac{本年借款额}{2}) \times 年利率 \tag{3-10}$$

【例 3-7】 某项目期初一次性投资 665 万元，全部为银行贷款，年利率为 8%。项目建设期 1 年，第 2 年可用于还款的资金额为 180.49 万元，第 3 年可用于还款的资金额为 225.28 万元，以后各年可用于还款的资金额均为 290.14 万元，计算该项目借款偿还期（采用最大能力方式偿还贷款）。

借款还本付息计划见表 3-6。

借款还本付息计划表（单位：万元）　　　　表 3-6

	计算期	1	2	3	4	5
1	初期借款累计		691.6	566.44	386.48	127.26
2	当年借款	665				
3	还款资金来源		180.49	225.28	290.14	290.14
4	当年还本付息		180.49	225.28	290.14	137.44
4.1	其中：本金		125.16	179.96	259.22	127.26
4.2	其中：利息		55.33	45.32	30.92	10.18
5	期末余额		0	0	0	152.7

解 第一年：当年借款 665 万元

$$建设期贷款利息\ I_1 = \frac{665}{2} \times 8\% = 26.6\ 万元$$

第二年：年初借款累计 = 665 + 26.6 = 691.6 万元

当年应还利息 I_2 = 691.6 × 8% = 55.33 万元

当年偿还的本金 = 180.49 − 55.33 = 125.16 万元

第三年：年初借款累计 = 691.6 − 125.16 = 566.44 万元

当年应还利息 = 566.44 × 8% = 45.32 万元

当年偿还的本金 = 225.28 − 45.32 = 179.96 万元

以此类推计算各年的利息和本金，从表 3-6 中可以看出，第 5 年偿债后期末余额开始出现盈余，根据式（3-9）计算的贷款偿还期为：

$$P_d = 5 - 1 + \frac{127.26 + 10.18}{290.14} = 4.47\ 年$$

3. 评价准则

当计算出的借款偿还期满足贷款机构的要求期限时，即认为项目是有借款偿还能力的；反之，则说明项目没有借款偿还能力。

借款偿还期指标适用于那些计算最大偿还能力，尽快还款的项目，不适用于那些预先给定借款偿还期的项目。对于预先给定借款偿还期的项目，应采用利息备付率和偿债备付率指标分析项目的偿债能力。

3.3.2 利息备付率

利息备付率也称已获利息倍数，指项目在借款偿还期内各年可用于支付利息的息税前利润与当期应付利息费用的比值。

1. 计算公式

$$利息备付率 = \frac{息税前利润}{当期应付利息费用} \tag{3-11}$$

式中，当期应付利息是指计入总成本费用的全部利息；

息税前利润 = 营业收入 − 营业税及附加 − 息税前总成本。

息税前总成本 = 经营成本 + 固定资产折旧费 + 无形资产摊销费 + 修理费。

利息备付率可以按年计算,也可以按整个借款期计算。但分年的利息备付率更能反映偿债能力。

2. 评价准则

利息备付率从付息资金来源的充裕性角度反映项目偿付债务利息的能力,它表示使用项目息税前利润付利息的保证倍率。对于正常经营的项目,利息备付率应当大于2,否则,表示项目的付息保障能力不足。尤其是当利息备付率低于1时,表示项目没有足够的资金支付利息,偿债风险很大。

3.3.3 偿债备付率

偿债备付率指项目在借款偿还期内,各年可用于还本付息的资金与当期应还本付息金额的比值。它表示可用于计算还本付息的资金偿还借款本息的保障程度。

1. 计算公式

$$偿债备付率 = \frac{可用于还本付息资金}{当期应还本付息金额} \tag{3-12}$$

式中,可用于还本付息的资金包括可用于还款的折旧、摊销、成本中列支的利息费用和可用于还款的利润等;

当期应还本付息金额包括当期应还贷款的本金及计入成本的利息。

偿债备付率可以按年计算,也可以按项目整个借款期计算。分年计算的偿债备付率更能反映偿债能力。

2. 评价准则

偿债备付率表示可用于还本付息的资金偿还借款本息的保证倍数,偿债备付率高,表明可用于还本付息的资金保障程度高。正常情况下偿债备付率应大于1,且越高越好。当指标小于1时,表示资金来源不足以偿付当期债务,需要通过短期借款偿付当期债务。

【例 3-8】 已知某建设项目投资采用银行借款的形式,借款偿还期为4年,各年息税前利润总额、税后利润、折旧费和摊销费数额见表3-7。试计算各年的利息备付率和偿债备付率。

偿债备付率和利息备付率计算(单位:元) 表3-7

序号	年份	1	2	3	4
1	息税前利润	10317	59548	109548	120636
2	当期应付利息	74208	64932	54977	43799
3	税前利润	−63891	−5384	54481	76837
4	所得税(33%)	0	0	0	20474
5	税后利润	−63891	−5384	54481	56363
6	折旧费	102314	102314	102314	102314
7	摊销费	42543	42543	42543	42543
8	偿还本金	142369	152143	162595	173774

注:在各年的所得税计算中,前2年亏损,不需要缴纳所得税,第3年的盈利不足以弥补以前年度亏损,第4年的利润弥补亏损后为62043元(54481+76837−63891−5384=62043元),应缴纳所得税20474元。

解 各年的利息备付率和偿债备付率计算结果见表3-8。

各年偿债备付率和利息备付率计算结果表（单位：元）　　　　表 3-8

年份	1	2	3	4
利息备付率 （计算步骤：1/2）	13.90%	91.71%	199.10%	275.43%
可用于还本付息金额 （计算步骤：2+5+6+7）	155174	204405	254315	245019
当期应还本付息金额 （计算步骤：2+8）	216577	217075	217572	217573
偿债备付率	0.72	0.94	1.17	1.13

注：计算步骤中的数字 1~8 代表表 3-7 中序号 1~8 指代行的数据。

从表 3-8 的计算结果可以看出，该项目前两年的利息备付率均远低于 2，偿债备付率低于 1，表明该项目前两年有较大的还本付息压力；第 3 年利息备付率 1.99 接近 2，偿债备付率 1.17 大于 1，第 4 年利息备付率 2.75，偿债备付率 1.13，表明该项目后两年的还本付息能力基本得到保障。

3.3.4 资产负债率

资产负债率是负债合计与资产合计之比，它是反映企业各个时刻面临的财务风险程度及偿债能力的指标。

1. 计算公式

$$资产负债率 = \frac{负债合计}{资产合计} \times 100\% \tag{3-13}$$

式中，资产指流动资产总额（含流动资产和累计盈余资金）、在建工程、固定资产净值、无形及其他资产净值。

负债指流动负债、贷款负债（含流动资金借款和建设投资借款）。

所有者权益指资本金、累计盈余公积金和累计未分配利润。

2. 评价准则

资产负债率到底多少合适，没有绝对的标准，一般认为 0.5~0.8 是合适的。国外类似的指标有债务资本比率，它表示投资者的杠杆比率。投资者的权益资金越少，一般来说每一分权益资金的收益越高。从盈利性角度出发，权益的所有者希望保持较高的债务资本比率，以此赋予权益资金较高的杠杆力——用较少的权益资金来控制整个项目。但是，另一方面，资产负债率越高，项目的风险也越大，因为权益资本投资的大部分形成土地使用权、房屋和机械设备，变现较为困难，除非企业宣布破产。因此，银行和债权人一般不愿意贷款给权益资金出资额低于总投资 50% 的项目。在许多国家，负债与资本实际采用了 67:33 或 75:25 甚至更高的比率。这需要根据每一个项目各自优缺点加以估测，不可能有一个普遍适用的结论。

当资产负债率过高时，可以通过增加权益资金出资和减少利润分配等途径来调节。

3.3.5 流动比率

流动比率是反映项目各年偿付流动负债能力的指标。

1. 计算公式

$$流动比率 = \frac{流动资产总额}{流动负债总额} \times 100\% \tag{3-14}$$

式中，流动资产指可以在一年或超过一年的一个营业周期内变现或耗用的资产，包括货币资金、短期投资、待摊费用、存货、应收账款、预付账款等。

流动负债包括短期借款、应付账款、应缴纳税金、一年内到期的长期借款等。

2. 评判准则

流动比率旨在分析企业资产流动性的大小，判断短期债权人的债权，在到期前偿债企业用现金及预期在该期中能变为现金的资产偿还的限度。流动比率越高，表明企业偿付短期负债能力越强。流动比率数值一般要求达到 2，即 1 元的流动负债至少有 2 元的流动资产做后盾，保证项目按期偿还短期债务。如果比值过高，说明项目持有闲置的（不能盈利的）现金余额；比值过低，不利于企业获得贷款，表明项目可能会面临清偿到期账单、票据的某些困难，这是贷款机构不愿意接受的。

3.3.6 速动比率

速动比率是反映项目快速偿付流动负债能力的指标。

1. 计算公式

$$速动比率 = \frac{速动资产}{流动负债} \times 100\% = \frac{流动资产 - 存货}{流动负债} \times 100\% \tag{3-15}$$

2. 评判准则

在流动资产中，现金、应收账款、应收票据、短期投资等容易变现的资产，称为速动资产。一般认为，速动比率的满意范围为 1.0~1.2。

当流动比率和速动比率过小时，应设法减少流动负债，通过减少利润分配，减少库存等办法增加盈余资金。例如通过增加长期借款等方法来加以调整。

3.4 盈亏平衡分析

项目经济评价所采用的基本变量都是对未来的预测和假设，因而具有不确定性。不确定性分析，就是通过对拟建项目具有较大影响的不确定因素进行分析，计算基本变量的增减变化引起项目财务或经济效益指标的变化，找出最敏感的因素及其临界点，预测项目可能承担的风险，使项目的投资决策建立在较为稳妥的基础上。

不确定性分析就是分析项目在实施过程中存在的不确定性因素对项目经济效果的影响，预测项目承担和抵御风险的能力，考察项目在经济上的合理性，以避免项目实施后造成不必要的损失，确保项目在财务、经济上的可靠性。

常用的不确定性分析方法主要有盈亏平衡分析和敏感性分析，在具体应用时，要根据项目具体情况和不同的分析目的来选择。一般情况下，盈亏平衡分析只适用于项目的财务评价，而敏感性分析则可同时用于财务评价和国民经济评价。

盈亏平衡分析是在一定市场生产能力及经营管理条件下，通过对产品产量、成本、利润相互关系的分析，判断企业对市场需求变化适应能力的一种不确定性分析方法，故亦称为量本利分析。在工程经济评价中,这种方法的作用是找出项目投资的盈亏临界点,以判定不确定性因素对方案经济效果的影响程度,说明方案实施的风险大小及投资项目承担风险的能力,为投资决策提供科学依据。

盈亏平衡分析又称盈亏平衡点分析,盈亏平衡点即产量达到某一数值时,企业正好不亏不盈。从变量的函数关系看,盈亏平衡分析分为线性盈亏平衡分析和非线性盈亏平衡分析。

3.4.1 线性盈亏平衡分析

线性盈亏平衡分析是指可变成本和销售收入随着产量增加而呈比例增加,线性盈亏平衡分析存在以下几个基本假设:

(1) 产量等于销售量,即生产的产品能全部销售出去;
(2) 产量变化,单位可变成本不变,从而使总成本是产量的线性函数;
(3) 产量变化,产品售价不变,从而使销售收入是销售量的线性函数;
(4) 只生产单一产品或者生产多种产品,但可以换算为单一产品计算。

线性盈亏平衡分析是将成本划分为固定成本和可变成本,根据产量、成本、销售价和利润四者之间的函数关系绘制成图,如图 3-7 所示,进行预测分析的技术方法。

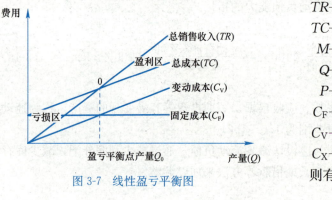

图 3-7 线性盈亏平衡图

TR——总销售收入;
TC——总成本;
M——盈利;
Q——产量(或销售量);
P——单位产品销售价;
C_F——总固定成本;
C_V——总变动成本;
C_X——单位产品变动成本。

则有:
$$TR = PQ$$
$$TC = C_F + C_X Q$$

盈利 = 总销售收入 − 总成本

则:
$$M = PQ - (C_F + C_X Q) = (P - C_X)Q - C_F$$

盈亏平衡点即盈利为零的点,盈亏平衡点产量为 Q_0。

则有:
$$(P - C_X)Q_0 - C_F = 0$$

$$Q_0 = \frac{C_F}{(P - C_X)} \tag{3-16}$$

设 Q_c 为生产装置的设计生产能力,则用盈亏平衡点产量与设计生产能力的比值来表示盈亏平衡点生产能力利用率。其表达式为:

$$盈亏平衡点生产能力利用率 = \frac{Q_0}{Q_c} \times 100\%$$

$$= \frac{C_F}{Q_c(P - C_X)} \times 100\% \tag{3-17}$$

根据经验,盈亏平衡点生产能力利用率若低于 70%,则项目相当安全,或者可以承受较大的风险。

【例3-9】 某工厂建设方案实现以后,生产一种产品,单位产品的可变成本为60元,年固定成本为120万元,单位产品销价为150元。问该工厂最低年产量应是多少?如果产品产量达到设计生产能力30000件,那么每年盈利又是多少?假如再扩建一条生产线,每年增加固定成本40万元,但可降低单位可变成本30元,新生产线每年生产20000件产品,市场产品销价下降10%,问此扩建方案是否可行?

解 已知:$C_X=60$ $C_F=1200000$ $P=150$ $Q_c=30000$

① 求盈亏平衡点产量 Q_0

$$Q_0 = \frac{C_F}{P-C_X} = \frac{1200000}{150-60} = 13334 \text{ 件}$$

② $M=(P-C_X)Q-C_F=(150-60)\times 30000-1200000=150$ 万元

③ 扩建以后

$C_F=120+40=160$ 万元

$C_X=60-30=30$ 万元

$Q=30000+20000=50000$ 件

$P=150(1-10\%)=135$ 万元

$M=(P-C_X)Q-C_F=(135-30)\times 50000-1600000=365$ 万元

由于扩建以后的年利润,增加 $365-150=215$ 万元

$Q_0=C_F/(P-C_X)=160/(135-30)=1.52$ 万件

生产能力利用率$=1.52/5\times 100\%=30.4\%<70\%$

故扩建方案是可行的。

3.4.2 非线性盈亏平衡分析

线性盈亏平衡分析方法简单明了,但这种方法在实际应用中有一定的局限性,主要表现为在实际的生产经营过程中,收益、成本与产量之间的关系往往是呈现一种非线性的关系,而非我们假设的线性关系。

例如,当产量达到一定数额时,市场趋于饱和,产品可能会滞销或降价,这时产品销售价格呈非线性变化;而当产量增加到超出现有的正常生产能力时,可能会增加设备,要加班时还需要产生加班费和管理费等,此时可变费用呈非线性关系,产生两个平衡点。如图3-8所示。

由图可知,非线性盈亏平衡有两个盈亏平衡点 BEP_{Q_1} 和 BEP_{Q_2},在这两个点上,企业的成本与收益都刚好相等。

【例3-10】 某企业投产以后,它的年固定成本10万元,单位变动成本为58元,由于原材料整批购买,每多生产一件产品,单位变动成本可降低0.005元;单位销售价格为120元,销售每增加一件,产品销售价格下降0.008元。试求其盈亏平衡产量,并求利润最大时的产销量。

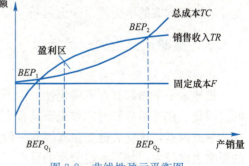

图3-8 非线性盈亏平衡图

解 第一步:计算盈亏平衡点产量

成本函数 $C(Q) = 100000 + Q(58-0.005Q) = 100000 + 58Q - 0.005Q^2$

销售收入函数 $R(Q) = (120-0.008Q)Q = 120Q - 0.008Q^2$

因为 $C(Q) = R(Q)$，即有

$$100000 + 58Q - 0.005Q^2 = 120Q - 0.008Q^2$$

整理后得 $0.003Q^2 - 62Q + 100000 = 0$

解得 $BEP_{Q_1} = 1763$ 件　$BEP_{Q_2} = 18903$ 件

第二步：计算最大利润时的产量

利润函数 $M(Q) = R(Q) - C(Q)$

$$= 120Q - 0.008Q^2 - 100000 - 58Q + 0.005Q^2$$

$$= -0.003Q^2 + 62Q - 100000$$

对上式求导，令 $\dfrac{dM}{dQ} = 0$，得

$$-0.006Q + 62 = 0$$

$$BEP_E = \frac{62}{0.006} = 10334 \text{ 件}$$

由此，利润最大时的产销量为 10334 件。

3.5　敏感性分析

3.5.1　基本概念

敏感性分析是项目决策中常用的研究不确定性的一种方法，有诸多的因素影响项目决策，这些因素的未来状况处于不确定的变化之中。通过分析、预测项目方案的各种不确定性因素发生变化时对项目方案经济效果的影响程度，从中找出影响程度较大的因素——敏感性因素，并确定其影响程度。

敏感性分析是在确定性分析的基础上，进一步分析不确定性因素对投资项目的最初经济效果指标的影响程度。它通过分析及预测影响工程项目经济评价指标的主要因素如投资、成本、价格等发生变化时，这些经济评价指标如净现值、内部收益率、投资回收期等的变化趋势和临界点，从中找出敏感因素，并确定其敏感程度，从而对外部条件发生不利变化时投资方案的承受能力作出判断。

3.5.2　敏感性分析的一般步骤

1. 鉴别关键变量

虽然未来事物都具有不确定性，但不同事物在不同的条件下的不确定性程度是不相同的，因此，在开始分析时，首先要从各个变量以及相关因素中找出不确定性程度较大的关键变量或因素，这些关键变量或因素一般数值较大或变动幅度较大，所以对经济评价指标的影响也比较大，是不确定分析的重点。通常设定的不确定性因素有产品价格、产销量、项目总投资额、年经营成本、项目寿命周期、主要原材料和劳动力的价格等。

2. 设定变化幅度

找出关键变量之后，就要估计关键变量的变化范围，确定其边界值或者变化率。实践

中关键变量的变化幅度主要以变化率表示，一般取±5%、±10%、±20%。

3. 计算影响程度

假定其他设定的不确定性因素不变，一次性变动一个不确定性因素，重复计算各种可能的不确定性因素的变化对分析指标影响的具体数值。然后采用敏感性分析表或分析图的形式，把不确定性因素的变动与分析指标的对应数量关系反映出来，以便于测定敏感因素的影响程度。

4. 确定敏感因素

各因素的变化都会引起经济指标一定的变化，但其影响程度各不相同。有些因素可能仅发生较小幅度的变化，就能引起经济评价指标发生大的变动；而另一些因素即使发生了较大幅度的变化，对经济评价指标的影响也不是太大，我们将前一类因素称为敏感性因素，后一类因素称为非敏感性因素，敏感性分析的目的在于寻求敏感因素，通常可采用两种方式进行：

1) 相对测定法

设定要分析的因素均从基准值开始变动，且各因素每次变动幅度相同，比较在同一变动幅度下，各因素的变动对经济评价指标的影响，就可以判别出各因素的敏感程度。

不确定性因素对经济评价指标的影响程度的大小，用敏感度系数（又称灵敏度）β 表示。定义为影响因素的变化（ΔX_i）引起的经济评价指标的变化（ΔY），其数学表达式为：

$$\beta = \frac{(\Delta Y)}{(\Delta X_i)} \quad (3\text{-}18)$$

式中 ΔX_i——第 i 个不确定性因素的变化幅度；
ΔY——经济评价指标的变化幅度。

敏感度系数高，表示项目效益对该不确定因素敏感程度高，应重视该不确定因素对项目效益的影响。根据敏感度系数的大小排序，找出最关键的因素。

2) 绝对测定法

假定各影响因素均向减弱投资效果的方向变动，并设该因素达到可能的最差值，然后计算在此条件下的经济评价指标。看经济评价指标是否已经达到使项目在经济上不可取的程度。如果项目已不能接受（如 $NPV<0$，或 $IRR<i_c$）则该因素就是敏感因素。

绝对测定法可以事先设定有关经济评价指标为其临界值，如令 $NPV=0$ 或 $IRR=i_c$，然后求待分析因素的最大允许变动幅度，并与其可能出现的最大变动幅度相比较。如果某因素可能出现的变动幅度超过最大允许变动幅度，则表明该方案的该因素是方案的敏感因素。

5. 方案选择

如果进行敏感性分析的目的是对不同的投资项目或某一项目的不同方案进行选择，一般应选择敏感程度小、承受风险能力强的项目或方案。

【例 3-11】 某投资方案年生产能力为 10 万台，总投资为 1200 万元，为期初一次性投入。预计每台产品售价为 39 元，营业税及附加为销售收入的 10%，年成本费用为 140 万元，方案寿命周期为 10 年，残值为 50 万元，基准收益率为 10%。试就投资额、产品价格、经营成本等因素对该投资方案做敏感性分析。

解 绘制现金流量图，如图 3-9 所示。

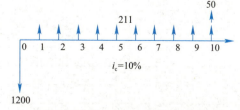

图 3-9 现金流量图

每年的净现金流量为：39×10×(1−10％)−140＝211 万元

以净现值作为项目经济评价指标，则根据净现值的计算公式，可计算出项目在确定性条件下的净现值。

$$NPV = -1200 + 211(P/A, 10\%, 10) + 50(P/F, 10\%, 10)$$
$$= -1200 + 211 \times 6.1446 + 50 \times 0.3855$$
$$= 115.79 \text{ 万元}$$

由于该项目确定性分析的结果 $NPV>0$，初步评价项目在经济效果上可以接受。

接下来对项目进行敏感性分析：

第一步：确定不确定性因素

根据有关资料和经验，取定三个因素：投资额、产品价格和经营成本为不确定性因素。

第二步：设定变化幅度

根据经验，令不确定性因素逐一在初始值的基础上按±10％，±20％的变化幅度变动。

第三步：计算影响程度

分别计算相对应的财务净现值的变化，得出结果见表3-9：

敏感性因素变化对项目净现值的影响汇总表（单位：万元） 表 3-9

敏感性因素	不确定性因素变化幅度				
	−20％	−10％	0	10％	20％
投资额	355.79	235.79	115.79	−4.21	−124.21
产品价格	−315.79	−99.89	115.79	331.46	547.14
经营成本	287.83	201.81	115.79	29.76	−56.26

第四步：确定敏感因素

（1）相对测定法

投资额的净现值变化率：

$$\Delta Y = \frac{-4.21 - 115.79}{115.79} = -1.036$$

$$\Delta Y = \frac{235.79 - 115.79}{115.79} = 1.036$$

投资额的敏感度系数：

$$\beta = \frac{\Delta Y}{\Delta X_i} = \frac{1.036}{10} = 0.1036$$

采用相同方法，分别计算得出产品价格、经营成本的敏感度系数，具体见表3-10。

敏感性分析汇总表 表 3-10

不确定性因素	变化幅度	净现值	净现值变化率	敏感度系数
投资额	10％	−4.21	−1.036	10.36％
	−10％	235.79	1.036	
产品价格	10％	331.46	1.863	18.63％
	−10％	−99.89	−1.863	
经营成本	20％	−56.26	−0.743	7.43％
	−20％	287.83	0.743	
基本方案	0	115.79		

(2) 绝对测定法

设定有关经济评价指标净现值为临界值，即 $NPV=0$，求待分析因素的最大允许变动幅度。以投资额为例，采用差分法计算，当净现值为零时，投资额最大允许变化幅度。

$$\frac{115.79}{(115.79+4.21)} \times 10\% = 9.65\%$$

即投资额增加 9.65% 时，净现值为零。

同理得到产品价格下降 5.37% 时，净现值为零。

经营成本上升 13.46% 时，净现值为零。

按财务净现值对各个因素的敏感程度由大到小排序依次是：产品价格，投资额，经营成本。最敏感的因素是产品价格。因此，从方案决策的角度来讲，应该对产品价格进行进一步更准确地测算；从项目风险的角度来讲，如果未来产品价格发生变化的可能性较大，则意味着这一项目的风险性也较大。

3.6 决策方法

3.6.1 决策问题的构成

1. 决策者准备达到的明确目标；
2. 存在着两个以上可供选择的行动方案；
3. 存在着两种以上的自然状态；
4. 对各种不同方案在各自然状态下的收益值或损失值可定量地表示；
5. 决策者对各种自然状态出现的可能性的可知程度，有时能确切知道，有时能知道概率，有时只能知道有几种结果。

3.6.2 决策的分类

根据构成决策问题的第五个条件的不同，将决策问题划分为三类。

1. 确定型决策

确定型决策是指自然状态的发生为已知的情况下进行的决策。一个方案的确立只有一个结果，通过比较、计算、优选即可做出决策（即确切知道）。

2. 非确定型决策

非确定型决策是一种对未来可能发生的情况既无法确定其状态，又无法估计其概率的情况下做出的决策。

3. 风险型决策

风险型决策是指知道各种自然状态可能发生的概率的情况下做出的决策，概率大但不一定发生，这一决策要冒风险，故称风险型决策。

3.6.3 非确定型决策方法

【例 3-12】 某企业计划生产一种市场上尚未出现的新产品。对市场未来销售情况只能根据经验判断为较高、一般、较低、很低四种情况，而对每种情况出现的概率无法预测。现提出生产新产品的 4 种方案：改进原有生产线、新建生产线、部分零件外包、部分零件外购。该产品计划生产 5 年，5 年中各方案的收益值见表 3-11。试用各种不同标准，选择适当方案。

各方案收益值表（单位：万元）　　　　　　　　　　表 3-11

自然状态	行动方案			
	第一方案	第二方案	第三方案	第四方案
需求量较高	60	80	35	40
需求量一般	40	35	22	25
需求量较低	−15	−30	5	9
需求量很低	−35	−70	−10	−5

1. 最大最小收益值法（小中取大法）

即把各方案的最小收益值单列出来，在这组最小收益值中，选择收益值最大的那个方案作为最佳方案，即"赔的最少"，故为保守决策。

从表 3-11 中可看出，各方案的最小收益值分别为 −35 万元、−70 万元、−10 万元、−5 万元。在这组最小收益值中，选择出最大的收益值 −5。因此，应认为最优方案是第四方案。

2. 最大最大收益值法（大中取大法）

从每一个方案中选择最大的收益值，然后从这些"最大的收益值"中选择一个最大值，它所在的方案最优，即"赚得最多"，故为冒险决策。

【例 3-12】中各方案的最大收益值分别为 60 万元、80 万元、35 万元、40 万元。在这组最大收益值中，选择出最大的收益值 80。因此，应认为第二方案为最优。

3. 最小最大后悔值法（大中取小法）

首先算出各方案在各种状态下的后悔值，再找出各方案的最大后悔值，然后在其中选择后悔值最小的那个方案作为最佳方案。这种方法也俗称"不后悔"法。

本例中：

首先找出各种状态下的最大收益值分别为 80、40、9、−5；

其次计算各方案在各种状态下的后悔值，后悔值＝最大收益值−方案收益值；

再次找出各方案的最大后悔值，见表 3-12。

最后选择最大后悔值中的最小值 30，第一方案为最优。

各方案最大后悔值表　　　　　　　　　　表 3-12

自然状态	第一方案	第二方案	第三方案	第四方案
需求量较高	20	0	45	40
需求量一般	0	5	18	15
需求量较低	24	39	4	0
需求量很低	30	65	5	0
最大后悔值	30	65	45	40

3.6.4 风险型决策的方法

1. 决策树法（Decision Tree）

决策树是直观运用概率分析的一种图解方法，因其运用树状图形来做多方案的分析和决策而得名。决策树法是一种模拟树木生枝成长过程，从出发点开始不断生长分枝，以表示事物未来发展的各种可能状态，并以各"分枝"的损益期望值作为选择依据的决策方法。

1）决策树的组成

决策树一般由三种点、两类枝组成：三种点为决策点、自然状态点和结果点；两类枝即为方案枝和概率枝。用方框"□"表示决策点，从决策点向右引出若干条分枝，每条分枝代表一个备选方案，即方案枝。每个方案末端画一个圆圈"○"代表自然状态点。从自然状态点引出的各条分枝即为概率枝，并在此之上注明各自然状态发生的概率，同一自然状态点的各分枝概率之和必等于1。每条概率枝的末端以结果点结束，用三角形"△"表示，在结果点后面注明各方案在相应状态下的损益值。为方便以后的计算和分析，对决策点和自然状态点进行编号，编号的原则是从左至右、从上至下。具体图示见图3-10。

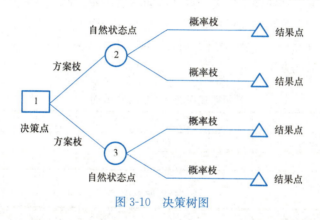

图 3-10　决策树图

2）分析过程

按照编号的逆顺序，逐步计算各个自然状态点的期望值，然后根据不同方案的期望值结果做出选择，期望值最大的方案即为最优方案。

决策树分析分为单级决策和多级决策两种。在整个决策期中，只需要进行一次决策，就可以选出最佳方案的决策，称为单级决策；多级决策是由若干个单级决策构成，有几个决策点需要逐级进行分析和计算，每一级都是一个单级决策。

决策树分析特别适用于多级决策活动，因为它形象直观，思路清晰，层次分明，一目了然。决策树分析计算简便，应用较为广泛，是十分有效的决策辅助工具。

【例3-13】 有一项高空作业的施工任务，计划下月初开始施工，要求10天内完成。某工程队领导需要决策是否承包这项任务。如下月上旬10天内，6级以上大风天气不超过3天，工程队就能如期完成任务，可收入20000元；如大风天气超过3天，工程队就不能如期完成任务，要亏损3200元。根据气象资料统计，下月上旬6级以上大风天气不超过3天的概率为0.3，超过3天的概率为0.7。若不承包这项任务，工程队因窝工及设备闲置将亏损2000元。面对这种情况，为了使工程队多收入、少亏损应如何作出决策？

解 绘制决策树图如图 3-11 所示。计算各点期望值：

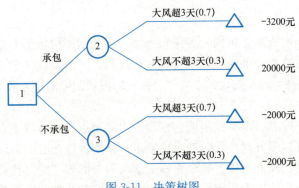

图 3-11 决策树图

点 2：0.3×20000＋0.7×（－3200）＝3760 元

点 3：0.3×（－2000）＋0.7×（－2000）＝－2000 元

最后决策：因为点 2 的期望值大于点 3 的期望值，所以最优方案是应该承包任务。

【例 3-14】 为建造某预制构件厂，有两方案：一个建大厂，需投资 600 万元；一个建小厂，需投资 280 万元，二者使用年限都是 10 年。相关数据见表 3-13、表 3-14 所示。试用决策树法选择出最优方案。

建厂收益值表（单位：万元/年） 表 3-13

状态	建大厂	建小厂
需求量高	200	80
需求量低	－40	60

建厂分段概率表 表 3-14

	前 3 年		后 7 年	
自然状态		概率	自然状态	概率
需求量高		0.7	需求量高	0.9
			需求量低	0.1
需求量低		0.3	需求量高	0
			需求量低	1.0

解 根据题意绘制决策树图，如图 3-12 所示。

计算各点期望值：

点 4：0.9×200×7＋0.1×（－40）×7＝1232 万元

点 5：1.0×（－40）×7＝－280 万元

点 2：0.7×200×3＋0.7×1232＋0.3×（－40）×3＋0.3×（－280）－600＝562.4 万元

点 6：0.9×80×7＋0.1×60×7＝546 万元

点 7：1.0×60×7＝420 万元

点 3：0.7×80×3＋0.7×546＋0.3×60×3＋0.3×420－280＝450.2 万元

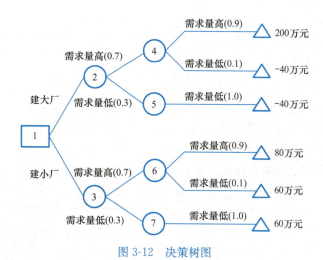

图 3-12 决策树图

2 点的期望值大于 3 点的期望值,建大厂的方案是最优方案。

注意:①分段画决策树;②分段计算期望值;③不要忘记方案投资。

2. 蒙特卡罗分析法(Monte Carlo method)

蒙特卡罗分析法又称统计模拟法,是用随机抽样的方法抽取一组输入变量的概率分布特征的数值,输入这组数值计算项目经济评价指标,通过多次抽样计算,可获得项目经济评价指标的概率分布及累计概率分布、期望值、方差、标准差、计算项目可行或不可行的概率,从而估计项目投资所承担的风险。

由于模拟分析要通过反复抽样来模拟项目的各种随机状态,且样本数需足够大,因而计算工作量非常大,用手工计算进行大样本模拟是很困难的,一般需借助计算机进行模拟计算。在此我们介绍一下该方法的实施步骤:

(1) 确定风险分析所采用的评价指标,如净现值、内部收益率等;

(2) 确定影响项目经济评价指标的主要风险因素,如建设投资、销售价格、经营成本等;

(3) 估计主要风险因素的概率分布,利用数学模型表示;

(4) 为各风险因素独立抽取随机数;

(5) 将取得的各随机数转化为各风险因素的抽样值;

(6) 将抽样值组成一组项目经济评价指标基础数据,并据此计算相应的项目经济评价指标;

(7) 重复(1)~(6)步骤,直至达到预定的模拟次数;

(8) 整理模拟结果,评价计算项目经济评价指标的期望值、方差、标准差、离散系数以及累计概率等,并可绘制累计概率图。

 习题

1. 简述建设项目经济评价的意义。

2. 建设项目盈利能力指标有哪些？应如何计算？
3. 建设项目清偿能力指标有哪些？应如何计算？
4. 线性盈亏平衡分析方法有哪些假设？
5. 简述敏感性分析的步骤。
6. 简述决策问题的分类及决策方法。
7. 已知甲、乙两个技术方案，每年现金流量如表 3-15 所示，设 $i=6\%$，请画出现金流量图，试用净现值法确定最优方案。

现金流量（单位：万元） 表 3-15

年份	1	2	3	4	5	6	7
甲方案	−5000	−4500	2000	2500	2500	2500	2500
乙方案	−4000	−4000	2000	2000	2000	2000	2000

8. 某建设项目，寿命期为 10 年，第一年年初投资 80 万元，第一年末又投资 120 万元。第二年开始投产，第二年净收益为 30 万元，第 3 年至第 10 年，每年净收益 90 万元，投资项目的基准收益率为 10%，该项目的基准投资回收期为 5 年，试评价该项目是否可行（请画出现金流量图）。

第 4 章
价值工程

chapter 04

4.1 概述

4.1.1 价值工程的产生与发展

价值工程（Value Engineering）简称 VE，又称价值分析（Value Analysis）简称 VA。它产生于 20 世纪 40 年代，是由美国工程师拉里·麦尔斯（L·D·Miles）提出的。

第二次世界大战期间，美国的军火工业迅速发展，市场供应不足，麦尔斯当时就职于美国通用电气公司，负责材料采购工作。当时他正为公司采购一批石棉板，由于货源奇缺，价格飞涨，难以购进。"为什么要买石棉板？""它的作用是什么？""是否可以用其他东西替代？"麦尔斯经过研究分析后了解到，原来该公司生产车间在给产品上涂料时，为了防止发生火灾，要求工作场地必须铺垫石棉板。麦尔斯根据使用功能在市场上找到了一种价格便宜、市场供应量充足的抗燃烧纸，它完全可以替代供应紧张的石棉板，并可使成本大大降低，成功地解决了材料短缺问题，为公司带来了显著的经济效益。

他发现，采购物资的目的是获得产品的功能，可用功能相同的产品来代替采购不到的商品，从而创立了价值工程理论。此后麦尔斯在所取得成就的基础上，专门从事产品设计和降低成本的研究工作。他总结多年的实践经验，于 1947 年出版了《价值分析》一书，此后价值分析内容又逐渐得到丰富、发展与完善，统称价值工程。

价值工程技术最初得到美国政府和企业的重视和推广，迄今已经在英国、法国、德国、日本等国家得到了广泛应用，这些国家的政府部门都颁布了价值工程的相关标准和政策。全世界有 40 多个国家成立了专业的价值工程协会。价值工程为世界各国经济的持续增长做出了卓越的贡献。

1954 年，美国海军造船部门首先采用价值工程技术，1956 年正式签订订货合同，第一年就节约了 3500 万美元。1958 年，美国国防部要求所属军工部门都制定价值工程计划。1964 年以后，美国政府各部门纷纷推广价值工程技术。据统计，从 1964 年到 1972 年，美国国防部由于开展价值工程活动，节约资金超过 10 亿美元。美国休斯飞机公司 1978 年有 4000 人参加价值工程活动，提出改革提案 3714 件，平均每件提案节约 31786 美元。20 世纪 50 年代后，价值工程技术传到日本和欧洲，20 世纪 60、70 年代以后，价值工程方法得到了迅速发展。英国的价值工程推广也非常广泛，在制造业、服务业、建筑业中都得到广泛应用。以英国 1996 年伦敦地铁项目为例，在列车设计中使用价值工程方法，节约总成本达 16.2%，共计 8100 万英镑。

目前，各国不仅在产品研究设计和生产领域应用价值工程的方法，而且在工程组织、预算、服务等领域也广泛应用了这一方法。

我国自 1978 年引进、推广和应用价值工程方法以来，这一方法已为很多企业所采用，节省了大量能源和珍贵的原材料，同时降低了生产成本，提高了经济效益。1982 年，全国性刊物《价值工程》创刊。1983 年国家经委把价值工程列为 18 种现代管理方法之一。价值工程技术抓住了产品成本 70% 以上是由设计决定的这一事实，从改进设计入手，寻求提高经济效益的途径，是企业提高竞争力的科学管理方法之一。

4.1.2 价值工程的概念

1. 定义

价值工程是以提高产品或作业价值为目的,通过有组织的创造性工作,寻求用最低的寿命周期成本,可靠地实现使用者所需功能的一种管理技术。价值工程中所述的价值是指作为某种产品或作业所具有的功能与获得该功能的全部成本的比值,其值越大越好。

2. 价值工程的公式

$$价值(V) = \frac{功能(F)}{成本(C)} \qquad (4-1)$$

即以最低的寿命周期成本来实现产品或作业的必要的功能。寿命周期成本是指一个产品从开发设计、制造、使用到报废为止所发生的一切成本。其中设计制造产品所需成本称为生产成本,用户在使用产品过程中所支付的成本称为使用成本。功能与寿命周期费用关系如图 4-1 所示。

3. 提高产品价值的途径

价值工程以提高产品价值为目的,这既是用户的需要,又是生产经营者追求的目标,两者的根本利益是一致的,因此企业应当研究产品功能与成本的最佳匹配方法。提高产品价值的途径有五种:

(1) 提高产品功能的同时,降低产品成本,这是提高产品价值最理想的途径,此时产品价值能得到大幅度提高;

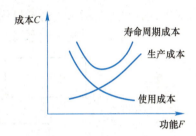

图 4-1 功能与寿命周期成本关系图

(2) 保持产品功能不变的前提下,通过降低产品成本达到提高产品价值的目的;

(3) 保持产品成本不变的条件下,通过提升产品功能达到提高产品价值的目的;

(4) 产品功能略有降低,产品成本大幅度下降,可以达到提高产品价值的目的;

(5) 产品成本略有上升,产品功能大幅度提升,也可以达到提高产品价值的目的。

综上所述,在产品形成的各个阶段,都可以应用价值工程提高产品的价值。但应注意在不同的阶段进行价值工程活动,其经济效果的提高幅度也大不相同。对于大型复杂的产品,应用价值工程的重点是在产品的研发设计阶段,产品的设计图纸一旦完成并且产品投入生产后,产品的价值就已基本确定,这时再进行价值工程分析就变得更加复杂,不仅原来的许多工作成果要付诸东流,而且改变生产工艺、设备工具等,可能会造成很大的浪费,使价值工程活动的技术经济效果大大下降。因此,价值工程活动更侧重在产品的研制与设计阶段,以取得最佳的综合效果。

4. 价值工程的特点

(1) 用最低的寿命周期成本实现必要的功能,使用户和企业都得到最大的经济利益。因此,价值工程不是单纯降低费用,而是以满足用户要求为前提,在保证产品必要功能和质量的条件下,以最低的寿命周期成本使产品具有这种功能。

(2) 价值工程不是通过一般性措施来降低成本,而是通过对功能进行系统分析,找出存在的问题,提出更好的方法来实现功能,从而达到降低成本的目的。这样降低成本,就有了可靠的依据,方法也更科学,因而也就能取得比较好的效果。

（3）价值工程是一种依靠集体智慧进行的有组织、有领导的系统活动。利用价值工程研究提高产品的价值，要涉及整个生产过程和各部门、各单位的工作，因此必须依靠全体职工，有计划、有组织地进行。

4.1.3 实施程序

开展价值工程活动的整个过程就是一个提出问题、分析问题和解决问题的过程。一般分为分析、综合、评价三个阶段，包括的主要内容是：

（1）确定价值工程的工作对象，找出有待改进的产品或服务，即对象选择，并针对对象收集有关情报资料。

（2）对确定的对象进行功能分析。侧重搞清对象现有哪些功能，其相互之间的关系及这些功能是否都是必要的。在此基础上进行功能评价，确定各个功能的价值系数、需改进的功能领域、存在的关键问题等。

（3）制定改进方案，针对上述的关键问题，提出改进的方案并具体化，即具体方案。对上述方案进行筛选，选择最优方案予以实施。

具体围绕七个基本问题展开，如图 4-2 所示。

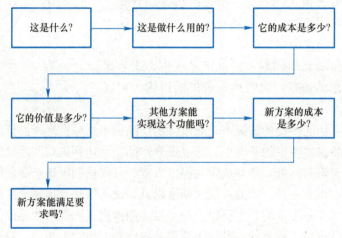

图 4-2 七个基本问题图

这七个问题决定了价值工程的一般工作程序，如表 4-1 所示。

价值工程的工作程序表　　　　表 4-1

问题的确定和解决	工作阶段	工作程序		
		基本步骤	具体步骤	对应问题
确定问题	分析	功能定义	1. 选择对象 2. 搜集资料	这是什么？
			3. 功能定义 4. 功能整理	这是做什么用的？
		功能评价	5. 功能成本分析 6. 功能评价	它的成本是多少？ 它的价值是多少？

续表

问题的确定和解决	工作阶段	工作程序		
		基本步骤	具体步骤	对应问题
制定出解决问题的方法	研究	制定改进方案与评价	7. 方案创造	其他方案能实现这个功能吗？
	评价		8. 概略评价 9. 方案具体化 10. 试验研究 11. 详细评价 12. 方案审批 13. 方案实施 14. 成果评价	新方案的成本是多少？ 新方案能满足要求吗？

4.2 价值工程对象的选择

价值工程是就某个具体对象开展的有针对性地分析、评价和改进，有了对象才有分析的具体内容和目标。对企业来讲，凡是为获取功能而发生费用的事物，都可以作为价值工程的研究对象，如产品工艺、工程、服务或它们的组成部分等。因为生产建设中的技术经济问题很多，涉及的问题范围也很广，为了节约资金提高效率，价值工程只能精选其中的一部分来实施，并非是企业生产的全部产品，也不一定是构成产品的全部零部件。因此，能否正确选择对象是价值工程收效大小与成败的关键，这就需要我们应用一定的原则和方法，科学地加以选定。

4.2.1 选择对象的原则

价值工程的目的在于提高产品价值，研究对象的选择要从市场需要出发，结合本企业实力系统考虑，一般说来，对象选择的原则有以下几个方面：

（1）从社会需求程度出发，主要选择对国计民生及实现企业经营目标有重要影响、社会需求量大、竞争激烈、及其有良好的发展前景的产品；

（2）从产品的设计角度出发，选择产品结构复杂、性能和技术指标差距大、体积大、重量大的产品进行价值工程活动，可使产品结构、性能、技术水平得到优化，从而提高产品价值；

（3）从产品的生产角度出发，选择量多面广、关键的、工艺复杂、原材料消耗高和废品率高的产品或零部件，特别是对量多、产值比重大的产品进行价值工程活动，只要成本下降，所取得的经济效果就大；

（4）从市场销售角度出发，选择用户意见大、竞争能力差、利润率低的产品，选择生命周期长的产品，选择在市场上畅销但竞争激烈的产品；

（5）从考虑生产成本角度出发，选择成本比重大、单位成本高、原材料消耗高、次品率高、价格较贵且有被替代可能的产品；

（6）从考虑社会生态环境角度出发，选择能耗高的产品。

4.2.2 选择方法

1. 经验分析法

经验分析法，也称因素分析法，是一种定性分析方法。是指根据选择价值工程对象应考虑的各种因素,凭借分析人员的经验,集体研究确定选择对象的一种方法。该方法简便易行,特别是在时间紧迫和企业资料不完善的情况下效果明显。但此方法缺乏定量分析,准确程度较差,对象选择的正确与否,主要决定于价值工程活动人员的经验及工作态度。为了提高分析的准确程度,可以选择技术水平高、经验丰富、熟悉业务的人员参加,并且要利用集体智慧共同确定对象。

2. ABC分析法（成本比重法）

ABC分析法是意大利经济学家帕累托（Pareto）首创的,现已被广泛使用,也叫主次因素分析法,是项目管理中常用的一种方法。其基本原理为"关键的少数和次要的多数",抓住关键的少数可以解决问题的大部分。在价值工程中,这种方法的基本思路是首先把一个产品的各个部件按成本的大小由高到低排列起来,汇成费用累计分配表,如表4-2所示。然后将占总成本70%～80%而占零部件总数10%～20%的零部件划分为A类部件；将占总成本5%～10%而占零部件总数60%～80%的零部件划分为C类；其余为B类,其中A类零部件是价值工程的主要研究对象。根据各个零部件的分类,画出ABC分析图,如图4-3所示。

费用累计分配表　　　　　　　　　　　　　　　表4-2

零部件种类	零部件数量 $n(\%)$	零部件成本 $C(\%)$	研究对象的选择
A	10%～20%	70%～80%	重点对象
B	20%左右	20%左右	一般对象
C	60%～80%	5%～10%	不作为对象

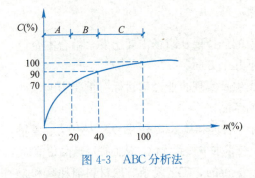

图4-3　ABC分析法

ABC分析法抓住成本比重大的零部件或工序作为研究对象,有利于人们集中精力,重点突破,取得较大效果,同时该方法简便易行,因此为人们广泛采用。但在实际工作中,有时由于成本分配不合理造成成本比重不大,但用户认为功能重要的对象可能被漏选或者排序靠后,这种情况应列为价值工程研究对象的重点情况,ABC分析法的这一缺点可以通过经验分析法、强制确定法等方法来补充修正。

【例4-1】 某八层住宅工程,结构为钢筋混凝土框架,材料、机械、人工费总计为216357.83元,建筑面积为1691.73m²,各分部工程所占费用如表4-3所示,试确定价值工程的研究对象。

各分部工程费用及其占工程总费用百分比表　　　　　　　　表4-3

分部名称	代号	费用（元）	各分部工程费用占工程总费用百分比(%)
基础	A	29113.01	13.46
墙体	B	41909.53	19.37
框架	C	75149.86	34.73
楼地面	D	10446.04	4.83
装饰	E	20571.49	9.51

续表

分部名称	代号	费用(元)	各分部工程费用占工程总费用百分比(%)
门窗	F	33777.31	15.61
其他	G	5390.59	2.49
总计		216357.83	100

解 各部分费用(或其百分比)按大小排序,如表 4-4 所示:

各分部费用排序表 表 4-4

分部名称	代号	费用(元)	各分部工程费用占工程总费用百分比(%)	累计百分比(%)
框架	C	75149.86	34.73	34.73
墙体	B	41909.53	19.37	54.1
门窗	F	33777.31	15.61	69.71
基础	A	29113.01	13.46	83.17
装饰	E	20571.49	9.51	92.68
楼地面	D	10446.04	4.83	97.51
其他	G	5390.59	2.49	100
总计		216357.83	100	—

由表 4-4 可知:应选框架、墙体为研究对象。

这种方法的缺点:没有将费用与功能联系起来共同考虑,容易忽视功能重要但成本不高的对象。

3. 价值系数法

第一步:用强制评分法(又称 FD 法,包括 01 评分法和 04 评分法)计算功能系数。它采用一定的评分规则,通过强制对比打分来评定评价对象的功能重要性。

由 5~10 个专家按功能的重要程度两两比较,重要者得 1 分,不重要者得 0 分,"自己"与"自己"比较不得分,用"×"表示,再累计,用公式计算:

$$功能系数(F_i) = \frac{零部件得分累计}{总分} \quad (4-2)$$

例如,某个产品有五个零部件,相互间进行功能重要性对比,以某一评价人员对各零部件功能重要性的评分为例,如表 4-5 所示。

各零部件的功能重要性表 表 4-5

零件名称	A	B	C	D	E	得分
A	×	1	1	0	1	3
B	0	×	1	0	1	2
C	0	0	×	1	0	1
D	1	1	0	×	1	3
E	0	0	1	0	×	1
总分						10

如请 10 个评价人员进行评定,把 10 人的评价得分汇总,求出平均得分和功能评价系数,如表 4-6 所示。

得分汇总表 表 4-6

	一	二	三	四	五	六	七	八	九	十	得分总数	功能评价系数
A	3	4	4	4	4	4	4	3	4	4	38	0.38
B	2	3	3	2	3	3	1	2	3	2	24	0.24
C	1	1	0	1	2	0	1	1	0	2	9	0.09
D	3	2	3	3	1	3	4	3	2	2	26	0.26
E	1	0	0	0	0	0	0	1	1	0	3	0.03
总计	10	10	10	10	10	10	10	10	10	10	100	1.00

第二步：求成本系数

$$成本系数(C_i) = \frac{零部件成本}{总成本} \quad (4-3)$$

第三步：求价值系数

$$价值系数(V_i) = \frac{功能系数}{成本系数} \quad (4-4)$$

最后按以下原则进行选择（3种情况），如图 4-4 所示。

$V<1$，成本偏高，应作为分析对象；
$V>1$，较理想，但若 V 很大可能存在质量隐患，则要考虑；
$V=1$，重要性与成本相符，是合理的，不必分析。

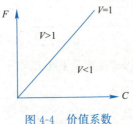

图 4-4 价值系数数值分布图

4. 最合适区域法

选择 VE 目标时提出了一个选用价值系数的最合适区域。价值系数相同的对象，由于各自的成本系数与功能评价系数的绝对值不同，因而对产品价值的实际影响有很大差异。在选择目标时不应把价值系数相同的对象同等看待，而应优先选择对产品实际影响大的对象，至于对产品影响小的，则可根据必要与可能性，决定选择与否。

基本思路是：成本系数或功能系数大的零件对产品的影响较大，所以应从严控制，允许其价值系数偏离1的范围应小；而成本系数或功能系数较小的零件对产品的影响也较小，所以可放宽控制，允许其价值系数偏离1的范围可稍大。落入此区域外的零件则作为VE对象。

例如：有 A、B、C、D 四个零件，有关数据如表 4-7 所示。

各零件相关数据表 表 4-7

零件名称	功能评价系数	目前成本(元)	成本系数	价值系数
A	0.090	100	0.10	0.9
B	0.009	10	0.01	0.9
C	0.20	100	0.10	2.0
D	0.02	10	0.01	2.0
……	……	……	……	……
……	……	……	……	……
……	……	……	……	……
合计	1.00	1000	1.00	—

虽然 A 与 B、C 与 D 的价值系数相同，但从其成本系数与功能系数来看，其重要程度显然不同，需要新的研究方法来进行对待。

曲线的确定：如图 4-5 所示，曲线上任意一点 Q 的价值系数坐标图（X_i，Y_i）至标准线 $V=1$ 的垂线 QP 即 Q 点到标准线的距离为 R，OP 即 P 点到坐标中心 O 的长度为 L，R 与 L 的乘积是一个给定的常数 S。

$$R \times L = R_1 \times L_1 = R_2 \times L_2 = S \tag{4-5}$$

由公式（4-5）可知，当 S 一定时，L 大则 R 小，L 小则 R 大；S 大，则阴影部分的面积大，价值工程分析对象选择少；S 小，则阴影部分的面积小，则价值工程分析对象选择多，如图 4-6 所示。

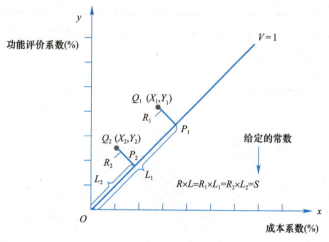

图 4-5　价值系数坐标图

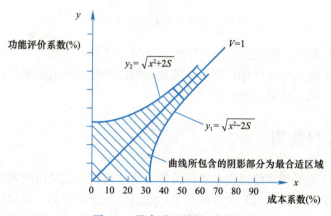

图 4-6　最合适区域的坐标图

S 取值：视选择目标的需要人为给定。在应用时可以通过试验，代入不同的 S 值直到获得满意结果为止。

【例 4-2】 把自来水笔分为墨水、笔尖、笔圈、吸墨水管、压簧、笔杆、杆帽、气孔、笔套九个零件。根据功能分析求出各零件的功能评价系数、成本系数，并已求得各零件的价值系数，各组数据如表 4-8 所示，试用最合适区域法确定价值分析对象。

各零件数据表　　　　　　　　　表 4-8

编号	零件名称	功能评价系数	成本系数	价值系数
1	气孔	4.35	1.12	3.88
2	压簧	5.65	1.23	4.59
3	杆帽	7.76	3.91	1.98
4	笔圈	9.08	6.50	1.40
5	墨水	16.06	6.93	2.32
6	笔尖	13.60	8.41	1.62
7	吸墨水管	7.25	11.62	0.62
8	笔套	20.54	13.97	1.47
9	笔杆	15.68	36.31	0.43

解 通过试验取 $S=50$，在价值系数坐标图上做出 2 条曲线，并把表中的数值画在价值系数坐标图上，如图 4-7 所示。

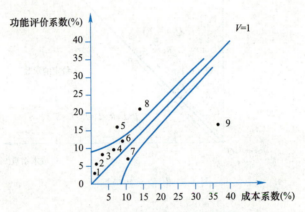

图 4-7　各零件最合适区域坐标图

从图 4-7 可以看出，笔尖、笔圈、杆帽、压簧、气孔、吸墨水管都在最合适区域内，可以不列为价值工程的研究目标，墨水、笔套、笔杆都在最合适区域外，特别是笔杆远离最合适区域，可以列为价值工程的研究目标。

4.3 信息资料收集

信息资料是价值工程实施过程中进行价值分析比较评价和决策的依据。信息资料收集是信息得以利用的第一步，也是关键的一步，通过信息资料收集，可以得到价值工程活动的依据标准和对比的对象，明确解决问题的方向、方针和方法。信息资料收集工作的好坏直接关系到整个价值工程工作的质量。

4.3.1　信息资料收集的原则

1. 目的性

价值工程研究对象不同，信息资料收集的内容也会有所不同，只有明确价值工程的目标，才能围绕具体研究对象，有针对性地收集资料，做到有的放矢，信息资料收集应为

"以最低的寿命周期成本可靠地实现产品的必要功能"为目的进行。

2. 准确性

收集到的信息资料要真实可靠,这个原则是信息收集工作的最基本要求,未达到这样的要求,信息收集者就必须对收集到的信息反复核实,不断检验,力求把误差减小到最低限度。

3. 系统性

系统地收集与掌握各种信息资料是提高产品价值的先决条件,特别是对产品的技术、经济资料进行系统收集,要力求全面、完整,为决策的科学性提供保障。

4. 时效性

只有收集的信息资料是最新的,价值工程据此做出的分析才最有效。信息资料只有及时、迅速地提供给它的使用者,才能有效地发挥作用,只有信息资料是"事前"的,对决策才是有效的。

4.3.2 信息资料收集的内容

1. 用户信息

用户信息包括用户使用产品的目的及其使用环境,用户对产品性能、价格、售后服务等要求;用户对产品的基本功能、产品寿命可靠性、安全性的要求;用户对技术服务的要求,以及对产品可能产生副作用的限制等;用户所处的市场范围及其阶层,用户的经济条件及购买力,用户的文化修养及操作能力,用户的使用环境及维修保养能力等,对用户信息掌握得越全面越有利于价值工程的研究。

2. 市场销售信息

包括产品市场销售量变化情况,市场容量,同行业竞争对手的规模、经营特点、管理水平,产品的产量、质量、售价、市场占有率、技术服务、用户反应等。

3. 技术信息

包括产品设计的主要功能标准与相关要求,产品的结构原理及构配件,材料性能、产品的造型及其体积、质量等,以及有关科研成果及其应用情况,新结构、新工艺、新材料、新技术的现状及发展状况,标准化的具体要求及存在的问题,国内外同类产品的研发方向等。

4. 经济信息

经济信息是计算价值的必要依据,是功能成本分析的主要内容,应了解同类产品的价格、成本及构成,包括生产费、销售费、运输费、零部件成本、外购件、三废处理等。

5. 企业信息

指企业的经营思想、方针和目标,企业的近期发展与长远发展规划,企业的经营品种与相应产品质量情况,企业的技术经济指标在同类企业中所处的地位,本企业的开发设计、研究能力、技术经济的总体水平等。

6. 外协信息

包括外协单位状况,外协件的品种、数量、质量、价格、交货期等。

7. 相关法律法规

包括国家有关政策、法律法规,以及环境保护、三废处理等规章制度。

4.3.3 信息资料收集的方法

收集信息资料的方法通常有：

1. 面谈法

通过直接交谈收集信息资料。

2. 查阅法

通过查阅各种出版物，如书籍、期刊、专利、论文，以及网络查询等方式获取相关信息。

3. 书面调查法

将所需资料以问答形式预先归类为若干问题，然后通过问卷回答来取得信息资料。

4.4 功能分析

功能分析是价值工程的核心内容。通过功能分析，能够正确地表达价值工程研究对象的功能，明确功能的特性要求，并绘制功能系统图，从而明确产品各功能之间的关系，以便去掉不合理的功能，调整功能间的比重，使产品的功能结构更加合理。通过功能分析回答对象"是干什么用的"提问，准确地掌握用户的功能要求，以实现用最低的成本创造必要的功能的目的。

4.4.1 功能分类

根据功能的不同特征，将产品进行功能分类，主要有以下几种分类方式：

1. 按重要程度

产品的功能一般可分为基本功能和辅助功能。基本功能就是要达到某种产品的目的所必不可少的功能，是产品的主要功能，如果不具备这种功能，这种产品就失去其存在的价值；辅助功能是为了更有效地实现基本功能，而附加的功能，是次要功能。例如：建设工程承重墙体的基本功能是承受荷载，而隔声隔热就是其辅助功能。

2. 按性质特点

产品的功能一般可分为使用功能和美学功能。使用功能是从功能的内涵反映其使用属性，是一种动态功能；美学功能是从产品的外观反应功能的艺术属性，是一种静态的外观功能。无论是使用功能还是美学功能，都是通过基本功能和辅助功能来实现的。建筑产品的使用功能一般包括可靠性、安全性和维修性等，其美学功能一般包括造型、色彩、图案等。建筑产品构配件的使用功能和美学功能要根据产品的特点而有所侧重，有的产品应突出使用功能，如地下电缆、地下管道等；有的应突出美学功能，如壁纸、壁布等。

3. 按量化标准

按照功能的量化标准一般可分为过剩功能与不足功能。这是相对于功能的标准而言，从定量角度对功能采用的分类方法。过剩功能是指某些功能虽属必要，但满足需要有余，在数量上超过了用户要求或标准功能水平；不足功能是相对于过剩功能而言的，表现为产品整体功能或零部件功能水平在数量上低于标准功能水平，不能完全满足用户需要。过剩功能和不足功能都应列入价值工程的研究对象，补充不足功能，剔除过剩功能，进一步改进和完善产品功能。

4. 按用户要求

按用户要求一般可分为必要功能和不必要功能。必要功能是用户要求的功能，是用户承认并愿意购买的功能。使用功能、基本功能均为必要功能。不必要功能是不符合用户需要的功能，多余功能、重复功能和过剩功能均属于不必要功能。价值工程就是要通过功能分析，剔除不必要功能，使产品的功能构成更加合理。

5. 按目的和手段

按目的和手段一般可分为上位功能和下位功能。通常把处于目的地位的功能称为上位功能，而把处于手段地位的功能称为下位功能，上位功能是功能的目的，下位功能是实现目的功能和手段。当然上位和下位是相对的，一个功能，对其上位功能来说就是手段，而对其下位功能来说则是目的。在分析功能时，如果问"这个功能要达到什么目的"就应寻找它的上位功能，如果问"怎样实现这个功能"就应寻找它的下位功能。

4.4.2 功能定义

1. 概念

功能定义就是以简洁的语言对产品的功能加以描述。这里要求描述的是产品的功能，而不是产品的结构、外形或材质，因此功能定义的过程就是对产品功能解剖分析的过程。

功能定义通常用一个动名词来描述，不宜太长。动词是功能承担发生的动作，而动作的对象就是作为宾语的名词，如基础的功能是"承受荷载"。

2. 功能定义的作用

（1）明确产品的功能特性。明确产品和组成产品各零部件的功能，使产品设计的功能满足用户的要求；

（2）便于进行功能评价。做产品功能定义后，才可能进行产品功能的评价，确定实现功能的最低费用；

（3）便于构思产品改进设计方案。功能定义是设计者将分析重点放在产品功能上，而不受产品结构限制，构思出各种设计方案。

4.4.3 功能整理

功能整理是在功能定义基础上，找出各功能相互之间的逻辑关系，对各功能进行系统整理和排序，并以图表形式表达，功能整理是功能评价和方案构思的依据。

功能整理的方法如下：

（1）明确功能范围，确定产品的基本功能和辅助功能；

（2）建立功能体系，明确功能之间上下位关系和并列关系；

（3）检查功能定义的准确程度，做出修改和补充；

（4）画出功能系统图。将上位功能摆在左边，下位功能摆在右边，最上位功能摆在最左边，并列关系功能并排排列。通过"目的-手段"关系把功能之间的关系系统化，绘成功能系统图，如图4-8所示。

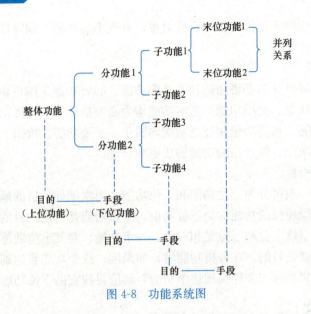

图 4-8 功能系统图

4.5 功能评价

功能评价就是对各功能区域的价值进行定量分析，从中找出价值低的功能区域作为改善对象。它是根据功能系统图在同一级别的各功能之间，运用一定的技术方法计算并比较各功能价值的大小，从而寻找功能与成本在量上不匹配的具体改进目标，估算成本降低的大致幅度的过程。

功能评价的内容包括成本评价和价值评价。成本评价是通过核算和确定对象的目前成本和目标成本，分析、测算成本降低期望值，从而排列出改进对象的优先次序。价值评价是通过计算和分析对象的价值，以及分析成本功能的合理匹配程度，从而排列出改进对象的优先次序。功能评价的一般计算公式与价值工程的基本公式相同。

功能评价方法有功能成本法和功能指数法。

4.5.1 功能成本法

功能成本法，又称绝对值法，表达式为：

$$\Delta C = C_p - C_m \tag{4-6}$$

式中 ΔC——第 i 个评价对象的成本降低期望值；
C_p——第 i 个评价对象目前的实际成本；
C_m——第 i 个评价对象的目标成本，即功能评价值。它是指能够可靠实现用户要求功能的最低成本。

1. 功能实际成本的计算

功能实际成本的计算与一般的传统成本核算既有相同点，也有不同之处，两者相同点是指他们在成本费用的构成项目上是完全相同的，如建筑安装工程费用都由人工费、材料费、施工机具使用费、企业管理费、利润、规费、税金组成。而二者的不同之处在于功能实际成本的计算是以功能为单位，而传统的成本核算是以产品或零部件为单位。因此，在

计算功能实际成本时,就需要根据传统的成本核算资料,将产品或零部件的实际成本换算成功能的实际成本,方法如下:

(1) 当一个零部件只实现某一功能时,该零部件的目前成本就是此功能的实际成本;

(2) 当两个或两个以上零部件共同实现某一功能,且这些零部件除实现这一功能外,没有别的作用时,则这些零部件的目前成本之和就是此功能的实际成本;

(3) 当一个零部件同时实现几项功能时,就要将该零部件的目前成本分摊到它所实现的几项功能中去,从而求出各项功能的实际成本。

例如:如表 4-9 所示即为一个零部件具有几个功能或者说一个功能由若干零部件组成的功能实际成本"C_p"计算表。

零部件的功能实际成本计算表　　　　　　　　　　　　表 4-9

产品的组成		所服务的功能领域			
零件	零件(元)	F1	F2	F3	F4
A	200	200			
B	400	200	150	50	
C	200	50		150	
D	300		200	50	50
合计	1100	450	350	250	50
成本比例(%)		41	31.8	22.7	4.5

2. 功能目标成本的计算

确定目标成本 C_m 有 3 种方法:方案估算法、最低现状成本法、比率法(DARE 法)。

1) 方案估算法

由专家根据用户的要求,对实现某一产品功能的几个方案依据经验进行成本估算,在几个可行方案中选取最低的成本作为目标成本 C_m。

2) 最低现状成本法

以同类产品中成本最低的作为功能评价标准。用这个预先制定的成本标准求出不同功能程度的目标成本 C_m,如图 4-9 所示。

最低现状成本线反映了实际生产中不同功能水平的最低成本 C_m。

3) 比率法(DARE 法)

步骤如下例:

设某新设备共有 FA1、FA2、FA3、FA4、FA5 五个功能领域,其重要性关系为:

FA1 的重要性为 FA2 的 2 倍;

FA2 的重要性为 FA3 的 1/2;

FA3 的重要性为 FA4 的 3 倍;

FA4 的重要性是 FA5 的 1.5 倍。相关数据如表 4-10 所示。

若该产品目标成本为 100 元,则各功能领域的目标成本可根据其重要性来进行分配,如表 4-11 所示。

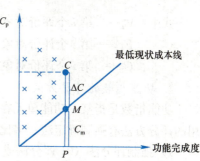

图 4-9　最低现状成本图

新设备的各功能领域重要性关系表　　　　　　　　　　表 4-10

功能领域	重要性互比值	修正重要性互比值	重要程度系数	功能目标成本(元)
FA1	2.0	4.50		
FA2	0.5	2.25		
FA3	3.0	4.50		
FA4	1.5	1.50		
FA5		1.00		
合计	—	13.75		

目标成本分配表　　　　　　　　　　表 4-11

功能领域	重要性互比值	修正重要性互比值	重要程度系数	功能目标成本(元)
FA1	2.0	4.50	0.33	33
FA2	0.5	2.25	0.16	16
FA3	3.0	4.50	0.33	33
FA4	1.5	1.50	0.11	11
FA5	—	1.00	0.07	7
合计		13.75	1.00	100

一般情况下，当 $\Delta C > 0$ 时，ΔC 大者为优先改进对象，即以 ΔC 的值从大到小排列作为优先改进顺序。

4.5.2 功能指数法

功能指数法又称相对值法。在功能指数法中，功能的价值用价值指数 V_i 来表示，它通过评定各对象功能的重要程度，用功能指数来表示其功能程度的大小，然后将评价对象的功能指数与相对应的成本指数进行比较，得出该评价对象的价值指数，从而确定改进对象，并求出该对象的成本改进期望值，其表达式如下：

$$V_i = \frac{F_i}{C_i} \tag{4-7}$$

式中　V_i——第 i 个评价对象的价值指数；
　　　F_i——第 i 个评价对象的功能指数；
　　　C_i——第 i 个评价对象的成本指数。

1. 功能指数的计算方法

功能指数是指某一功能单元在总体功能中所占的比例，常采用评分的方式来确定，常用的评分方法有强制确定法、多比例评分法和环比法等。

1) 强制评分法（01 评分法或 04 评分法）

04 评分法与 01 评分法相似，但其评分标准不同，具体为：

非常重要的一方记 4 分，另一方则记 0 分；

比较重要的一方记 3 分，另一方则记 1 分；

两者相同重要，则各记 2 分。

例如：各种功能的重要性关系为：

F_3 相对于 F_4 很重要；

F_3 相对于 F_1 较重要；

F_2 和 F_5 同样重要。

用 04 评分法计算各功能的权重，见表 4-12。

各功能重要性关系表   表 4-12

功能	F_1	F_2	F_3	F_4	F_5	得分	功能指数
F_1	×	3	1	3	3	10	0.25
F_2	1	×	0	2	2	5	0.125
F_3	3	4	×	4	4	15	0.375
F_4	1	2	0	×	2	5	0.125
F_5	1	2	0	2	×	5	0.125
Σ			—			40	1.000

2) 多比例评分法

这种方法是强制确定法的延伸。在对比评分时，按 (0，1)、(0.1，0.9)、(0.2，0.8)、(0.3，0.7)、(0.4，0.6)、(0.5，0.5) 这 6 种比例来评定功能指数。

3) 环比评分法

这种方法是先从上至下依次比较相邻两个功能的重要程度，给出功能重要度比值，然后令最后一个被比较的功能的重要度值为 1 （作为基数），依次修正重要度比值。求出所有功能的修正重要度比值后，用其去除以总和数，得出各个功能的功能系数。

2. 成本指数的计算方法

成本指数的确定首先要计算各对象的目前成本，用各对象的目前成本相加得出总成本，然后再用各对象的目前成本除以总成本即得出各对象的成本指数。

3. 评价标准

求得价值 V_i，然后对 V_i 进行分析。

$V_i<1$——作为功能改进对象；

$V_i>1$——一般性考虑对象；

$V_i=1$——不作为功能改进对象。

当 $V_i=1$ 时，表明评价对象的功能比重与成本比重合理匹配，可以认为功能的现实成本是比较合理的。

当 $V_i<1$ 时，评价对象的功能比重小于成本比重。表明相对于系统内的其他对象而言，评价对象目前所占的成本偏高，而功能要求不高，可能存在过剩功能，或者虽无过剩功能，但实现功能的条件或方法不佳，导致实现功能的成本大于功能的实际需要。这两种情况都要列入功能改进的范围，并且以剔除过剩功能及降低目前成本为改进方向。

当 $V_i>1$ 时，评价对象的功能比重大于成本比重。其原因可能有三个：一是目前成本偏低，不能满足评价对象实现其应有的功能要求，改进方向是增加成本；二是评价对象目前具有的功能超过了其应具有的功能水平，即存在过剩功能，改进方向是降低功能水平；三是评价对象在技术、经济方面存在某些特殊性，在保证功能的前提下耗费的成本却很低，则可以不列为价值工程改进对象。

【例 4-3】 某监理工程师针对设计院提出的某商住楼项目，提出了 A、B、C 三个方案，进行技术经济分析和专家调整后得出如表 4-13 所示数据。试计算方案功能系数、成本系数和价值系数，并确定最优方案。

各方案数据表　　　　　　　　　　　　表 4-13

方案功能	方案功能得分			方案功能重要程度
	A	B	C	
F_1	9	9	8	0.25
F_2	8	10	10	0.35
F_3	10	7	9	0.25
F_4	9	10	9	0.10
F_5	8	8	6	0.05
单方造价	1325	1118	1226	1.00

解 1. 计算功能系数

(1) 计算功能得分

$$\phi_A = 9 \times 0.25 + 8 \times 0.35 + 10 \times 0.25 + 9 \times 0.10 + 8 \times 0.05 = 8.85$$

同理 $\phi_B = 8.90$；$\phi_C = 8.95$

(2) 功能总得分

$$8.85 + 8.90 + 8.95 = 26.7$$

(3) 功能系数

$$F_A = \frac{8.85}{26.7} = 0.331;\quad F_B = \frac{8.90}{26.7} = 0.333;\quad F_C = \frac{8.95}{26.7} = 0.335$$

2. 计算成本系数

$$C_A = \frac{1325}{1325 + 1118 + 1226} = 0.361$$

同理 $C_B = 0.305$；$C_C = 0.334$

3. 计算价值系数

$$V_A = \frac{0.331}{0.361} = 0.92;\quad V_B = \frac{0.333}{0.305} = 1.09;\quad V_C = \frac{0.335}{0.334} = 1.00$$

B 方案为最优方案。

4.6 改进方案的提出与评价

经过对象选择信息资料收集、功能分析和功能评价之后，价值工程活动就转入制定改进方案的创新阶段。以前各阶段都是价值工程的准备阶段，只有方案创造与制定才是价值工程出成果的阶段，也是价值工程的重点和难点所在。

4.6.1 方案创新的方法

方案创新是从提高对象的功能价值出发，针对应该改进的具体目标，依据已建立的功能系统图和功能目标成本，通过创造性的思维活动，提出实现功能的改进方案。下面对比较常用的方法进行介绍。

1. **头脑风暴法（Brain Storming）**

这种方法由美国 BBDO 广告公司的亚历克斯·奥斯本于 1941 年首次提出。具体地说，就是由对改进对象有较深了解的人员组成的集体，在非常融洽和不受任何限制的气氛中进行座谈讨论，打破常规、积极思考、互相启发、集思广益地提出创新方案。

会议遵循四个原则：不许评论别人的意见；鼓励自由奔放地提出设想；要求多提构思方案；欢迎结合别人的意见提出自己的设想。这种方法的特点是可以互相启发，互相鼓励，从而把与会者积累的常态和潜在的全部智慧和才能都调动起来，这种方法可使获得的方案新颖、全面、富于创造性。

2. **哥顿法（Gordon Method）**

这种方法是美国人哥顿在 1964 年提出的，又称模糊目标法，把要研究的问题适当抽象，以利于开拓思路。这种方法是在专家小组会上提方案，但主持人在会议开始时，不把要研究的问题全部摊开，即"研究什么问题、目的是什么？"先不向与会者说明，而只把问题抽象地介绍给大家，要求专家海阔天空地提出各种设想。在会议进行到一定程度，即时机成熟时，再阐述所要研究的具体问题，以作进一步研究，这种方法实际上是先用抽象功能定义的方法，然后循序渐进、步步深入，直到获得新方案为止，它的优点是常常得到一些新奇的想法。

例如，要研究割草机的改进方案，开始只是提出用什么方法可以把一种东西切断，当与会者提出一些诸如剪切、刀切、锯切等方案之后，再宣布会议的目的是要研究割草机的改进方案，让与会者再具体思考，舍去不可行的方案，对可行方案进一步发展完善。

3. **德尔菲法（Delphi Method）**

这种方法是由美国兰德公司提出的，又称书面咨询法。通过信函或其他联络方式，让专家"背对背"地发表自己的建议和意见，由组织单位整理各方建议，取得最优方案，避免了专家意见的互相影响。

这种方法是由组织者将研究对象的问题和要求函寄给有关专家并征询其意见，然后专家组成员在互不商量的情况下提出各种建议和设想。组织者将这些反馈意见汇总、统计和整理，之后再函寄给专家进一步征询意见。如此反复若干次，使原来比较分散的意见，在一定程度上集中一致，最终形成统一的集体结论作为新的替代方案。

4. **特性列举法**

这种方法一般多用于新产品设计。具体的做法就是把设计对象的要求、功能、特性逐个列举出来，针对这些特性逐一研究实现它的手段，从而达到设计对象要求的特性。

4.6.2 方案评价

方案评价就是从众多的备选方案中选择出最佳方案。方案评价可分为概略评价和详细评价。它们均包括技术评价、经济评价和社会评价等方面内容，将这三方面联系起来进行权衡，则称为综合评价。技术评价是对于方案功能的必要性、必要程度和实施的可能性进行分析评价；经济评价是对方案实施的经济效果进行分析评价；社会评价是对方案为国家和社会带来影响和后果的分析评价；综合评价又称价值评价，是根据以上三个方面的评价内容对方案价值大小所做的综合评价。方案评价过程如图 4-10 所示。

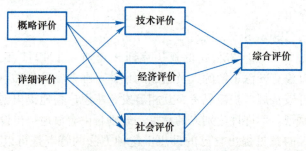

图 4-10　方案评价过程示意图

1. 技术评价

技术评价主要评估方案是否满足产品功能的要求及方案在技术上的可行性。评价以各项技术性能指标作为标准，评价产品的整体功能及技术性能，产品的操作性能、安全性和可靠性，产品的使用期限及可维修性，产品生产工艺的可实施性及生产流程的协调性等。

2. 经济评价

经济评价通常是以各项经济指标如成本指标、利润指标、投资回收指标来衡量方案的经济效益，评估降低成本的可能性及实现预期目标成本的可能性。

3. 社会评价

社会评价是从宏观角度评价方案的社会效益，评估方案是否符合国家政策法规和标准，是否符合本地区发展规划的要求，以及对生态环境的影响等。

4. 综合评价

综合评价是在上述三种评价的基础上，对整个方案的诸多因素做出全面系统地评价。为此，首先要明确规定评价项目的内容，即确定评价所需的各种指标和因素，然后分析各个方案对每一评价项目的满足程度，最后再根据方案对各评价项目的满足程度来权衡利弊，判断各方案的总体价值，从而选出总体价值最大的方案，即技术上先进、经济上合理和对社会有利的最优方案。

 习题

1. 简述价值工程原理及其在工程中的应用。
2. 价值工程对象的选择有哪些方法？
3. 如何进行功能分析？
4. 如何进行功能评价？

第 5 章
建设工程造价

chapter 05

5.1 概述

5.1.1 定义

建设工程造价是指进行某项工程建设所花费的全部费用，即为建成一项工程，在土地市场、设备市场、技术劳务市场以及承包市场等交易活动中所形成的建筑安装工程价格和建设工程总价格。

工程造价的工作内容与计算方法，在建设项目生命周期的不同阶段各不相同。按照我国的基本建设程序：在项目建议书编报及进行可行性研究阶段，对建设项目投资所做的测算称之为"投资估算"；在初步设计、技术设计阶段，对建设项目投资所作的测算称之为"设计概算"；在施工图设计阶段称之为"施工图预算"；在工程招标投标阶段，承包商与业主签订合同时形成的价格称之为"合同价"；在合同实施阶段，承包商与业主结算工程价款时形成的价格称之为"结算价"；工程竣工验收后，实际的工程造价称之为"竣工决算价"。

"工程估价"一词起源于国外（在我国多称为"工程造价"），在国外的工程项目建设程序中，可行性研究阶段、方案设计阶段、基础设计阶段、详细设计阶段及开标前对建设项目投资所作的测算通称为"工程估价"，但在各个阶段，其详细程度和准确度是有差别的。

5.1.2 建筑工程造价运动的经济规律

建筑产品是特殊的商品，工程造价是一个动态指标。工程造价具有各种商品价格的共性，它的运动受价值规律、货币流通规律和商品供求规律的支配。

1. 价值规律对工程造价的影响

价值规律是商品生产的经济规律，价值规律的表述是社会必要劳动时间决定商品的价值量，价格围绕价值上下波动。社会必要劳动时间是指在现有的社会正常的生产条件下，在社会平均的劳动熟练程度和劳动强度下制造某种使用价值所需要的劳动时间，也就是说，同一部门内生产同样使用价值的不同企业，虽然各个企业的劳动消耗不同，但决定价值的却是社会必要劳动消耗，而不是某一个企业的劳动消耗，这是价值规律的一般表现。

在工程项目建设过程中，必须消耗一定的人工、材料、施工机械。这个社会必要劳动时间就是在现有的生产力水平下的消耗量定额，反映社会的平均水平。

2. 货币流通规律对工程造价的影响

价格是商品价值的货币表现，货币价值不变时价格与商品价值成正比；商品价值不变时，价格与单位货币所代表的价值量成反比。

在商品流通数量一定的条件下，每一货币单位代表的价值量越大，则商品价格总额越小，从而货币流通数量越少；每一货币单位所代表的价值量越小，则商品价格总额越大，从而流通中的货币数量也越多。

建筑产品作为一种商品，其价格必然要受到货币流通规律的影响。具体体现在人工费、材料费、机械使用费会随着建筑市场的变化而变化。

3. 商品供求规律对工程造价运动的影响

商品价格除了由商品价值和货币价值本身决定以外，同时还受市场供求情况的影响。

商品的价格与供求的关系是互相影响、互相制约的关系。从短期看，是供求决定价格；但从长期看，实际上是价格决定供求，是价格调节供求的平衡。

在有支付能力的需求不变的情况下，一般说来，如果商品的价值或价格发生变动，需求就会向价格变动的反方向变动；价格下降，需求增加；价格上升，需求减少。

商品的需求也会影响价格。当供不应求时，价格就会上涨到价值之上；当供过于求时，价格又会下跌到价值之下。商品价格高于价值时，生产者能获得超额利润，从而刺激他扩大生产，其他部门的资金也会转移到该部门来，供给就会增加；反之，当商品的价格低于价值时，生产者无利可图，劣等条件甚至中等条件的生产者就会亏本，他们就会缩减生产，资金也会发生转移，供给就会减少。

工程造价运动既受到来自价格内在因素——价值运动的影响，又受到货币值、供求关系的影响，还受到财政、信贷、工资、利润、利率等各方面变化的影响。也就是说，工程造价作为建设工程价值的现实运动形式，除了主要反映生产商品消耗的社会必要劳动时间这个价值的生产条件外，还要反映价值的现实条件、分配状况，同时还要反应来自上层建筑方面的需求。从这个意义上讲，工程造价运动也是国民经济的综合反映。

5.2　工程造价管理体系的历史沿革

工程造价的发展历程，从属于建筑行业乃至人类社会的发展，体现了人类认识世界改造世界的普遍规律与趋势，经历了从自发到自觉，从被动适应到主动干预的过程，其发展脉络如图 5-1 所示。

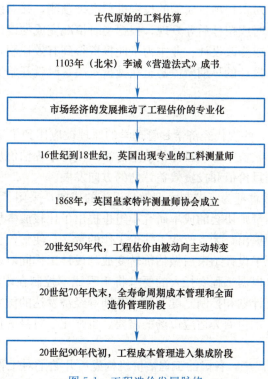

图 5-1　工程造价发展脉络

5.2.1 国外发展历史

国际工程造价的起源可以追溯到中世纪。现代意义上的工程造价伴随着资本主义社会化大生产而出现,最早产生于现代工业发展最早的英国。

1. 第一阶段

16世纪到18世纪,随着设计和施工分离,并各自形成独立专业以后,施工工匠需要有人帮助他们对已完成的工程量进行测算和估价,用以确定应得的报酬,这些人在英国被称为工料测量师（Quantity Surveyor,简称QS）。这时的工料测量师是在工程设计和工程完工以后才去测量工程量和估算工程造价的,并要以工匠小组的名义与工程委托人和建筑师进行洽商,确定工程价款。

这一阶段,工料测量师的主要任务集中在工程完工以后测算工程量并进行估价,工程估价处于被动状态,并不能够对设计和施工施加任何影响。

2. 第二阶段

从19世纪初期开始,资本主义国家在工程建设中开始推行招标承包制,要求工料测量师在工程设计以后和开工以前就进行测量和估价,根据图纸算出实物工程量,并汇编成工程量清单,并为招标者确定标底或为投标者做出报价。从此,工程造价管理逐步形成了独立的专业,1868年,英国皇家特许测量师协会（Royal Institution of Chartered Surveyors,简称RICS）成立。这个时期通常被称为工程造价管理发展的第二阶段,完成了工程造价管理的第一次飞跃。

至此,工程委托人能够做到在工程开工之前预先了解到需要支付的投资额,但是他还不能做到在设计阶段就对工程项目所需的投资进行准确预测,并对设计进行有效的监督控制。因此,往往在招标时或招标后才发现,根据当时情况完成的设计工程费用过高,投资不足,不得不中途停工或修改设计。业主为了使投资得到有效控制,使各种资源得到最有效地利用,迫切要求在设计的早期阶段甚至在做投资决策时就开始进行投资估算,并对设计进行控制。

3. 第三阶段

20世纪30年代,一些现代经济学和管理学的原理被应用到了工程估价领域,引入了项目净现值和项目内部收益率等项目评估技术方法,使得工程估价从简单的工程造价确定与控制开始,向重视项目价值和投资效益评估的方向发展。

1950年,英国的教育部为了控制大型教育设施的成本,采用了分部工程成本规划法。随后,英国皇家特许测量师协会的成本研究小组也提出了比较成本规划法等成本分析和规划方法。成本规划法的提出,大大改变了估价工作的意义,使估价工作从原来被动的工作状况转变成主动,从原来设计结束后做估价转变成与设计工作同时进行,甚至在设计之前即可做出估算,并可以根据工程委托人的要求将工程成本控制在限额以内。这样从20世纪50年代开始,"投资计划和控制制度"就在英国等经济发达的国家应运而生,完成了工程估价的第二次飞跃。承包商为适应市场的需要,也强化了自身的估价管理和成本控制。

4. 第四阶段

20世纪70年代末以来,各国的工程估价机构先后开始了对工程估价新模式和新方法的探索。这一时期,英国提出了"全寿命周期成本管理"的工程项目投资评估与造价管理的理论与方法。随后以美国工程估价学界为代表，推出了"全面造价管理"，涉及工程项目战略资产管理、工程项目造价管理的概念和理论，包括全过程、全要素、全风险、全团队的造价管理。

美国造价工程师协会为全面推动造价管理理论与方法的发展，于 1992 年更名为"国际成本管理促进协会"。自此，国际上工程估价的研究与实践进入一个全新阶段，呈现出综合集成化的趋势。

5.2.2 国内发展历史

1. 古代的造价管理

我国悠久的历史、灿烂的文化，体现在各行各业。在工程造价管理方面更是领先于各国。

1103 年（北宋崇宁二年），著名的土木建筑家李诫编著的《营造法式》正式刊行，这是我国建筑学史上一部具有划时代意义的著作，也是我国工料计算方面的第一部巨著，可以说是造价管理的起源。全书共有 34 卷，分为释名、制度、功限、料例和图样五个部分，其中"功限"就是现在的劳动定额的雏形，"料例"就是材料消耗定额的雏形，第十六至二十五卷是各种计算用工量的规定，第二十六至二十八卷是各工程计算用料的规定。

2. 近代的造价管理

19 世纪末 20 世纪上半叶，在外国资本入侵的一些口岸和沿海城市，工程造价管理方法和经验也逐步传入我国。我国自身经济发展虽然落后，但民族新兴工业项目的建设也要求对工程造价进行管理，因此工程造价管理在我国产生。但是，由于受历史条件的限制，特别是受到经济发展水平的限制，工程造价及招标投标，只是在较少的地区和少量的工程建设中采用。

3. 定额计价模式

新中国成立以后，我国在全面引进、消化和吸收苏联建设项目管理模式的基础上，全面采用概预算定额管理制度，于 1957 年颁布了《关于编制工业与民用建设预算的若干规定》，规定各不同设计阶段都应编制概算和预算，明确了概预算的作用。当时的国务院和国家计划委员会还先后颁布了《基本建设工程设计和预算文件审核批准暂行办法》《工业与民用建筑设计及预算编制暂行办法》《工业与民用建筑预算编制暂行细则》等文件。为加强概预算的管理工作，国家先后成立标准定额局，1956 年，又单独成立建筑经济局。

从 1977 年起，国家恢复重建造价管理机构。于 1983 年 8 月成立基本建设标准定额局，组织制定了工程建设概预算定额、费用标准及工作制度，概预算定额统一归口。1988 年将基本建设标准定额局从国家计委（现称：国家发展和改革委员会）划归了建设部（现称：住房和城乡建设部），成立了建设部（现称：住房和城乡建设部）标准定额司。各省市、各部委建立了定额管理站，全国颁布一系列推动概预算管理和定额管理发展的文件和指标，我国完成了传统建设项目造价管理体制和方法的恢复工作。

1990 年中国建设工程造价管理协会成立，标志着我国工程项目成本管理一个新的阶段的出现。

4. 清单计价模式

1992 年开始，我国经济改革力度不断增大，在工程项目成本管理的模式和方法等方面也开始了全面地变革。随着招投标等制度的实施，我国传统的工程成本概预算定额管理模式越来越无法适应社会主义市场经济的需要。1992年全国工程建设标准定额工作会议后，我国的工程项目成本管理体制从原来"量价统一"的工程造价定额管理模式，逐步转向"量价分离"。以市场机制为主导，由政府职能部门实行监督协调，与国际惯例全面接轨的工程量清单造价管理模式逐步推行。

2003年2月《建设工程工程量清单计价规范》GB 50500以国家标准形式发布实施，该规范的实施是工程造价管理体制改革的一项里程碑。它标志着建设工程价格从政府指导价向市场调节价的根本过渡，从表面上看，实行工程量清单计价仅是工程量清单的计价方式取代了传统的预算定额计价方式，但从根本上看，这种交易表现方式的变化，彻底改变了工程造价价格属性的形成机制。

工程量清单计价是通过在招标投标阶段，以发包人提供的工程量清单为基础，由投标人自主报价来实现市场竞争，形成工程价格。工程量清单计价方式的实施，对规范建设市场计价行为和秩序，促进建设市场有序竞争和企业健康发展具有重要的积极意义。工程量清单计价方式也是国际上造价管理的惯例。我国2008年和2013年对《建设工程工程量清单计价规范》进行了两次系统修订，使其执行力度进一步加大、内容更加全面，可操作性更强、更符合国情和发展需要。

5.3 建设工程造价特点

5.3.1 单件性计价

每个建设项目都是根据业主的要求单独设计的，都有特定的用途、功能和规模，其结构造型、装饰、工艺设备和建筑材料等各不相同。建筑工程还必须在结构造型等方面适应工程所在地的气候、地质、水文等自然条件，这就使建设项目的实物形态千差万别，因此建筑工程就不能像工业产品那样按品种、规格、质量成批定价。建筑产品的差异性决定了工程造价单件性计价特点。

5.3.2 多次性计价

工程项目建设是按照基本建设程序逐步展开进行的，为了满足工程建设过程中不同的管理者（业主、咨询方、设计单位、施工单位等）在各阶段工程造价管理的需要，就必须在设计和建设阶段，多次进行工程造价的计算，以保证工程造价确定与控制的合理性。另外建设项目周期长、规模大、造价高，相应的也要在不同阶段进行多次估价，以保证工程造价与控制的科学性。多次性计价是一个逐步深入，由不确定到确定的工程造价的过程，具体过程如图5-2所示。

5.3.3 按工程构成的分部组合计价

建设项目造价的计算是逐步组合而成的，这与建设项目的组合性有关。一个建设项目总造价由各个单项工程造价组成，一个单项工程造价由各个单位工程造价组成，一个单位工程造价由分部分项工程计算得出，这充分体现了组合计价的特点。

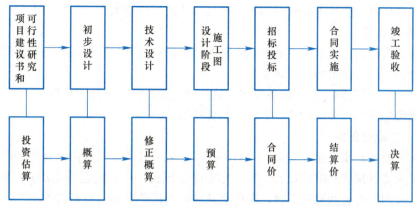

图 5-2 多次性计价过程

建设项目一般是指有可行性研究报告和总体设计，经济上实行独立核算，管理上具有独立组织形式的基本建设单位；单项工程是指具有独立的设计文件，建成后可以独立发挥生产能力或效益的工程；单位工程是指不能独立发挥生产能力或效益，但具有独立施工条件的工程；分部工程是按工程部位、设备种类和型号、使用材料和工种等的不同划分的工程；分项工程是分部工程的组成部分，是构成分部工程的基本项目，又称子目。

工程计价过程是从分部分项工程造价、单位工程造价、单项工程造价、建设项目总造价逐步向上汇总、组合而成，其计算和组合、汇总的顺序如图 5-3 所示。

5.3.4 动态性

每个建设项目从决策到竣工交付使用都要经历一个较长的建设期，在此期间都会出现一些不可预见的因素对工程项目造价产生影响，如设计变更，材料、设备、人工价格变化，费率、利率、汇率调整，不可抗力、索赔等事件的发生，

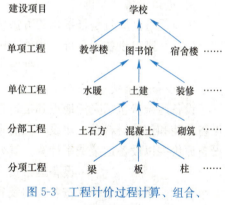

图 5-3 工程计价过程计算、组合、汇总顺序图

必然会引起建设项目投资的变动。因此建设项目投资在整个建设期内都是不确定的，需随时进行动态跟踪调整，直至竣工决算后才能真正确定建设项目投资。

5.4 建设工程造价的组成

我国建设工程造价包括设备工器具购置费、建筑安装工程费用、工程建设其他费用、基本预备费、价差预备费、建设期贷款利息、铺底流动资金。其中设备工器具购置费、建筑安装工程费用、工程建设其他费用、基本预备费之和被称为静态投资。

5.4.1 设备工器具购置费

设备工器具购置费是由设备购置费用和工器具及生产家具购置费用组成。在工业建设项目中，设备工器具购置费与资本的有机构成相联系，设备和工器具购置费占投资费用的

比例越大，意味着生产技术的进步和资本有机构成的程度越大。

1. 设备购置费

设备购置费是指为建设项目购置或自制的达到固定资产标准的设备工器具的费用，设备购置费用包括设备原价和设备运杂费。

$$设备购置费＝设备原价或进口设备到岸价＋设备运杂费$$

设备原价是指国产标准设备、非标准设备的原价。

1）国产标准设备原价

国产标准设备是指按照主管部门颁布的标准图纸和技术要求，由设备生产厂批量生产的，符合国家质量检验标准的设备。国产标准设备原价一般指的是设备制造厂的交货价，即出厂价。有的设备有两种出厂价，即带有备件的出厂价和不带有备件的出厂价。在计算设备原价时，一般按带有备件的出厂价计算。

2）国产非标准设备原价

国产非标准设备是指国家尚无定型标准，各设备生产厂不可能在制造过程中采用批量生产，只能按一次订货，并根据具体的设备图纸制造的设备。非标准设备原价有多种不同的计算方法，如成本计算估算法、系列设备插入估算法、分部组合估价法、定额估价法等，但无论哪种方法都应该使非标准设备计价的准确度接近于实际出厂价。

3）进口设备到岸价

进口设备到岸价是指抵达买方边境港口或边境车站，且交完关税以后的价格。

$$进口设备到岸价＝货价＋国外运费＋国外运输保险费＋银行财务费$$
$$＋外贸手续费＋进口关税＋增值税＋消费税$$

4）设备运杂费

设备运杂费包括交货地点到工地仓库的运费和装卸费、在设备出厂价格中没有包含的设备包装和包装材料费、建设单位的采购及仓库保管费和供销部门手续费等。其费用按照设备原价乘以设备运杂费率计算，其公式为：

$$设备运杂费＝设备原价×设备运杂费率$$

其中，设备运杂费率按各部门及省、市等的规定计取。

2. 工器具及生产家具购置费

工器具及生产家具购置费是指新建项目或扩建项目初步设计规定购置必备的、不够固定资产标准的设备、仪器、工卡模具、器具、生产家具和备品备件等的费用，其一般计算公式为：

$$工器具及生产家具购置费＝设备购置费×定额费率$$

5.4.2 建筑安装工程费

住房城乡建设部、财政部关于印发《建筑安装工程费用项目组成》的通知（建标〔2013〕44号）中指出：为指导工程造价专业人员计算建筑安装工程造价，将建筑安装工程费用按工程造价形成顺序划分为分部分项工程费、措施项目费、其他项目费、规费和税金；建筑安装工程费用按照费用构成要素划分人工费、材料费、施工机具使用费、企业管理费、利润、规费和税金，其中人工费、材料费、施工机具使用费、企业管理费和利润包含在分部分项工程费、措施项目费、其他项目费中。

1. 按照费用构成要素划分建筑安装工程费用组成

1）人工费

人工费是指按工资总额构成，规定支付给从事建筑安装工程施工的生产工人和附属生产单位工人的各项费用。内容包括以下几项：

（1）计时工资或计件工资

计时工资或计件工资，是指按计时工资标准和工作时间或对已做工作按计件单价支付给个人的劳动报酬。

（2）奖金

奖金是指对超额劳动和增收节支支付给个人的劳动报酬。如节约奖、劳动竞赛奖等。

（3）津贴补贴

津贴补贴是为了补偿职工特殊或额外的劳动消耗和因其他特殊原因支付给个人的津贴，以及为了保护职工工资水平不受物价影响支付给个人的物价补贴。如流动施工津贴、特殊地区施工津贴、高温（寒）作业临时津贴、高空津贴等。

（4）加班加点工资

加班加点工资是指按规定支付的在法定节假日工作的加班工资和在法定工作日延时工作的加点工资。

（5）特殊情况下支付的工资

特殊情况下支付的工资是指根据国家法律、法规和政策规定，因病、工伤、产假、计划生育假、婚丧假、事假、探亲假、定期休假、停工学习、执行国家或社会义务等原因，按计时工资标准或计时工资标准的一定比例支付的工资。

2）材料费

材料费是指施工过程中耗费的原材料、辅助材料、构配件、零件、半成品或成品、工程设备的费用，内容包括以下几项：

（1）材料原价

材料原价是指材料、工程设备的出厂价格或商家供应价格。

（2）运杂费

运杂费是指材料、工程设备自来源地运至工地仓库或指定堆放地点所发生的全部费用。

（3）运输损耗费

运输损耗费是指材料在运输、装卸过程中不可避免的损耗。

（4）采购及保管费

采购及保管费是指为组织采购、供应和保管材料、工程设备的过程中所需要的各项费用，包括采购费、仓储费、工地保管费、仓储损耗。

这里的工程设备是指构成或计划构成永久工程一部分的机电设备、金属结构设备、仪器装备及其他类似的设备和装置。

3）施工机具使用费

施工机具使用费是指施工作业所发生的施工机械、仪器仪表使用费或其租赁费。

（1）施工机械使用费

施工机械使用费，以施工机械台班耗用量乘以施工机械台班单价表示，施工机械台班单价应由下列七项费用组成：

① 折旧费：是指施工机械在规定的使用年限内陆续收回其原值的费用；

② 大修理费：是指施工机械按规定的大修理间隔台班进行必要的大修理，以恢复其正常功能所需的费用；

③ 经常修理费：是指施工机械除大修理以外的各级保养和临时故障排除所需的费用，包括为保证机械正常运转所需的替换设备与随机配备工具、附具的摊销和维护费用，机械运转中日常保养所需润滑与擦拭的材料费用及机器停滞期间的维护和保养费用等；

④ 安拆费及场外运输费：安拆费指施工机械（大型机械除外）在现场进行安装及拆卸所需的人工、材料、机械和试运转费用以及机械辅助设施的折旧、搭设、拆除等费用；场外运输费指施工机械整体或分体从停放地点运至施工现场或由一施工地点运至另一施工地点的运输、装卸、辅助材料及架线等费用；

⑤ 人工费：是指机上司机（司炉）和其他操作人员的人工费；

⑥ 燃料动力费：是指施工机械在运转作业中所消耗的各种燃料及水、电费等；

⑦ 税费：是指施工机械按照国家规定应缴纳的车船使用税、保险费及年检费等。

（2）仪器仪表使用费

仪器仪表使用费是指工程施工所需使用的仪器仪表的摊销及维修费用。仪器仪表使用费的参考计算方法：

$$仪器仪表使用费＝工程使用的仪器仪表摊销费＋维修费$$

4）企业管理费

企业管理费是指建筑安装企业组织施工生产和经营管理所需的费用。内容包括以下几项：

（1）管理人员工资

管理人员工资是指按规定支付给管理人员的计时工资、奖金、津贴补贴、加班加点工资及特殊情况下支付的工资等。

（2）办公费

办公费是指企业管理办公用的文具、纸张、账表、印刷、邮电、书报、办公软件、现场监控、会议、水电和集体取暖降温（包括现场临时宿舍取暖降温）等费用。

（3）差旅交通费

差旅交通费是指职工因公出差、调动工作的差旅费、住勤补助费、市内交通费和误餐补助费，职工探亲路费，劳动力招募费，职工退休、退职一次性路费，工伤人员就医路费，工地转移费以及管理部门使用的交通工具的油料、燃料等费用。

（4）固定资产使用费

固定资产使用费是指管理和试验部门及附属生产单位使用的属于固定资产的房屋、设备、仪器等的折旧、大修、维修或租赁费。

（5）工具用具使用费

工具用具使用费是指企业施工生产和管理使用的不属于固定资产的工具、器具、家具、交通工具和检验、试验、测绘、消防用具等的购置、维修和摊销费。

（6）劳动保险和职工福利费

劳动保险和职工福利费是指企业支付的职工退休金、按规定支付给离休干部的经费、集体福利费、夏季防暑降温、冬季取暖补贴、上下班交通补贴等。

(7) 劳动保护费

劳动保护费是指企业按规定发放的劳动保护用品的支出，如工作服、手套、防暑降温饮料以及职工在有碍身体健康的环境中施工的保健费用等。

(8) 检验试验费

检验试验费是指施工企业按照有关标准规定，对建筑以及材料、构件和建筑安装物进行一般鉴定、检查所发生的费用，包括自设实验室进行实验所耗用的材料等费用。检验试验费不包括新结构、新材料的试验费，对构件做破坏性试验及其他特殊要求检验试验的费用和建设单位委托检测机构进行检测的费用（对此类检测发生的费用，由建设单位在工程建设其他费用中列支）。但对施工企业提供的具有合格证明的材料进行检测，其结果不合格的，该检测费用由施工企业支付。

(9) 工会经费

工会经费是指企业按《中华人民共和国工会法》规定的全部职工工资总额比例计提的工会经费。

(10) 职工教育经费

职工教育经费是指按职工工资总额的规定比例计提，企业为职工进行专业技术和职业技能培训、专业技术人员继续教育、职工职业技能鉴定、职业资格认定以及根据需要对职工进行各类文化教育所发生的费用。

(11) 财产保险费

财产保险费是指施工管理用财产、车辆等的保险费用。

(12) 财务费

财务费是指企业为施工生产筹集资金或提供预付款担保、履约担保、职工工资支付担保等所发生的各种费用。

(13) 税金

税金是指企业按规定缴纳的房产税、车船使用税、土地使用税、印花税等。

(14) 其他

包括技术转让费、技术开发费、投标费、业务招待费、绿化费、广告费、公证费、法律顾问费、审计费、咨询费、保险费等。

企业管理费的参考计算方法，以分部分项工程费为计算基础：

$$企业管理费＝分部分项工程费×企业管理费率$$

5) 利润

利润是指施工企业完成所承包工程获得的盈利。

6) 规费

规费是指按国家法律、法规规定，由省级政府或省级有关权力部门规定必须缴纳或记取的费用。包括社会保险费、住房公积金。

(1) 社会保险费

① 养老保险费：是指企业按照规定标准为职工缴纳的基本养老保险费。

② 失业保险费：是指企业按照规定标准为职工缴纳的失业保险费。

③ 医疗保险费：是指企业按照规定标准为职工缴纳的基本医疗保险费。

④ 生育保险费：是指企业按照规定标准为职工缴纳的生育保险费。

⑤ 工伤保险费：是指企业按照规定标准为职工缴纳的工伤保险费。

（2）住房公积金

住房公积金是指企业按规定标准为职工缴纳的住房公积金。

社会保险费和住房公积金应以定额人工费为计算基础，根据工程所在省、自治区、直辖市或行业建设主管部门规定费率计算。

7）税金

税金是指国家税法规定的应列入建筑安装工程造价内的营业税、城市维护建设税、教育费附加以及地方教育附加。

（1）营业税

营业税是指按照相关规定应该缴纳的营业税。

（2）城市维护建设税

城市维护建设税是指为了加强城市的维护建设，扩大和稳定城市维护建设资金的来源，规定凡缴纳增值税、消费税的单位和个人，都应当按照规定缴纳城市维护建设税。城市维护建设税税率如下：纳税人所在地在市区的，税率为7%；纳税人所在地在县城、镇的，税率为5%；纳税人所在地不在市区、县城或镇的，税率为1%。

（3）教育费附加

教育费附加是对缴纳增值税和消费税的单位和个人征收的一种附加费，其作用是为了发展地方性教育事业，扩大地方教育经费的资金来源。以纳税人实际缴纳的增值税和消费税的税额为计费依据，教育费附加的征收率为3%。

（4）地方教育附加

按照《财政部关于统一地方教育附加政策有关问题的通知》（财综〔2010〕98号）要求，各地统一征收地方教育附加，地方教育附加征收标准为单位和个人实际缴纳增值税和消费税税额的2%。

税金的参考计算方法：

$$税金 = 税前造价 \times 综合税率（\%）$$

2. 按照造价形成顺序划分建筑安装工程费用组成

建筑安装工程费按照工程造价形成顺序由分部分项工程费、措施项目费、其他项目费、规费和税金组成。分部分项工程费、措施项目费、其他项目费包含人工费、材料费、施工机具使用费、企业管理费和利润，如图5-4所示。

1）分部分项工程费

分部分项工程费是指各专业工程的分部分项工程应予以支付的各项费用。

（1）专业工程

专业工程是指按现行国家计量规范划分的房屋建筑与装饰工程、通用安装工程、市政工程、园林绿化工程、仿古建筑工程等各类工程。

（2）分部分项工程

分部分项工程是指按现行国家计量规范对各专业工程划分的项目。如房屋建筑与装饰工程划分的土石方工程、地基处理与桩基工程、砌筑工程、混凝土及钢筋混凝土工程等及其进一步各分部工程的划分。

各类专业工程的分部分项工程划分详见现行国家标准或行业计量规范。

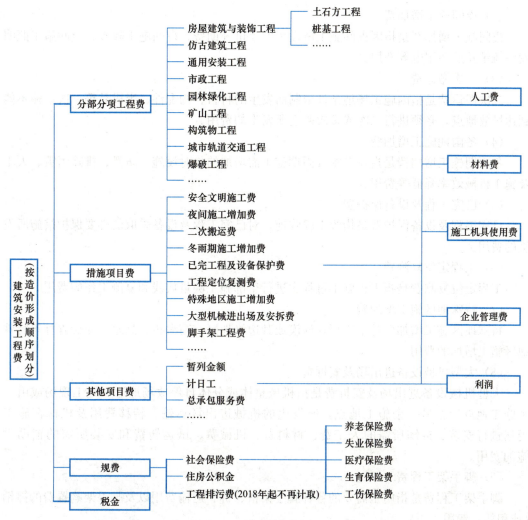

图 5-4　按造价形成顺序划分的建筑安装工程费用组成

$$分部分项工程费 = \Sigma 分部分项工程量 \times 综合单价$$

式中：综合单价包括人工费、材料费、施工机具使用费、企业管理费和利润以及一定范围的风险费用。

2）措施项目费

措施项目费是指为了完成工程施工，发生于该工程施工前和施工过程中的技术、生活、安全、环境保护等方面的费用。包括的内容如图 5-4 所示。

（1）安全文明施工费

① 环境保护费：是指施工现场为达到环保部门要求所需要的各项费用。

② 文明施工费：是指施工现场文明施工所需要的各项费用。

③ 安全施工费：是指施工现场安全施工所需要的各项费用。

④ 临时设施费：是指施工企业为进行建设工程施工所必须搭设的生活和生产用的临时建筑物、构筑物和其他临时设施费用，包括临时设施的搭设、维修、拆除、清理费或摊销费等。

(2) 夜间施工增加费

夜间施工增加费是指因夜间施工所发生的夜班补助费、夜间施工降效、夜间施工照明设备摊销及照明用电等费用。

(3) 二次搬运费

二次搬运费是指因施工场地条件限制而发生的材料、构配件、半成品等一次运输不能到达堆放地点，必须进行二次或多次搬运所发生的费用。

(4) 冬雨期施工增加费

冬雨期施工增加费是指在冬季或雨期施工需增加的临时设施、防滑、排除雨雪、人工及施工机械效率降低等费用。

(5) 已完工程及设备保护费

已完工程及设备保护费是指竣工验收前，对已完工程及设备采取的必要保护措施所发生的费用。

(6) 工程定位复测费

工程定位复测费是指工程施工过程中进行全部施工测量放线和复测工作的费用。

(7) 特殊地区施工增加费

特殊地区施工增加费是指工程在沙漠或其边缘地区、高海拔、高寒、原始森林等特殊地区施工增加的费用。

(8) 大型机械设备进出场及安拆费

大型机械设备进出场及安拆费是指机械整体或分体自停放场地运至施工现场或由一个施工地点运至另一个施工地点，所发生的机械进出场运输、转移费用及机械在施工现场进行安装、拆卸所需的人工费、材料费、机械费、试运转费和安装所需的辅助设施的费用。

(9) 脚手架工程费

脚手架工程费是指施工需要的各种脚手架搭、拆、运输费用以及脚手架购置费的摊销（或租赁）费用。

措施项目及其包含的内容详见各类专业工程的现行国家或行业计量规范。

措施项目费的参考计算方法：

国家计量规范规定可以计算工程量的措施项目费，其计算公式为：

$$措施项目费 = \sum 措施项目工程量 \times 综合单价$$

国家计量规范规定不能计算工程量的措施项目费，计算方法为：

$$措施项目费 = 基数 \times 相应的费率$$

3) 其他项目费

(1) 暂列金额

暂列金额是指建设单位在工程量清单中暂定并包含在工程合同价款中的一笔款项。用于施工合同签订时尚未确定或者不可预见的所需材料、工程设备、服务的采购，以及施工中可能发生的工程变更、合同约定调整因素出现时的工程价格调整以及发生的索赔、现场签证确认等的费用。

(2) 暂估价

暂估价是招标人在工程量清单中提供的用于支付必然发生但暂时不能确定价格的材料

的单价以及专业工程的金额。

(3) 计日工

计日工指在施工过程中，完成发包人提出的施工图纸以外的零星项目或工作所需的费用。

(4) 总承包服务费

总承包服务费是指总承包人为配合、协调建设单位进行的专业工程发包，对建设单位自行采购的材料、工程设备等进行保管以及施工现场管理、竣工资料汇总整理等服务所需的费用。

4) 规费

与"按照费用构成要素划分建筑安装工程费用组成"章节中的规费定义完全一样。

5) 税金

与"按照费用构成要素划分建筑安装工程费用组成"章节中的税金定义完全一样。

5.4.3　工程建设其他费用

工程建设其他费用是指从工程筹建到工程竣工验收交付使用的整个建设期间，除建筑安装工程费用和设备、工器具购置费用以外的，为保证工程建设顺利完成和交付使用后能够正常发挥效用而发生的各种费用。工程建设其他费用按其内容大致可分为三类：第一类是土地使用费；第二类是与工程建设有关的其他费用；第三类是与未来企业生产经营有关的其他费用。

1. 土地使用费

土地使用费是指建设项目使用土地应支付的费用，包括建设用地费和临时土地使用费，以及由于使用土地发生的其他有关费用，如水土保持补偿费等。

建设用地费是指为获得工程项目建设用地的使用权，而在建设期内发生的费用。取得土地使用权的方式有出让、划拨和转让三种方式。

临时土地使用费是指临时使用土地发生的相关费用，包括地上附着物补偿费、青苗补偿费、土地恢复费以及其他税费等。

其他补偿费是指项目涉及的对房屋、市政、铁路、公路、管道、通信、电力、河道、水利、厂区、林区、保护区、矿区等不附属于建设用地的相关建筑物、构筑物或设施的补偿费用。

根据土地的原有属性，土地使用费分为农用土地征用费和取得（城市）国有土地使用费两类。

1) 农用土地征用费

农用土地征用费由土地补偿费、安置补助费、土地投资补偿费、土地管理费、耕地占用税等组成，并按被征用土地的原用途给予补偿。

2) 取得国有土地使用费

取得国有土地使用费包括土地使用权出让金、城市建设配套费、房屋征收与补偿费等。

2. 与工程建设有关的其他费用

与工程建设有关的其他费用包括建设单位管理费、勘察设计费、研究试验费、工程监理费、工程保险费、供电贴费、施工机构迁移费、引进技术和进口设备等其他费用。其费用根据各地与工程建设有关的其他费用的具体构成内容和标准计算。

3. 与未来企业生产经营有关的其他费用

与未来企业生产经营有关的其他费用主要包括联合试运转费、生产准备费、办公和生活家具购置费等。

1）联合试运转费

联合试运转费是指新建或新增生产能力的工程项目，在交付生产前，按照批准的设计文件规定的工程质量标准和技术要求，对整个生产线或装置进行负荷联合试运转所发生的费用净支出。包括试运转所需材料、燃料、动力消耗、低值易耗品、其他物料消耗、机械使用费、联合试运转人员工资、施工单位参加试运转人工费、专家指导费，以及必要的工业炉烘炉费。

联合试运转费不包括应由设备安装工程费用开支的调试及试车费用，以及在试运转中暴露出来的因施工原因或设备缺陷等发生的处理费用。

2）生产准备费

生产准备费是指新建项目或新增生产能力的项目，为保证竣工交付使用进行必要的生产准备所发生的费用。费用内容包括：生产职工培训费，生产单位提前进厂参加施工、设备安装、调试费，为熟悉工艺流程及设备性能发生的人员的工资、工资性补贴、职工福利费、差旅交通费、劳动保护费等。

3）办公和生活家具购置费

办公和生活家具购置费是指为保证新建、改建、扩建项目初期正常生产、使用和管理所必须购置的办公和生活家具、用具的费用。改建、扩建项目所需的办公和生活用具购置费用，应低于新建项目。其范围包括办公室、会议室、资料档案室、阅览室、文娱室、食堂、浴室、理发室和单身宿舍等。这项费用按照设计定员人数乘以综合指标计算。

一般建设项目很少发生一些具有明显行业特征的工程建设其他费用项目，如移民安置费、水资源费、水土保持评价费、地震安全性评价费、地质灾害危险性评价费、河道占用补偿费、超载设备运输特殊措施费、航道维护费、植被恢复费、种质检测费、引种测试费等，具体项目发生时应依据有关政策规定列入。

5.4.4 预备费及其构成

1. 基本预备费

基本预备费是指在初步设计及概算内难以预料的工程费用。主要包括以下三部分内容：

（1）在批准的初步设计范围内，技术设计、施工图设计及施工过程中所增加的工程费用；设计变更、局部地基处理等增加的费用；

（2）一般自然灾害造成的损失和预防自然灾害所采取的措施费用，参加保险的工程项目，此费用应适当降低；

（3）竣工验收时为鉴定工程质量，对隐蔽工程进行必要的挖掘和修复费用。

基本预备费一般用建筑安装工程费用、设备工器具购置费及工程建设其他费用三者之和乘以基本预备费率进行计算，基本预备费率一般按照国家有关部门的规定执行。

2. 价差预备费

价差预备费是指为在建设期内利率、汇率或价格等因素的变化而预留的可能增加的费用，亦称为价格变动不可预见费。价差预备费的内容包括：人工、设备、材料、施工机械的价差费，建筑安装工程费及工程建设其他费用调整的价差费，利率、汇率调整等增加的费用。计算公式为：

$$P = \sum_{t=1}^{n} I_t [(1+f)^m (1+f)^{0.5} (1+f)^{t-1} - 1] \tag{5-1}$$

式中 P——价差预备费；

n——建设期年份数；

I_t——估算静态投资额中第 t 年投入的工程费用；

m——建设前期年限（从编制估算到开工建设年数）；

f——投资价格指数；

t——建设期第 t 年。

价差预备费中的投资价格指数按国家颁布的标准计取，计算式中 $(1+f)^{0.5}$ 表示建设期第 t 年当年投资分期均匀投入考虑涨价的幅度，对设计建设周期较短的项目差价预备费计算公式可简化处理。特殊项目或必要时可进行项目未来价差分析预测，确定各时期投资价格指数。

【例 5-1】 某建设项目建安工程费 10000 万元，设备购置费 6000 万元，工程建设其他费用 4000 万元，已知基本预备费率 5%，项目建设前期年限为 1 年，建设期为 3 年。各年投资计划额为：第一年完成投资 20%，第二年 60%，第三年 20%。年均投资价格指数为 6%，求建设项目建设期间价差预备费。

解 基本预备费 = (10000 + 6000 + 4000) × 5% = 1000 万元

静态投资 = 10000 + 6000 + 4000 + 1000 = 21000 万元

建设期第一年完成投资 = 21000 × 20% = 4200 万元

第一年价差预备费为：$P_1 = I_1 [(1+f)(1+f)^{0.5} - 1] = 383.6$ 万元

建设期第二年完成投资 = 21000 × 60% = 12600 万元

第二年价差预备费为：$P_2 = I_2 [(1+f)(1+f)^{0.5}(1+f) - 1] = 1975.8$ 万元

建设期第三年完成投资 = 21000 × 20% = 4200 万元

第三年价差预备费为：$P_3 = I_3 [(1+f)(1+f)^{0.5}(1+f)^2 - 1] = 950.2$ 万元

建设期的价差预备费为：$P = 383.6 + 1975.8 + 950.2 = 3309.6$ 万元

5.4.5 建设期贷款利息与铺底流动资金

1. 建设期贷款利息

建设期贷款利息包括向国内银行和其他非银行金融机构贷款、出口信贷、外国政府贷款、国际商业银行贷款以及在境内外发行的债券等在建设期间内应偿还的借款利息。根据我国现行规定，在建设项目的建设期内，只还利息不还本金。为了简化计算，在编制投资估算、概算时通常假定均在每年的年中支用，借款第一年按半年计息，其余各年份按全年计息。根据不同资金来源及利率分别计算。

$$Q = \sum_{j=1}^{n} \left(P_{j-1} + \frac{A_j}{2} \right) \times i \tag{5-2}$$

式中　Q——建设期利息；

　　P_{j-1}——建设期（$j-1$）年末贷款累计金额与利息累计金额之和；

　　A_j——建设期第 j 年贷款金额；

　　i——贷款年利率；

　　n——建设期年数。

【例 5-2】　某新建项目建设期为 3 年，共向银行贷款 1300 万元。贷款时间为：第 1 年 300 万元，第 2 年 600 万元，第 3 年 400 万元，年利率为 6％，计算建设期贷款利息。

解　在建设期，各年利息计算如下：

第 1 年应计利息：$\frac{1}{2} \times 300 \times 6\% = 9$ 万元

第 2 年应计利息：$\left(300 + 9 + \frac{1}{2} \times 600\right) \times 6\% = 36.54$ 万元

第 3 年应计利息：$\left(300 + 9 + 600 + 36.54 + \frac{1}{2} \times 400\right) \times 6\% = 68.73$ 万元

建设期贷款利息总和：$9 + 36.54 + 68.73 = 114.27$ 万元

2. 铺底流动资金

铺底流动资金是指生产性建设项目，为保证生产和经营正常进行，按规定应列入建设项目总投资的铺底流动资金。一般按流动资金的 30％ 计算。

5.5　世界银行和国际咨询工程师联合会建设项目投资组成

世界银行和国际咨询工程师联合会对项目的总建设成本（相当于我国的建设项目总投资）作了统一规定，下面进行简单介绍。

5.5.1　项目直接建设成本

项目直接建设成本包括以下内容：

（1）土地征购费；

（2）场外设施费用，如道路、码头、桥梁、机场、输电线路等设施费用；

（3）场地费用，指用于场地准备、厂区道路、铁路、围栏、场内设施等的建设费用；

（4）工艺设备费，指主要设备、辅助设备及零配件的购置费用，包括海运包装费用、交货港离岸价，但不包括税金；

（5）设备安装费，指设备供应商的监理费用，工程所在国劳务及工资费用，辅助材料、施工设备、消耗品或工具等费用，以及安装承包商的管理费和利润等；

（6）管理系统费用，是与系统的材料和劳务相关的全部费用；

（7）电气设备费，其内容与第 4 项相似；

（8）电气安装费，指设备供应商的监理费用，工程所在国劳务与工资费用，辅助材料、电缆、管道和工具费用，以及营造承包商的管理费和利润；

（9）仪器仪表费，指所有自动仪表、控制板、配线和辅助材料的费用，以及供应商的监理费用，外国或本国劳务及工资费用，承包商的管理费和利润；

（10）机械的绝缘和油漆费，指与机械及管道的绝缘和油漆相关的全部费用；

（11）工艺建筑费，指原材料、劳务费以及与基础、建筑结构、屋顶、内外装修、公共设施有关的全部费用；

（12）服务性建筑费用，其内容与第11项相似；

（13）工厂普通公共设施费，包括材料和劳务费，以及与供水、燃料供应、通风、蒸汽、下水道、污物处理等公共设施有关的费用；

（14）其他当地费用，指那些不能归类于以上任何一个项目、不能计入项目间接成本，但在建设期间又是必不可少的当地费用。如临时设施、临时公共设施及场地的维持费，营地设施及其管理费，建筑保险和债券，杂项开支等费用。

5.5.2 项目间接建设成本

项目间接建设成本包括：

1. 项目管理费

（1）总部人员的薪金和福利费，以及用于初步和详细工程设计、采购、时间和成本控制、行政和其他一般管理的费用；

（2）施工管理现场人员的薪金、福利费和用于施工现场监督、质量保证、现场采购、时间及成本控制、行政及其他施工管理机构的费用；

（3）零星杂项费用，如返工、差旅、生活津贴、业务支出等；

（4）各种酬金。

2. 开工试车费

指工厂投料试车必需的劳动和材料费用（项目直接成本包括项目完工后的试车和空运转费用）。

3. 业主的行政性费用

指业主的项目管理人员费用及支出（其中某些费用必须排除在外，并在"估算基础"中详细说明）。

4. 生产前费用

指前期研究、勘测、建矿、采矿等费用（其中一些费用必须排除在外，并在"估算基础"中详细说明）。

5. 运输和保险费

指海运、国内运输、许可证、佣金、海洋保险、综合保险等费用。

6. 地方税

指地方关税、地方税及对特殊项目征收的税金。

5.5.3 应急费

应急费用包括：

1. 未明确项目的准备金

此项准备金用于在估算时不能明确的潜在项目，包括那些在做成本估算时因为缺乏完整、准确和详细的资料而不能完全预见和不能注明的项目，但这些项目是必须完成的，或它们的费用是必定要发生的。在每一个组成部分中均单独以一定的百分比确定，并作为估算的一个项目单独列出。此项准备金不是为了支付工程范围以外可能增加的项目，不是用于应付天灾、非正常经济情况及罢工等情况，也不是用来补偿估算的任何误差，而是用来支付那些几乎可以肯定要发生的费用。因此，它是估算不可缺少的一个组成部分。

2. 不可预见准备金

此项准备金（在未明确项目的准备金之外）用于在估算达到了一定的完整性并符合技术标准的基础上，由于物质、社会和经济的变化，导致估算增加的情况。此种情况可能发生，也可能不发生。因此不可预见准备金只是一种储备，可能不动用。

5.5.4 建设成本上升费用

通常，估算中使用的构成工资率、材料和设备价格基础的截止日期就是"估算日期"。必须对该日期后或已知成本基础进行调整，以补偿直至工程结束时的未知价格增长。

工程的各个主要组成部分（国内劳务和相关成本、本国材料、外国材料、本国设备、外国设备、项目管理机构））的细目划分确定以后，便可以确定每一个主要组成部分的增长率。这个增长率是一项判断因素，它以已发表的国内或国际成本指数、公司记录等为依据，并与实际供应进行核对，然后根据确定的增长率和从工程进度表中获得的每项活动的中点值，计算出每项主要组成部分的成本上升值。

 习题

1. 简述工程造价管理发展的国内外历史沿革。
2. 建设工程造价的特价有哪些？在实际工程中如何体现？
3. 什么是静态投资？什么是动态投资？
4. 简述我国建设工程造价的构成。

第 6 章
造价控制

chapter 06

6.1 投资决策阶段工程造价的确定与控制

6.1.1 概述

在建设项目投资决策阶段，项目的各项技术经济决策，对建设工程造价以及项目建成后的经济效益起着决定性的作用，是建设工程造价控制的重要阶段。

1. 投资估算的概念

投资估算是在对项目的建设规模、技术方案、设备方案、工程方案以及项目实施进度等进行研究并基本确定的基础上，估算项目投入的总资金（包括建设投资和流动资金）并测算建设期内分年资金需要量的过程。投资估算是制定融资方案、进行经济评价、编制初步设计概算的依据。

投资估算是项目决策的重要依据之一。在整个投资决策过程中，要对建设工程造价进行估算，在此基础上研究是否建设该工程。投资估算要有准确性，如果误差太大，必将导致决策的失误。因此，准确、全面地估算建设项目的工程造价，是项目可行性研究乃至整个建设项目投资决策阶段造价管理的重要任务。

在工程造价的各组成部分中，建筑安装工程费用是不确定性最强的部分，影响建筑安装工程费用变化的因素多且复杂。因此，国内外对投资估算的研究主要集中在建筑安装工程费用方面。

2. 项目投资控制应遵循的原则

（1）按照令人相对满意的原则，实事求是地确定造价控制目标。
（2）设置合理的项目造价控制目标系统。
（3）以设计阶段为重点的建设全过程造价控制。
（4）采取技术与经济相结合的方法来控制项目造价。

6.1.2 投资估算的编制方法

投资估算的编制方法很多，各有其适用条件和范围，而且误差程度也各不相同。在工程中应根据项目的性质、掌握的技术经济资料和数据的具体情况，选用合适的估算方法。

静态投资估算是建设项目投资估算的基础，所以必须全面、准确地进行分析计算，既要避免少算漏算，又要防止高估冒算，力求切合实际。在实际工作中，可根据掌握资料的程度及投资估算编制要求的深度，从以下所介绍的方法中选用。

1. 造价指标估算法

根据各种具体的投资估算指标，进行单位工程投资的估算。投资估算指标的形式较多，例如元/m^2、元/m^3、元/kVA 等。根据这些投资估算指标，乘以所需的面积、体积、容量等，就可以求出相应的土建工程、给排水工程、照明工程、采暖工程、变配电工程等各单位工程的投资。在此基础上汇成拟建建设项目的各个单项工程费用和拟建建设项目的工程费用投资估算。再按相关规定估算工程建设其他费用、预备费、建设期贷款利息等，最后形成拟建建设项目总投资。

采用这种方法时，一方面要注意，若套用的指标与具体工程之间的标准或条件有差异时，应加以必要的局部换算或调整；另一方面要注意，使用的指标单位应密切结合各个单位工程的特点，能正确反映其设计参数，切勿盲目单纯地套用一种单位指标。

目前，我国各省市、各部门已编制了相应的各类建设项目的投资估算指标，因此投资估算指标在我国已形成一定的系统。这为进行各类建设项目的投资估算提供了一定的条件。特别是在编制可行性研究报告中的投资估算时，应根据可行性研究报告的内容及国家有关规定和估算指标等，以估算编制时的价格进行编制，并应按照有关规定，合理地预测估算编制后至竣工期间工程的价格、利率、汇率等动态因素的变化，确保投资估算的编制质量。

2. 生产能力指数法

根据已建成的、性质类似的建设项目或生产装置的投资额和生产能力，及拟建项目或生产装置的生产能力，估算项目的投资额。计算公式为：

$$C_2 = C_1(A_2/A_1)^n \times f \tag{6-1}$$

式中 C_2——拟建项目或生产装置的投资额；

C_1——已知同类项目或生产装置的投资额；

A_2——拟建项目或生产装置的生产能力；

A_1——已知同类项目或生产装置的生产能力；

n——生产能力指数；$0 \leqslant n \leqslant 1$；

f——不同时间、地点的综合调整系数。

若已建类似项目或生产装置的规模和拟建项目或生产装置的规模相差不大，生产规模比值在 0.5～2，则 n 的取值近似为 1；若已建类似项目或生产装置与拟建项目或生产装置的规模相差不大于 50 倍，且拟建项目的扩大仅靠增大设备规格来达到时，则 n 的取值约为 0.6～0.7；若是靠增加相同规格设备的数量达到时，n 的取值在 0.8～0.9。

采用生产能力指数法计算简单、速度快，但要求类似工程的资料可靠，条件基本相同，否则误差就会增大。

【例 6-1】 已知建设日产 20t 乙烯生产装置的投资额为 18000 美元，试估算建设日产 60t 乙烯生产装置的投资额（$n=0.52, f=1$）。

解 $C_2 = C_1(A_2/A_1)^n \times f = 18000(60/20)^{0.52} \times 1 = 31869.52$ 美元

【例 6-2】 若将设计中的化工生产装置的生产能力在原有的基础上增加一倍，投资额大约增加多少？（$n=0.6, f=1$）

解 $C_2/C_1 = (A_2/A_1)^n \cdot f = (2/1)^{0.6} \times 1 \approx 1.5$

计算结果表明，生产能力增加一倍，投资额大约增加 50%。

3. 系数估算法

系数估算法也称为因子估算法，它是以拟建项目的主体工程费或主要设备费为基数，以其他工程费占主体工程费的百分比为系数来估算项目总投资的方法。该方法主要应用于设计深度不足，拟建项目与已建类似项目的主体工程费或主要生产工艺设备投资比重较大，行业内相关系统等资料完备的情况。系数估算法的方法较多，有代表性的方法包括设备系数法、主体工程系数法、朗格系数法等。

1) 设备或主体工程系数法

该法以拟建项目的设备费为基础，根据已建成的同类项目中建筑安装工程费和其他工程费（或建设项目中各专业工程费用）等占设备价值的百分比，求出拟建项目建筑安装工程费和其他工程费，进而求出项目总投资。其计算公式如下：

$$C = E(1 + f_1 P_1 + f_2 P_2 + f_3 P_3 + \cdots\cdots) + I \tag{6-2}$$

式中　　C——拟建项目的投资额；

　　　　E——拟建项目的设备费；

P_1、P_2、P_3……——已建项目中建筑安装工程费和其他工程费（或建设项目中各专业工程费用）等占设备费的比重；

f_1、f_2、f_3……——因时间、空间等因素变化的综合调整系数；

　　　　I——拟建项目的其他费用。

2）朗格系数法

这种方法以拟建项目的设备费为基数，乘以适当的系数来推算项目的建设费用。其计算公式如下：

$$C = E(1 + \sum K_i) K_c \tag{6-3}$$

式中　C——拟建项目投资额；

　　　E——拟建项目的主要设备费；

　　　K_i——管线、仪表、建筑物等项费用的估算系数；

　　　K_c——管理费、合同费、应急费等项费用的总估算系数。

其中，我们把 $L = (1 + \sum K_i) K_c$ 称为朗格系数。根据不同的项目，朗格系数有不同的取值。

朗格系数法较为简单，主要针对各大类行业设备费中上述各分项所占的比重有较规律的收集，估计精度就可以达到较高的水平。但是，朗格系数法由于没有考虑设备规格、材质的差异，所以在某些情况下又表现出较低的精度。

4. 分项比例估算法

该方法将项目的固定资产投资分为设备投资、建筑物与构筑物投资、其他投资三部分，先估算出设备的投资额，然后再按一定比例估算出建筑物与构筑物的投资额及其他投资额，最后则将三部分投资加在一起。

1）设备投资估算

$$K_1 = \sum_{i=1}^{n} Q_i \times P_i (1 + L_i) \tag{6-4}$$

式中　K_1——设备投资估算值；

　　　Q_i——第 i 种设备所需数量；

　　　P_i——第 i 种设备的出厂价格；

　　　L_i——同类项目同类设备的运输、安装费系数；

　　　n——设备的种类。

2）建筑物与构筑物投资估算

$$K_2 = K_1 \times L_b \tag{6-5}$$

式中　K_2——建筑物与构筑物的投资估算值；

　　　L_b——同类项目中建筑物与构筑物投资占设备投资的比例，露天工程系数取 0.1~0.2，室内工程系数取 0.6~1.0。

3）其他投资估算

$$K_3 = K_1 \times L_w \tag{6-6}$$

式中　K_3——建筑物与构筑物的投资估算值；

　　　L_w——同类项目中其他投资占设备投资的比例。

$$K = (K_1 + K_2 + K_3)(1 + s\%) \tag{6-7}$$

式中　$s\%$——考虑不可预见因素而设定的费用系数，一般为 10%～15%。

5. 混合法

混合法是根据主体专业设计的阶段和深度，以及投资估算编制者所掌握的国家及地区、行业或部门相关投资估算基础资料和数据（包括造价咨询机构自身统计和累计的、可靠的相关造价基础资料），对一个拟建建设项目采用造价指标估算法、生产能力指数法、系数估算法与分项比例估算法等混合估算其相关投资额的方法。

6.1.3　基于现代数学理论的投资估算方法

通过对一般估算方法体系的分析可以看出，大多数方法一般是从工程特征的相似性出发，找到已建工程和拟建工程的联系，用类比、回归分析等方法，进而推算出拟建工程的造价。其原理较简单，并且计算容易，应用方便。但是由于影响工程造价的因素很多，如工程用途、规模、结构特征、工期等，且这些因素之间呈现高度的非线性关系，对造价的影响程度也不一样，一般的估算方法很大程度上不能解释这些变量之间繁复的关系。同时，一般的估算方法是以函数模型来表达已建工程和拟建工程之间的关系，而函数的局限性使其不能完全表达清楚各个变量之间的关系。这些局限性导致一般的估算模型精确度都较低，从而限制了其在建筑业的应用。

近年来，随着计算机应用的全面普及，出现了多种以现代数学为理论基础的投资估算方法。这些方法从更为全面的角度对已建工程和拟建工程之间的关系进行了表述，利用数学理论建立估算系统，全面、客观、有效地对工程造价进行估算。其代表方法主要有指数平滑方法、模糊数学估算法和基于人工神经网络的估算方法。

1. 指数平滑方法

投资估算可以看作是对拟建工程的造价进行预测。因此，可以运用预测技术中的指数平滑法原理推导投资估算的公式。根据指数平滑法预测原理，可选择若干个与拟建工程类似的已建典型工程，用这些工程的造价来估算拟建工程的造价。这些典型工程的造价对应于指数平滑预测公式中的以往时间序列观测数据 $x(t)$、$x(t-1)$……指数平滑预测公式系数中的衰减因子 a 对应于工程间的相似程度。

选取近期的 k 个与拟建工程类似的已建工程 $A_i(i=1,2,……k)$，它们与拟建预估工程 B 的相似程度为 $a_i(0 \leqslant a_i \leqslant 1$，其具体值可由专家确定或用其他方法求得）。将 a_i 从大到小排列成一个有序数列 a_1，a_2，a_3，…a_k，相对应的已建工程每平方米建筑面积的造价为 E_1，E_2，E_3，…E_k。设第 i 个类似工程 A_i 每平方米建筑面积的造价预测值为 E_i^*，其预测误差为 $E_i - E_i^*$，则根据指数平滑预测公式，第 $i-1$ 个类似工程 A_{i-1} 每平方米建筑面积的造价预测值为：

$$E_{i-1}^* = E_i^* + a_i(E_i - E_i^*) \tag{6-8}$$

式（6-8）的意义是：对第 i 个类似工程 A_i 每平方米建筑面积的造价预测值 E_i^* 进行

修正，方法是加上其预测误差 $E_i - E_i^*$ 和该工程与拟建工程的相似程度值 a_i 的乘积，然后修正后的造价作为与拟建工程类似的第 $i-1$ 个类似工程 A_{i-1} 每平方米建筑面积的造价预测值。式（6-8）可改写为：

$$E_{i-1}^* = a_i E_i + (1-a_i) E_i^* \tag{6-9}$$

将上式以此类推并展开，则可得拟建工程每平方米建筑面积的造价预测值为：

$$\begin{aligned} E_g &= a_1 E_1 + (1-a_1) E_1^* \\ &= a_1 E_1 + (1-a_1)[a_2 E_2 + (1-a_2) E_2^*] \\ &= a_1 E_1 + a_2(1-a_1) E_2 + a_3(1-a_1)(1-a_2) E_3 + \cdots + a_k(1-a_1) \\ & \quad (1-a_2)\cdots(1-a_{k-1}) E_k + (1-a_1)(1-a_2)\cdots(1-a_k) E_k^* \end{aligned} \tag{6-10}$$

其中，E_k^* 为预测初始值，取 k 个典型工程每平方米建筑面积造价的算术平均值，即：

$$E_k^* = \frac{1}{k} \sum_{i=1}^{k} E_i \tag{6-11}$$

一般只要取与拟建预估工程最相似的三个已建工程就完全可以满足拟建工程的造价估算精度要求，则拟建预估工程每平方米建筑面积的造价估算公式可以表示为：

$$\begin{aligned} E_g = &a_1 E_1 + a_2 E_2(1-a_1) + a_3 E_3(1-a_1)(1-a_2) \\ &+ (1-a_1)(1-a_2)(1-a_3)(E_1 + E_2 + E_3)/3 \end{aligned} \tag{6-12}$$

式（6-12）可改写为：

$$\begin{aligned} E_g = &[a_1 + \frac{1}{3}(1-a_1)(1-a_2)(1-a_3)] E_1 \\ &+ [a_2(1-a_1) + \frac{1}{3}(1-a_1)(1-a_2)(1-a_3)] E_2 \\ &+ [a_3(1-a_1)(1-a_2) + \frac{1}{3}(1-a_1)(1-a_2)(1-a_3)] E_3 \end{aligned} \tag{6-13}$$

从式（6-13）可以看出，拟建预估工程每平方米建筑面积的造价估算值 E_g 实际上就是与其最相似的三个典型工程每平方米建筑面积造价的加权平均值。

其中，E_1 的权值为 $W_1 = a_1 + W$，E_2 的权值为 $W_2 = a_2(1-a_1) + W$，E_3 的权值为 $W_3 = a_3(1-a_1)(1-a_2) + W$，这里 $W = \frac{1}{3}(1-a_1)(1-a_2)(1-a_3)$。由于 $a_1 \geq a_2 \geq a_3$，且 $0 \leq a_i \leq 1$，所以有 $a_1 \geq a_2(1-a_1) \geq a_3(1-a_1)(1-a_2)$，即 $W_1 \geq W_2 \geq W_3$，这说明在此公式中，与预估工程越相似的典型工程其权值越大，与预估工程相似程度越小的典型工程其权值也小，指数平滑法对相似程度大的典型工程更为重视。

从上面对估算公式的推导和说明中可以看出，这个估算公式有充分的理论依据，是可以应用的。

2. 模糊数学估算法

基本原理：模糊数学估算法是从系统的角度出发，将投资估算系统划分为若干个子系统，并且确定每个子系统对于总体的贡献程度（权重），然后将各个子系统分别进行特征量化工作，完成定性分析到定量分析的转变，最后，将拟建工程和已建工程资料的特征量化值进行对比，找出与拟建工程相似程度最高的已建工程，进而得出估算结果。

具体的计算方法和步骤可描述如下：

（1）选定因素集 $U: U = (u_1, u_2, \cdots, u_i)$，其中 u_i 表示第 i 个特征。

(2) 确定各特征因素的权重。权向量 W 为：$W=(\omega_1,\omega_2,\cdots\cdots,\omega_i)$，其中 ω_i 表示第 i 个特征因素的权重。

(3) 按上述 i 个因素，用已建工程资料和调研收集的典型工程资料作出比较模式标准库，将拟建工程与已建工程进行比较。

(4) 根据模糊数学原理，分别计算各典型工程的贴近度。贴近度的计算公式由下列公式导出：

内积： $$B ⊚ A_i = (b_1 \wedge a_{i1}) \vee \cdots\cdots \vee (b_n \wedge a_{in}) \tag{6-14}$$

外积： $$B ⊙ A_i = (b_1 \vee a_{i1}) \wedge \cdots\cdots \wedge (b_n \vee a_{in}) \tag{6-15}$$

贴近度： $$\alpha(B, A_i) = \frac{1}{2}[B ⊚ A_i + (1 - B ⊙ A_i)] \tag{6-16}$$

式中 A_i——第 i 个典型工程；
　　　B——拟建工程；
$a_{i1}\cdots\cdots a_{in}$——第 i 个典型工程第 n 个特征元素的隶属函数值；
$b_1\cdots\cdots b_n$——拟建工程第 n 个特征元素的隶属函数值。

(5) 取贴近度大的前 n 个工程，并按贴近度由大到小的顺序排列，即 $\alpha_1 > \alpha_2 > \cdots\cdots \alpha_n$。设第 n 个工程的单方造价为 C_n，用指数平滑法进行计算，可得拟建工程的单方造价 C_x。计算公式：

$$C_x = \lambda[\alpha_1 C_1 + \alpha_2 C_2(1-\alpha_1) + \alpha_3 C_3(1-\alpha_1)(1-\alpha_2) + \cdots\cdots \\ + \alpha_n C_n(1-\alpha_1)(1-\alpha_2)\cdots\cdots(1-\alpha_{n-1}) + (C_1 + C_2 + \cdots\cdots C_n) \\ (1-\alpha_1)(1-\alpha_2)\cdots\cdots(1-\alpha_n)/n] \tag{6-17}$$

其中：λ 为其调整系数，可根据公式计算或经验取定值。

(6) 设拟建工程建筑面积为 A，则可以计算出拟建工程总造价为：

$$C = \gamma \xi C_x A \tag{6-18}$$

式中 ζ——拟建工程与所贴近的已建工程的价格调整系数；
　　　γ——拟建工程的其他调整系数（如建设环境、政府政策的变化、业主的特殊要求、外界不可抗力的影响等）。

至此，得到了工程造价模糊数学估算结果。

3. 基于人工神经网络的估算方法

模糊数学估算法运用系统层次分析和模糊评价的思想，较为成功地实现了对建设投资的估算。但是，由于其模糊评价多采用专家评价法，主观因素干扰过大，因此，在模糊数学估算法的基础上，许多文献又提出了基于人工神经网络的估算方法。

人工神经网络作为一门新兴的学科，目前已被视为人工智能发展的一个重要方向。它是由大量简单处理单元广泛连接而成，用以模拟人脑行为的复杂网络系统。人工神经网络由于具有自动"学习"和"记忆"功能，从而十分容易进行知识获取工作；由于其具有"联想"功能，所以在只有部分信息的情况下也能回忆起系统全貌；由于其具有"非线性映射"能力，可以自动逼近那些样本数据内部具有最佳规律的函数，揭示出样本数据的非线性关系，因此，基于人工神经网络的估算方法可以克服模糊数学估算法中主观因素干扰过大的缺点，特别适合于不精确和模糊信息的处理。目前，应用最广、最具代表性的是无反馈网络中的多层前向神经网络。该方法的学习解析式十分明确，学习算法称为反向传播算法（Back-Propagation），因而称之为 BP 算法。

BP 算法是一种由教师示教的训练算法，它通过 N 对输入输出样本（该样本须刻画出工程特征并实行归一化处理）(X_1, Y_1)、(X_1, Y_2)……(X_n, Y_n) 的自我学习训练，得到神经元（即样本）之间的连接权 W_{ij}、W_{jk}……和阈值 θ_j、θ_k……使 n 维空间对 m 维空间的非线性映射获得成功。利用该过程训练后得到的连接权和阈值，输入新的具有样本对应特征的 X_X，则可以得到满足已训练好的成功映射的 Y_X，而 Y_X 即为我们所需要的估算结果。对于这个得到的成功映射，即是我们的估算模型。

BP 算法学习过程包括正向传播学习和反向传播学习两个过程。正向传播学习过程是根据输入的样本通过隐含层向所期望的输出结果逼近的过程；反向传播学习过程则是当通过正向学习得到的输出结果与期望值相差较大时，将误差信息按原路返回传递，并通过相应方法修正各个神经元的权值，直至输出结果达到与预期结果满意的逼近程度。这两个过程所得到的学习成果便是获得了神经元之间的连接权 W_{ij}、W_{jk}……和阈值 θ_j、θ_k……使 n 维空间对 m 维空间的非线性映射获得成功，进一步得到了所需要的估算模型。

6.2 设计阶段工程造价的确定与控制

设计阶段的投资控制是建设全过程投资控制的重点。工程设计是建设项目进行全面规划和具体描述实施意图的过程，是科学技术转化为生产力的纽带，是处理技术与经济关系的关键性环节。设计是否经济、合理，对控制工程造价具有十分重要的意义。

6.2.1 设计概算的编制与审查

设计概算是设计文件的重要组成部分，是在投资估算的控制下由设计单位根据初步设计或技术设计图纸及说明、概算定额或概算指标、各项费用定额及取费标准、人工、设备、材料预算价格等资料或参照类似工程预决算文件，编制和确定的建设项目从筹建至竣工交付使用所需全部费用的文件。

设计概算可分为单位工程概算、单项工程综合概算和建设项目总概算三级。

1. 单位工程概算及编制方法

单位工程概算是确定各单位工程建设费用的文件，是编制单项工程综合概算的依据，是单项工程综合概算的组成部分。单位工程概算按其工程性质分为建筑工程概算和设备及安装工程概算两大类。建筑工程概算包括土建工程概算，给水排水、采暖工程概算，通风、空调工程概算，电气照明工程概算，弱电工程概算，特殊构筑物工程概算等；设备及安装工程概算包括机械设备及安装工程概算，电气设备及安装工程概算等，以及工器具及生产家具购置费概算等。

建筑工程概算的编制方法有概算定额法、概算指标法、类似工程预算法等；设备及安装工程概算的编制方法有：预算单价法、扩大单价法、概算指标法等。

1) 建筑工程概算的编制方法

（1）概算定额法。概算定额法又叫扩大单价法或扩大结构定额法。它是采用概算定额编制建筑工程概算的方法，类似用预算定额编制建筑工程预算。它是根据初步设计图纸资料和概算定额的项目划分计算出工程量，然后套用概算定额单价（基价），计算汇总后，再计取有关费用,便可得出单位工程概算造价。

概算定额法要求初步设计达到一定深度,建筑结构比较明确时,才可采用。

(2) 概算指标法。当初步设计深度不够,不能准确地计算工程量,但工程设计采用的技术比较成熟而又有类似工程概算指标可以利用时,可以采用概算指标法编制工程概算。概算指标法将拟建厂房、住宅的建筑面积或体积乘以技术条件相同或基本相同的概算指标而得出人、材、机费用,然后按规定计算出其他费用。概算指标法计算精度较低,但由于其编制速度快,因此对一般附属、辅助和服务工程等项目,以及住宅和文化福利工程项目或投资比较小、结构比较简单的工程项目投资概算有一定使用价值。

由于拟建工程往往与类似工程概算指标的技术条件不尽相同,而且概算编制年份的设备、材料、人工等价格与拟建工程当时、当地的价格也会不同,在实际工程中,还经常会遇到拟建对象的结构特征与概算指标中规定的结构特征有局部不同的情况,因此必须对概算指标进行调整后方可套用,调整方法如下所述。

① 修正概算指标单价

当设计对象的结构特征与概算指标有局部差异时,需要进行这种调整,这种调整方法是将原概算指标中的单位造价进行调整。

$$结构变化修正概算指标(元/m^2) = J + Q_1 P_1 - Q_2 P_2 \tag{6-19}$$

式中　J——原概算指标;

　　　Q_1——概算指标中换入结构的工程量;

　　　Q_2——概算指标中换出结构的工程量;

　　　P_1——换入结构的人、材、机费用单价;

　　　P_2——换出结构的人、材、机费用单价。

则拟建单位工程的人、材、机费用为:

人、材、机费用＝修正后的概算指标×拟建工程建筑面积(或体积)

计算出人、材、机费用后,再按照规定的取费方法计算其他费用,最终得到单位工程概算价值。

② 修正概算指标消耗量

这种方法是将原概算指标中每 $100m^2$($1000m^3$)建筑面积(体积)中的人、材、机数量进行调整,扣除原概算指标中与拟建工程结构不同部分的人、材、机消耗量,增加拟建工程与概算指标不同部分的人、材、机消耗量,使其成为与拟建工程结构相同的每 $100m^2$(或 $1000m^3$)建筑面积(体积)人、材、机数量。计算公式为:

结构变化修正概算指标的人、材、机数量＝原概算指标的人、材、机数量＋换入结构件工程量×相应定额人、材、机消耗量－换出结构件工程量×相应定额人、材、机消耗量

以上两种方法,前者是直接修正概算指标单价,后者是修正概算指标人、材、机数量。修正之后,方可分别套用,计算单位工程设计概算。

【例 6-3】 某个新建宿舍的建筑面积为 $6000m^2$,按概算指标和地区材料预算价格等算出一般土建工程造价为 1043 元/m^2(其中人、材、机费用为 720 元/m^2),采暖工程 52 元/m^2,给水排水工程 58 元/m^2,照明工程 48 元/m^2。按照当地造价管理部门规定,企业管理费费率为 8%,按人、材、机和企业管理费总费用计算的规费费率为 15%,利润为 7%,税率为 9%。但新建住宅的设计资料与概算指标相比,其结构构件有部分变更,设

计资料表明外墙为一砖半外墙，而概算指标中外墙为一砖外墙，根据当地土建工程预算定额，外墙带形毛石基础的预算单价为 225 元/m³，一砖外墙的预算单价为 270 元/m³，一砖半外墙的预算单价为 300 元/m³；概算指标中每 100m² 建筑面积中含外墙带形毛石基础为 18m³，一砖外墙为 46.5m³，新建工程设计资料表明，每 100m² 中含外墙带形毛石，基础 19.6m³，一砖半外墙为 61.2m³。请计算调整后的概算单价和新建宿舍的概算造价。

解 结构变化修正概算指标（元/m²）$= J + Q_1 P_1 - Q_2 P_2$

$$= 720 + \left(\frac{19.6}{100} \times 225 + \frac{61.2}{100} \times 300\right) - \left(\frac{18}{100} \times 225 + \frac{46.5}{100} \times 270\right)$$

$= 720 + 227.7 - 166.05$

$= 781.65$ 元/m²

以上计算结果为人、材、机单价，需取费得到修正后的土建单位工程造价，即

$781.65 \times (1+8\%) \times (1+15\%) \times (1+7\%) \times (1+9\%) = 1132.25$ 元/m²

其余工程单位造价不变，因此经过调整后的概算单价为：

$1132.25 + 52 + 58 + 48 = 1290.25$ 元/m²

新建宿舍概算造价为：

$1290.25 \times 6000 = 7741500$ 元

（3）类似工程预算法

类似工程预算法是利用技术条件与设计对象相类似的已完工程或在建工程的工程造价资料来编制拟建工程设计概算的方法。该方法适用于拟建工程初步设计与已完工程或在建工程的设计相类似，且没有可用的概算指标的情况，但必须对建筑结构差异和价差进行调整。

2）设备及安装工程概算的编制方法

设备及安装工程概算费用由设备购置费和安装工程费组成。

（1）设备购置费

设备购置费是指为项目建设而购置或自制的达到固定资产标准的设备、工器具、交通运输设备、生产家具等费用及运杂费用。

设备购置费由设备原价和运杂费两项组成。设备购置费是根据初步设计的设备清单计算出设备原价，并汇总求出设备总原价，然后按有关规定的设备运杂费率乘以设备总原价，两项相加即为设备购置费概算，计算公式为：

设备购置费概算 $= \sum$（设备清单中的设备数量 × 设备原价）× (1 + 运杂费率)

或： 设备购置费概算 $= \sum$（设备清单中的设备数量 × 设备预算价格）

国产标准设备原价可根据设备型号、规格、性能、材质、数量及附带的配件，向制造厂家询价或向设备、材料信息部门查询或按主管部门规定的现行价格逐项计算。非主要标准设备和工器具、生产家具的原价可按主要标准设备原价的百分比计算，百分比指标按主管部门或地区有关规定执行。

国产非标准设备原价在设计概算时可以根据非标准设备的类别、重量、性能、材质等情况，以每台设备规定的估算指标计算原价，也可以以某类设备所规定吨重估价指标计算。

工器具及生产家具购置费一般以设备购置费为计算基数，按照部门或行业规定的工器具及生产家具费率计算。

(2) 设备安装工程概算编制方法

① 预算单价法。当初步设计有详细设备清单时，可直接按预算单价（预算定额单价）编制设备安装工程概算。根据计算的设备安装工程量乘以安装工程预算单价，经汇总求得。用预算单价法编制概算，计算比较具体，精确度较高。

② 扩大单价法。当初步设计的设备清单不完备，或仅有成套设备的重量时，可采用主体设备、成套设备的综合扩大安装单价编制概算。

③ 概算指标法。当初步设计的设备清单不完备，或安装预算单价及扩大综合单价不全，无法采用预算单价法和扩大单价法时，可采用概算指标编制概算。概算指标形式较多，概括起来主要可按以下几种指标进行计算：

A. 按占设备价值的百分比（安装费率）的概算指标计算。

$$设备安装费＝设备原价×设备安装费率$$

B. 按每吨设备安装的概算指标计算

$$设备安装费＝设备总吨数×每吨设备安装费$$

C. 按座、台、套、组、根或功率等为单位的概算指标计算。如工业炉，按每台安装费指标计算；冷水箱，按每组安装费指标计算安装费等。

D. 按设备安装工程每平方米建筑面积的概算指标计算。设备安装工程有时可按不同的专业内容（如通风、动力、管道等）采用每平方米建筑面积的安装费用概算指标计算安装费。

2. 单项工程综合概算及编制方法

单项工程综合概算是以其所包含的建筑工程概算表和设备及安装工程表为基础汇总编制的。当建设工程只有一个单项工程时，单项工程综合概算（实为总概算）还应包括工程建设其他费用（含建设期贷款利息、预备费等）。

单项工程综合概算文件一般包括编制说明（不编制总概算时列入）和综合概算表两部分。

1) 编制说明

主要包括编制依据、编制方法、主要设备和材料的数量及其他有关问题。

2) 综合概算表

综合概算表是根据单项工程所辖范围内的各单位工程概算等基础资料，按照国家规定的统一表格进行编制。对于工业建筑而言，其概算包括建筑工程和设备及安装工程；对于工业与民用建筑工程而言，其概算包括土建工程、给水排水、供暖、通风及电气照明工程等。单项工程综合概算表见表 6-1。

3) 单项工程综合概算表

单项工程综合概算表 表 6-1

综合概算编号： 工程名称： 单位：万元 共 页 第 页

序号	单位工程或费用名称	概算价值（万元）				技术经济指标			占总投资比例（%）
		建安工程费	设备购置费	工程建设其他费用	合计	单位	数量	指标（元/m²）	
1	建筑工程								
1.1	土建工程								
1.2	给水排水工程								
1.3	采暖工程								
1.4	通风空调工程								

续表

序号	单位工程或费用名称	概算价值(万元)			技术经济指标			占总投资比例(%)
		建安工程费	设备购置费	工程建设其他费用	合计	单位	数量	指标(元/m²)	
1.5	电气照明工程								
2	设备及安装工程								
2.1	设备购置								
2.2	设备安装工程								
3	工器具购置								
	合计								

编制人： 　　　审核人： 　　　审定人：

3. 建设项目总概算及编制方法

总概算是以整个建设工程项目为对象，确定项目从立项开始，到竣工交付使用整个过程的全部建设费用的文件。

1) 总概算书的内容

建设项目总概算是设计文件的重要组成部分。它由各单项工程综合概算、工程建设其他费用、建设期贷款利息、预备费和经营性项目的铺底流动资金组成，并按主管部门规定的统一表格编制而成。

设计概算文件一般应包括以下六个部分：

（1）封面、签署页及目录

（2）编制说明

编制说明应包括以下内容：

① 工程概况。简述建设项目性质、特点、生产规模、建设周期、建设地点等主要情况。对于引进项目要说明引进内容及与国内配套工程等主要情况。

② 资金来源及投资方式。

③ 编制依据及编制原则。

④ 编制方法。说明设计概算是采用概算定额法，还是采用概算指标法等。

⑤ 投资分析。主要分析各项投资的比重、各专业投资的比重等经济指标。

⑥ 其他需要说明的问题。

（3）总概算表应反映静态投资和动态投资两个部分，静态投资是按设计概算编制期价格、费率、利率、汇率等因素确定的投资；动态投资则是指概算编制期到竣工前的工程和价格变化等多种因素所需的投资。

（4）工程建设其他费用概算表

工程建设其他费用概算按国家或地区或部委所规定的项目和标准确定，并按统一格式编制。

（5）单项工程综合概算表

（6）单位工程概算表

（7）附录：补充估价表

2) 总概算表的编制方法

将各单项工程综合概算及其他工程和费用概算等汇总即为建设工程项目总概算。总概算由以下四部分组成：①工程费用；②其他费用；③预备费；④应列入项目概算总投资的其他费用，包括资金筹措费和铺底流动资金。

编制总概算表的基本步骤如下：

① 按总概算组成的顺序和各项费用的性质，将各个单项工程综合概算及其他工程和相应的费用概算汇总列入总概算表，建设工程总概算表见表6-2。

② 将工程项目和费用名称及各项数值填入相应的栏内，然后按各栏分别汇总。

③ 以汇总后总额为基础。按取费标准计算预备费、资金筹措费、铺底流动资金等。

建设工程总概算表　　　　　　　　　表6-2

建设工程项目：×××
总概算价值：×××其中回收金额：×××××

序号	综合概算编号	工程或费用名称	概算价值(万元)						技术经济指标			占投资总额(%)	备注
			建筑工程费	安装工程费	设备购置费	工器具及生产家具购置费	其他费用	合计	单位	数量	单位价值(元)		
1	2	3	4	5	6	7	8	9	10	11	12	13	14
		第一部分 工程费用											
		一、主要生产工程项目											
1		××厂房	×	×	×	×		×	×	×	×	×	
2		××厂房	×	×	×	×		×	×	×	×	×	
		……											
		小计	×	×	×	×		×				×	
		二、辅助生产项目											
3		机修车间	×	×	×	×		×	×	×	×	×	
4		木工车间	×	×	×	×		×	×	×	×	×	
		……											
		小计	×	×	×	×		×				×	
		三、公共设施工程项目											
5		变电所	×	×	×	×		×	×	×	×	×	
6		锅炉房	×	×	×			×	×	×	×	×	
		……											
		小计	×	×	×	×		×				×	
		四、生活、福利、文化教育及服务项目											
7		职工住宅	×					×	×	×	×	×	
8		办公楼	×		×			×	×	×	×	×	
		……											
		小计	×									×	
		第一部分工程费用合计	×										
		第二部分 其他工程和费用项目											
9		土地使用费					×	×					
10		勘察设计费					×	×					
		……											

续表

序号	综合概算编号	工程或费用名称	概算价值（万元）					技术经济指标			占投资总额（％）	备注
			建筑工程费	安装工程费	设备购置费	工器具及生产家具购置费	其他费用	合计	单位	数量	单位价值(元)		
		第二部分其他工程和费用合计					×	×					
		第一、二部分工程费用总计	×	×	×	×	×	×					
11		预备费					×	×					
12		资金筹措费	×	×	×	×	×	×					
13		铺底流动资金	×	×	×	×	×	×					
14		总概算价值											
15		其中:回收金额											
16		投资比例（％）											

审核：　　　　　　　　　　核对：　　　　　　　　　　编制：

④ 计算回收金额。回收金额是指在整个基本建设过程中所获得的各种收入。如原有房屋拆除所回收的材料和旧设备等的变现收入；试车收入大于支出部分的价值等。回收金额的计算方法，按有关部门的规定执行。

⑤ 计算总概算价值。

⑥ 计算技术经济指标。整个项目的技术经济指标应选择有代表性的和能说明投资效果的指标填列。

⑦ 投资分析。为了对基本建设投资分配、构成等情况进行分析，应该在总概算表中计算出各项工程和费用投资占总投资比例，在表的末栏计算出各项费用的投资占总投资的比例。

4. 设计概算的审查

审查设计概算有助于促进概算编制人员严格执行国家有关概算编制规定和费用标准，提高概算的编制质量；有利于合理分配投资资金、加强投资计划管理；有助于促进设计的技术先进性与经济合理性的统一；有利于核定建设项目的投资规模、为建设项目投资的落实提供可靠的依据。

1）审查设计概算的编制依据

（1）合法性审查。采用的各种编制依据必须经过国家权威机关的批准，符合国家的编制规定，未经过批准的不得采用，不得强制或以特殊理由擅自提高费用标准。

（2）时效性审查。对定额、指标、价格、取费标准等各种依据，都应根据国家有关部门的现行规定执行。对颁发时间较长、已不能全部适用的应按有关部门规定的调整系数执行。

（3）适用范围审查。各主管部门、各地区规定的各种定额及其取费标准均有其各自的适用范围，特别是各地区间的材料预算价格区域性差别较大，在审查时应给予高度重视。

2）单位工程设计概算的审查

（1）建筑工程概算的审查

① 工程量审查。根据初步设计图纸、概算定额、工程量计算规则的要求进行审查。

② 采用的定额或指标的审查。审查定额或指标的使用范围、定额基价、指标的调整、定额或指标缺项的补充等。其中，审查补充的定额或指标时，其项目划分、内容组成、编制原则等需与现行定额水平相一致。

③ 材料预算价格的审查。以耗用量最大的主要材料作为审查的重点，同时着重审查材料原价、运输费用及节约材料运输费用的措施。

④ 各项费用的审查。审查各项费用所包含的具体内容是否重复计算或漏项，取费标准是否符合国家有关部门或地方规定的标准。

(2) 设备及安装工程概算的审查

设备及安装工程概算审查的重点是设备清单与安装费用的计算。

① 标准设备原价，应根据设备被管辖的范围，审查各级规定的价格标准。

② 非标准设备原价，除审查价格的估算依据、估算方法外还要分析研究非标准设备估算准确度的有关因素及价格变动规律。

③ 设备运杂费审查，应注意：A. 设备运杂费率应按主管部门或省、自治区、直辖市规定的标准执行；B. 若设备价格中已包含包装费和供销部门手续费时不应重复计算，应相应降低设备运杂费率。

④ 进口设备费用的审查，应根据设备费用各组成部分及国家设备进口、外汇管理、海关税务等有关部门不同时期的规定进行。

⑤ 设备安装工程概算的审查，除编制方法、编制依据外，还应注意审查：A. 采用预算单价或扩大综合单价计算安装费时的各种单价是否合理，工程量计算是否符合规则要求、是否准确无误；B. 采用概算指标计算安装费时，采用的概算指标是否合理，计算结果是否达到精度要求；C. 审查所需计算安装费的设备数量及种类是否符合设计要求，避免某些不需安装的设备安装费计入在内。

3) 综合概算和总概算的审查

(1) 审查概算的编制是否符合国家经济建设方针、政策的要求，根据当地自然条件、施工条件和影响造价的各种因素，实事求是地确定项目总投资。

(2) 审查概算的投资规模、生产能力、设计标准、建设用地、建筑面积、主要设备、配套工程、设计定员等是否符合原批准可行性研究报告或立项批文的标准。如概算总投资超过原批准投资估算10%以上，应进一步审查超估算的原因。

(3) 审查其他具体项目：①审查各项技术经济指标是否经济合理；②审查费用项目是否按国家统一规定计列，具体费率或记取标准是否按国家、行业或有关部门规定计算，有无随意列项，有无多列、交叉计列和漏项等。

4) 设计概算审查的方法

设计概算审查前要熟悉设计图纸和有关资料，深入调查研究，了解建筑市场行情，了解现场施工条件，掌握第一手资料，进行经济对比分析，使审批后的概算更符合实际。概算的审查方法有对比分析法、查询核实法及联合会审法。

(1) 对比分析法

对比分析法主要是指将建设规模、标准与立项批文对比；工程数量与设计图纸对比；综合范围、内容与编制方法、规定对比；各种取费与规定标准对比；材料、人工单价与统一信息对比；技术经济指标与同类工程的指标对比等。通过对比分析，发现设计概算存在的主要问题和偏差。

(2) 查询核实法

查询核实法是对一些关键设备、重要装置、难以核算的较大投资进行多方查询核对，逐项落实的方法。主要设备的市场价向设备供应部门或招标公司核实；重要生产装置、设施向同类企业（工程）查询了解；进口设备价格及有关费税向进出口公司查询；复杂的建安工程向同类工程的建设、承包、施工单位查询；深度不够或不清楚的问题直接向原概算编制人员、设计者查询。

(3) 联合会审法

联合会审法一般先采取多种形式分头审查。包括：设计单位自审，主管、建设承包单位初审，工程造价咨询公司评审，同行专家预审，审批部门复审等。经层层审查把关后，由有关单位和专家进行联合会审，在会审中，由设计单位介绍概算编制情况，各有关单位、专家汇报初审及预审意见。然后进行分析、讨论，结合对各专业技术方案的审查意见所产生的投资增减，逐一核实原概算出现的问题。经过充分协商，认真听取设计单位意见后，进行处理与调整。

6.2.2 施工图预算的编制与审查

施工图预算是以施工图设计文件为依据，按照规定的程序、方法和依据，在工程施工前对工程项目的工程费用进行的预测与计算。施工图预算的成果文件称为施工图预算书，也简称施工图预算，它是在施工图设计阶段对工程建设所需资金做出较精确计算的设计文件。

施工图预算的价格既可以是按照政府统一规定的预算单价、取费标准、计价程序计算而得到的属于计划或预期性质的施工图预算价格，也可以是通过招标投标法定程序后施工企业根据自身的实力即企业定额、人、材、机市场单价以及市场供求及竞争状况计算得到的反映市场性质的施工图预算价格。

1. 施工图预算的编制内容

1) 施工图预算文件的组成

施工图预算由建设项目总预算、单项工程综合预算和单位工程预算组成。建设项目总预算由单项工程综合预算汇总而成，单项工程综合预算由组成本单项工程的各单位工程预算汇总而成，单位工程预算包括建筑工程预算和设备及安装工程预算。

施工图预算根据建设项目实际情况可采用三级预算编制或二级预算编制形式。当建设项目有多个单项工程时，应采用三级预算编制形式，三级预算编制形式由建设项目总预算、单项工程综合预算、单位工程预算组成。当建设项目只有一个单项工程时，应采用二级预算编制，二级预算编制形式由建设项目总预算和单位工程预算组成。

2) 施工图预算的内容

按照预算文件的不同，施工图预算的内容有所不同。建设项目总预算是反映施工图设计阶段建设项目投资总额的造价文件，是施工图预算文件的主要组成部分，由组成该建设项目的各个单项工程综合预算和相关费用组成。具体包括：建筑安装工程费、设备及工器具购置费、工程建设其他费用、预备费、建设期贷款利息及铺底流动资金。施工图总预算应控制在已批准的设计总概算投资范围以内。

单项工程综合预算是反映施工图设计阶段一个单项工程（设计单元）造价的文件，是总预算的组成部分，由构成该单项工程的各个单位工程施工图预算组成。其编制的费用项目是各单项工程的建筑安装工程费和设备及工器具购置费总和。

单位工程预算是依据单位工程施工图设计文件、现行预算定额以及人工、材料和施工机械台班价格等，按照规定的计价方法编制的工程造价文件。包括单位建筑工程预算和单位设备及安装工程预算。单位建筑工程预算是建筑工程各专业单位工程施工图预算的总称，按其工程性质分为一般土建工程预算、给水排水工程预算、采暖通风工程预算、煤气工程预算、电气照明工程预算、弱电工程预算、特殊构筑物如烟囱、水塔等工程预算以及工业管道工程预算等。安装工程预算是安装工程各专业单位工程预算的总称，安装工程预算按其工程性质分为机械设备安装工程预算、电气设备安装工程预算、热力设备安装工程预算等。

2. 施工图预算的编制依据

施工预算的编制依据应包括下列内容：
(1) 国家、行业和地方有关规定；
(2) 相应工程造价管理机构发布的预算定额；
(3) 施工图设计文件及相关标准图集和规范；
(4) 项目相关文件、合同、协议等；
(5) 工程所在地的人工、材料、机械市场价格；
(6) 施工组织设计和施工方案；
(7) 项目的管理模式、发包模式和施工条件；
(8) 其他应提供的资料。

3. 施工图预算的作用

1) 施工图预算对建设单位的作用

(1) 施工图预算是施工图设计阶段确定建设工程项目造价的依据，是设计文件的组成部分。

(2) 施工图预算是建设单位在施工期间安排建设资金计划和使用建设资金的依据。建设单位按照施工组织设计、施工工期、施工顺序、各个部分预算造价安排建设资金计划，确保资金有效使用，保证项目建设顺利进行。

(3) 施工图预算是确定工程招标控制价的依据。在设置招标控制价的情况下，建筑安装工程的招标控制价可按照施工图预算来确定。招标控制价通常是在施工图预算的基础上考虑工程的特殊施工措施、工程质量要求、目标工期、招标工程范围以及自然条件等因素进行编制的。

(4) 施工图预算可以作为确定工程价款、拨付工程进度款及办理工程结算的基础。

2) 施工图预算对施工单位的作用

(1) 施工图预算是确定投标报价的依据。在竞争激烈的建筑市场，施工单位需要根据施工图预算造价，结合企业的投标策略，确定投标报价。

(2) 施工图预算是施工单位进行施工准备的依据，是施工单位在施工前组织材料、机具、设备及劳动力供应的重要参考，是施工单位编制进度计划、统计完成工程量、进行经济核算的参考依据。施工图预算的工、料、机分析，为施工单位材料购置、劳动力及机具和设备的配置提供参考。

(3) 施工图预算是施工企业控制工程成本的依据。根据施工图预算确定的中标价是施工企业收取工程款的依据，企业只有合理利用各项资源、采取先进技术和管理方法、将成本控制在施工图预算价格以内，才能获得良好的经济效益。

（4）施工图预算是进行"两算"对比的依据。施工企业可以通过施工图预算和施工支出的对比分析，找出差距，采取必要的措施。

3) 施工图预算对其他方面的作用

（1）对于工程咨询单位而言，尽可能客观、准确地为委托方做出施工图预算，是其业务水平、素质和信誉的体现。

（2）对工程造价管理部门而言，施工图预算是监督检查执行定额标准、合理确定工程造价、测算造价指数及审定招标控制价的重要依据。

（3）如在履行合同的过程中发生经济纠纷，施工图预算还是有关仲裁、管理、司法机关按照法律规定处理、解决问题的依据。

4. 施工图预算的编制方法

单位工程预算的编制方法有定额单价法、实物量法和工程量清单单价法。

1) 定额单价法

定额单价法是用事先编制好的分项工程的定额单价表来编制施工图预算的方法。根据施工图设计文件和预算定额，按分部分项工程顺序先计算出分项工程量，然后乘以对应的定额单价，求出分项工程人、材、机费用；将分项工程人、材、机费用汇总为单位工程人、材、机费用；汇总后另加企业管理费、利润、规费和税金生成单位工程的施工图预算。定额单价法的编制步骤见图6-1。

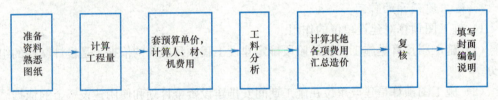

图6-1 定额单价法的编制步骤

2) 实物量法

实物量法是依据施工图纸和预算定额的项目划分及工程量计算规则，先计算出分部分项工程量，然后套用预算定额（实物量定额）来编制施工图预算的方法。

用实物量法编制施工图预算，主要是先用计算出的各分项工程的实物工程量，分别套取预算定额中人、材、机消耗指标，并按类相加，求出单位工程所需的各种人工、材料、施工机械台班的总消耗量，然后分别乘以当时当地各种人工、材料、机械台班的单价，求得人工费、材料费和施工机械使用费，再汇总求和。对于企业管理费、利润等费用的计算，则根据当时当地建筑市场供求情况予以具体确定。实物量法的编制步骤如图6-2所示。

图6-2 实物量法的编制步骤

3）工程量清单单价法

工程量清单单价法是根据国家统一的工程量计算规则计算工程量，采用综合单价的形式计算工程造价的方法。

综合单价是指分部分项工程单价综合了人、材、机费用以及其他多项费用的内容。按照单价综合内容的不同，综合单价可分为全费用综合单价和部分费用综合单价。

（1）全费用综合单价

全费用综合单价即单价中综合了人、材、机费用、措施费、企业管理费、规费、利润和税金等，以各分项工程量乘以综合单价的合价汇总后，生成工程承发包价。

（2）部分费用综合单价

我国目前实行的工程量清单计价采用的综合单价是部分费用综合单价，包括分部分项工程、措施项目、其他项目单价中综合了人、材、机费用、管理费、利润以及一定范围内的风险费用，单价中未包括规费和税金，是不完全费用综合单价。以各分项工程量乘以部分费用综合单价的合价汇总，再加上措施项目费、其他项目费、规费和税金后，生成了工程承发包价。

工程量清单单价法的计算过程详见第七章。

5. 施工图预算的审查

1）施工图预算审查的内容

施工预算审查的重点是工程量计算是否准确，定额套用、各项取费标准是否符合现行规定、单价计算是否合理等方面，审查的主要内容如下：

（1）审查施工图预算的编制是否符合现行国家、行业、地方政府有关法律、法规和规定要求；

（2）审查工程量计算的准确性、工程量计算规则与计价规范、规则或定额规则的一致性；

（3）审查在施工图预算的编制过程中，各种计价依据使用是否恰当，各项费率计取是否正确，审查依据主要有施工图设计资料、有关定额、施工组织设计、有关造价文件规定和技术规范、规程等；

（4）审查各种要素市场价格选用是否合理；

（5）审查施工图预算是否超过设计概算以及进行偏差分析。

2）施工图预算审查的步骤

（1）审查前准备工作

① 熟悉施工图纸。施工图是编制与审查预算的重要依据，必须全面熟悉了解。

② 根据预算编制说明，了解预算包括的工程范围。如配套设施、室外管线、道路以及会审图纸后的设计变更等。

③ 弄清所用单位工程计价表的适用范围，收集并熟悉相应的单价、定额资料。

（2）选择审查方法，审查相应内容

工程规模不同，编制施工图预算的繁简和质量就不同，应选择适当的审查方法进行审查。

（3）整理审查资料并调整定案

综合整理审查资料，同编制单位交换意见，定案后编制调整预算。经审查如发现差错，应与编制单位协商，统一意见后进行相应增加或核减的修正。

3）施工图预算审查的方法

（1）逐项审查法

逐项审查法又称全面审查法，即按定额顺序或施工顺序，对各项工程细目逐项全面详细审查的一种方法。其优点是全面、细致、审查质量高、效果好。缺点是工作量大，时间较长。这种方法适合于一些工程量较小、工艺比较简单的工程。

（2）标准预算审查法

标准预算审查法就是利用标准图纸或通用图纸施工的工程，先集中力量编制标准预算，以此为准来审查工程预算的一种方法。按标准设计图纸施工的工程，一般上部结构和施工方法相同，只是根据现场施工条件和地质情况不同，仅对基础部分做局部改变。凡这样的工程，以标准预算为准，对局部修改部分单独审查即可，不需逐一详细审查。该方法的优点是时间短、效果好。其缺点是适用范围小，仅适用于采用标准图纸的工程。

（3）分组计算审查法

分组计算审查法就是把预算中有关项目按类别划分若干组，利用同组中的一组数据审查分项工程量的一种方法。这种方法首先将若干分部分项工程按相邻且有一定内在联系的项目进行编组，利用同组分项工程间具有相同或相近计算基数的关系，审查一个分项工程数，由此判断同组中其他几个分项工程的准确程度。如一般的建筑工程中将底层建筑面积编为一组，先计算底层建筑面积或楼（地）面面积，从而得知楼面找平层、顶棚抹灰的工程量等，以此类推。该方法特点是审查速度快、工程量小。

（4）对比审查法

对比审查法是当工程条件相同时，用已完工程的预算或未完但已经过审查修正的工程预算对比审查拟建工程的同类工程预算的一种方法。采用该方法一般须符合下列条件：

① 拟建工程与已完或在建工程预算采用同一施工图，但基础部分和现场施工条件不同，则相同部分可采用对比审查法。

② 工程设计相同，但建筑面积不同，两工程的建筑面积之比与两工程各分部分项工程量之比大体一致。此时可按分项工程量的比例，审查拟建工程各分部分项工程的工程量，或用两工程每平方米建筑面积造价、每平方米建筑面积的各分部分项工程量对比进行审查。

③ 两个工程面积相同，但设计图纸不完全相同。则相同的部分，如厂房中的柱子、屋架、层面、砖墙等，可进行工程量的对照审查。对不能对比的分部分项工程可按图纸计算。

（5）筛选审查法

筛选是能较快发现问题的一种方法。建筑工程虽面积和高度不同，但其各分部分项工程的单位建筑面积指标变化却不大。将这样的分部分项工程加以汇集、优选，找出其单位建筑面积的工程量、单价、用工的基本数值，归纳为工程量、价格、用工三个单方基本指标，并注明基本指标的适用范围。这些基本指标用来筛选各分部分项工程，对不符合条件的应进行详细审查，若审查对象的预算标准与基本指标的标准不符，就应对其进行调整。

筛选审查法的优点是简单易懂，便于掌握，审查速度快，便于发现问题。但问题出现的原因尚需继续审查。该方法适用于审查住宅工程或不具备全部审查条件的工程。

（6）重点审查法

重点审查法就是抓住工程预算中的重点进行审查的方法。审查的重点一般是工程量大或者造价较高的各种工程、补充定额、计取的各种费用（计费基础、取费标准）等。重点审查法的优点是重点突出，审查时间短、效果好。

6.2.3 价值工程在优化设计中的运用

建筑产品建设周期长、投资额大，必须考虑其功能和成本的辩证关系，因而价值工程在工程建设方面大有可为，它作为一种相当成熟而又行之有效的管理办法，在许多国家的工程建设中得到广泛应用。例如，美国1972年对俄亥俄河拦河坝的设计进行了严密地分析，从功能和成本两个角度综合考虑，最后提出了新的改进设计方案。他们把溢洪道的闸门增加高度，使闸门的数量从17扇减为12扇，同时改进了闸门施工用的沉箱结构，在不影响水坝功能和可靠性的情况下，筑坝费用节约了1930万美元，而用于请专家进行价值工程分析的费用只花了1.29万美元，取得了1美元收益近1500美元的成果。随着价值工程在我国工程设计中的应用和推广，其提高设计产品的价值的作用也越来越被人们所认识，主要应用在以下几个方面：

1. 提升工程的功能，降低工程的成本

某酒厂建设曲酒仓库，原设计甲方案是按照习惯做法在地面上用花岗岩大石条砌成储酒池，环氧树脂嵌缝，另外加建罩房。经过价值工程分析提出乙方案是利用2m以下的硬土层，建3/4埋于地下的钢筋水泥酒池。地下酒池群形成一个承载力较大的箱形基础，可利用此基础加建多层建筑，同时因为酒池顶板就是罩房地坪，整个罩房又可用作灌装车间或仓库。

建筑面积1400m^2，不但节省工程造价50万元，而且充分利用了宝贵的土地资源；此外在地下储藏酒，不仅有利于产品质量的转化，还可比地上储存减少0.7%~1.7%的损耗，大大提高了曲酒仓库的功能。

2. 保证功能不变，降低工程成本

上海的华东电力设计院承担宝钢自备电厂储灰场长江边围堤筑坝设计任务，原设计为土石堤坝，造价在1500万元以上。设计人员运用价值工程原理，通过对钢渣物理性能和化学成分分析试验，在取得可靠数据后，设计人员反复推敲，证明用钢渣代替抛石在技术上是可行的。为保险起见，先建了200m试验坝（全坝长2353m），取得成功经验后，再大面积施工。

经过设计、施工及生产三方共同努力，长江边国内首座钢渣黏土夹心坝提前一个月建成，大坝稳定而坚固，经受了强台风和长江特高潮位同时袭击而巍然屹立。比原来设计方案节省投资700多万元，取得了降低工程造价、保证功能的效果。更可贵的是，对钢渣进行了利用，变废为宝，对环境保护做出了很大的贡献。

重庆某电影院由于夏季气温高，需设计空调降温系统，以满足人们舒适度（温度、湿度、气流速度）的要求，原设计空调为机械制冷系统（氟利昂制冷）需资金50万元。后经过价值工程分析，决定采用人防地道风降温，功能不变，造价可大大降低。经过试验测定，室外空气经地下岩体地道（长约150m）降温，可达到空调温度、湿度的要求，地道是一个天然的人工冷源，再经风机和少量送风管道至电影院大厅，将风速控制在人们所需要的范围内，满足了电影院空调的要求，仅用资金5万元，而且运行费、电耗也大大降低，管理维修也方便。

3. 工程成本不变，提高工程功能

例如人防工程，为了战备需要国家每年进行大量投资，以往是只单纯考虑它具有战时隐蔽功能。平时闲置不用，而且需要投入人工、材料予以维护。近些年来，许多城市在进行人防工程建设时，把它们设计成战时能隐蔽，平时能发挥效益的多功能工程。像哈尔滨市把人防工程建成了多层的"地下城"，大大缓解了市中心的拥挤；南京建成的"夫子庙地下商场"；鞍山市、天津市建成的车站广场地下商场；北京把许多人防工程稍加修饰，建成招待所或旅馆。这些做法都在大大提高人防功能的同时，增加了人防工程的经济效益。

4. 功能略有下降，成本大幅度降低

例如宝钢中心实验室的 4 栋厂房，日本设计师的原设计为钢结构，重庆钢铁设计院在施工单位配合下，通过价值分析，建议将日本设计的第一实验室和机械加工两栋厂房改为混凝土结构。这样，虽然增加了动力管网、电缆、电线埋设件，但不影响厂房的主要功能，并能节约投资 40 多万元。

5. 成本略有增加，功能大幅度提高

例如天津电视塔塔高 415.2m，塔的主要功能是发射电视和广播节目。如果只考虑塔的单一功能，建成后只能作为发射电视和广播节目的事业单位，每年国家还要拿出几百万元对塔及其内部设备进行维护和更新，虽然有一定的社会效益，但没有经济效益。由于在维护、更新和改造设备方面受到经费的限制，反过来又影响其社会效益。后来运用价值工程原理，利用电视塔的高度，在塔上 274m 处增加综合利用机房，可为气象、环保、交通、消防、通信等部门提供服务，并在 253m 和 257m 处增加瞭望厅和旋转餐厅，可供游览。尽管造价增加了 1000 多万元，但其综合服务和游览服务每年可收入近千万元。这样不但可在近期收回所增加的投资，并还可"以塔养塔"，解决了维护、改造、更新设备的经费来源，确保了发射质量，同时使天津市增加了一景，提高了城市知名度，取得了很高的经济效益和社会效益。

上海某设计院承担一座地处要道口的冷饮商品冷库设计任务，设计院经过价值分析，认为原设计方案中冷库单纯用于储存冷饮商品，季节性强，设备利用不足，经济效益不高，同时冷库立面光秃，街景十分难看。为此他们提出了以冷藏为主兼搞冷饮品生产的改进方案，沿街建设一座漂亮的生产大楼，街景典雅美观，虽然造价提高，但由于充分发挥了制冷设备的潜力，投产后企业也取得了较好的经济效益。除了完成仓储计划外，每年生产冷饮品多创利润 200 多万元。

价值工程尽管在我国还处于起步阶段，但大量事实证明，它在工程设计中对于控制项目投资，提高工程价值是大有可为的。特别是随着勘察设计施工一体化总承包尝试和推广，价值工程会越来越显示出它对建设项目所能发挥的巨大作用。

6.2.4 推行限额设计

1. 推行限额设计的意义

在工程项目建设过程中采用限额设计是我国工程建设领域控制投资支出，有效使用建设资金的有力措施。所谓限额设计就是按照批准的设计任务书及投资估算控制初步设计，按照批准的初步设计总概算控制施工图预算设计，同时各专业在保证达到使用功能的前提

下，按分配的投资限额控制设计，严格控制技术设计和施工图设计的不合理变更，保证总投资限额不被突破。限额设计的控制对象是影响工程设计静态投资（或基础价）的项目。

限额设计并不是一味考虑节约投资，也绝不是简单地将投资砍一刀，而是包含了尊重科学、尊重实际、实事求是、精心设计和保障设计科学性的实际内容。投资分解和工程量控制是实现限额设计的有效途径和主要方法，限额设计是将上阶段设计审定的投资额和工程量先行分解到各专业，然后再分解到各单位工程和分部工程。限额设计的目标体现了设计标准、规模、原则的合理确定及有关概预算基础资料的合理取定，通过层层分解，实现了对投资限额的控制与管理，也就同时实现了对设计规模、设计标准、工程数量与概预算指标等各个方面的控制。

为了保证限额设计工作能顺利发展，彻底扭转设计概算本身的失控现象，在设计单位内部，首先要使设计与概算形成有机的整体，克服相互脱节的状态，设计人员必须加强经济观念。在整个设计过程中，设计人员要经常检查本专业的工程费用，切实做好控制造价工作，把技术和经济统一起来，改变设计过程中不算账、设计完了概算见分晓的现象，由"画了算"变为"算着画"，时刻想着"笔下一条线，投资千千万"。

2. 限额设计的目标设置

要提高投资估算的准确性，合理确定设计限额。可行性研究报告是国家核准总投资额的重要依据，一经批准，即作为下阶段进行限额设计控制的主要依据。为适应开展限额设计的要求，应适当加深可行性研究报告的深度，在充分搜集资料做好方案研究的前提下，经过全面分析、比较和论证，选出推荐方案。整个工作从可行性研究开始，就要树立限额设计的观念。

为了使投资估算真正起到控制作用，必须维护投资估算的严肃性。为此，设计部门要坚持正确的设计指导思想，编制投资估算要尊重科学，尊重实际，实事求是；要树立全局观点，反对不顾国家和人民的利益的倾向；要反对故意压低造价，有意漏项，向国家"钓鱼"或者有意抬高造价及向投资者多要钱的做法。在我国现行投资体制下，尤其要注意克服拟建项目投资不打足的倾向。

投资没有打足主要表现在批准的投资限额与批准的单项工程的数量、标准、功能不能协调一致，造成投资缺口。产生这种原因既有客观原因，也有主观原因。客观原因主要是前期可行性研究不够深入，没有做好建设项目前期工作就仓促上马，使实施的某些技术方案缺乏科学论证，设计变更多，漏项严重；主观原因主要是本位主义，目前多数建设项目的投资估算受到项目可行性研究报告的审批权限约束，各地方各部门为了争项目，在可行性研究阶段不实事求是，人为压低投资估算直至在本地区和部门的审批权限之内，或者故意漏项少算，形成拟建项目所需投资少的假象，诱使主管部门批准立项，即所谓的"钓鱼"工程，从而给整个项目投资控制留下先天性隐患。

限额设计体现了设计标准、规模、原则的合理确定，以及有关概算基础资料的合理取定。因此限额设计应作为衡量勘察设计工作质量的综合标志，应始终是设计质量的管理目标。进行多层次的控制与管理，步步为营，层层控制，才能最终实现控制投资的目标，同时实现对设计规模、设计标准、工程数量与概算指标等各个方面的多维控制。

目前我国很多设计收费是按投资的百分比计算，使得造价越高，设计单位的营业收入也越多，显然不利于设计者主动考虑投资的节约。设计合同中应明确，设计者必须根据建设单位下达的投资限额进行设计，若因设计者的责任突破投资限额设计，必须修改返工，并承担由此带来的损失。建设单位应对设计者因优化设计而付出额外劳动给予报酬，并从优化设计取得的经济效益中提取部分给予奖励。

3. 限额设计的纵向控制

大中型工业建设项目涉及面广，且受地形、地质、水文和气象等客观条件的影响。因此，随着不同勘察设计阶段的深入，即从可行性研究、初步勘察、初步设计、详细勘察、技术设计直到施工图设计，限额设计都必须贯穿到各个阶段，而在每一个阶段中必须贯穿于各专业的每道工序。在每个专业、每道工序中都要把限额设计作为重点工作内容，明确限额目标，实现工序管理。各个专业限额的实现，是实现总限额的保证。要改变和克服各个环节互相脱节的现象。

1）初步设计要重视方案选择

按照审定的可行性研究阶段的投资估算，进一步落实投资的可能性。初步设计应该是多方案比较选择的结果，是项目投资估算的进一步具体化。在初步设计开始时，项目总设计师应将可行性研究报告的设计原则、建设方针和各项控制经济指标向设计人员交底，对关键设备、工艺流程、总图方案、主要建筑和各项费用指标要提出技术经济的方案比选，要研究实现可行性研究报告中投资限额的可能性。特别要注意对投资有较大影响的因素，并将任务与规定的投资限额分专业下达到设计人员，促使设计人员进行多方案比选，克服只管画图，不算经济账的现象。如果发现重大设计方案或某项费用指标超出批准可用研究报告中的投资限额，应及时反映，并提出解决的办法。不能等到概算编出后，发觉超投资再压造价或减项目或减设备，以致影响设计进度，造成设计上的不合理，给施工图设计埋下超投资的隐患。

在初步设计限额设计中，各专业设计人员应强化控制工程造价意识，在拟定设计原则、技术方案和选择设备材料过程中应先掌握工程的参考造价和工程量，严格按照限额设计所分解的投资额和控制工程量（例如建筑工程的结构形式、设计标准、体积、面积、长度、高度和三材总量等）进行设计，并以单位工程为考量单元，事先做好专业内部平衡调整，提出节约投资的措施，力求将造价和工程量控制在限额范围之内。

为鼓励和促进设计人员做好方案选择，要把竞争机制引入设计部门，实行设计招标，促进设计人员增强竞争意识，增强危机感和紧迫感，克服方案比选的片面性和局限性。要鼓励设计人员解放思想，开拓思路，激发创作灵感，使功能好、造价低、效益高、技术经济合理的设计方案脱颖而出。如因采用新技术、新设备、新工艺确实能降低运营成本，又符合"安全、可靠、经济、适用、符合国情"的原则而使工程投资有所增加，或因可行性研究深度不够造成初步设计阶段修改方案而增加投资，应在经过技术经济综合评价并通过必要审查确定是可行的前提下，由总设计师在投资分解时解决。

2）把施工图设计严格控制在批准的概算以内

设计单位的最终产品是施工图设计，它是指导工程建设的主要文件。设计部门要掌握施工图设计造价变化情况，要求从设计部门发出的施工图，其造价严格控制在批准的概算以内，并有所节约。

施工图设计必须严格按批准的初步设计确定的原则、范围、内容、项目和投资额进行。施工图阶段限额设计的重点应放在工程量控制上，控制工程量采用审定的初步设计工程量,控制工程量一经审定,即作为施工图设计工程量的最高限额,不得突破。但是由于初步设计毕竟受外部条件的限制,如地质报告、工程地质、设备、材料的供应、协作条件、物资采购供应价格变化等,以及人们的主观认识的局限性,往往会造成施工图设计阶段直至建设施工过程中的局部修改、变更,这是正常现象,也将使设计、建设更趋完善,因此可能引起已确定的概算价值的变化。这种正常的变化在一定的范围内是允许的,但必须经过核算和调整。这种核算、调整工作就是设计概算的管理。至于涉及建设规模、产品方案、开拓方案、工艺方案、工艺流程或设计方案的重大变更时,原初步设计已经失去指导施工图设计的意义,则必须重新编制或修改初步设计文件,随着初步设计的重编和修改,要另行编制修改初步设计的概算报原审批单位审批,投资控制额即以批准的修改初步设计概算额为准。

3)加强对设计变更的管理工作

设计单位应保证设计质量,尽量减少设计变更。对非发生不可的变更应尽量提前实现,发生变更时费用与时间的关系如图 6-3 所示,变更发生的越早,损失越小;反之,损失就越大。如果在设计阶段变更,只需修改图纸,其他费用尚未发生,损失有限;如果在采购阶段变更,则不仅要修改图纸,设备材料还必须重新采购;若在施工中变更,除上述费用外,已施工的工程还需拆除,势必造成重大变更损失。为此,要建立相应的设计管理制度,尽可能把设计变更控制在设计阶段,对影响工程造价的重大设计变更,更要用先算账后变更的办法解决,使工程造价得到有效控制。

4)在限额设计中树立动态管理的观念

为了在工程建设过程中体现物价指数变化引起的价差因素影响,应当在设计概预算中引入"原值""现值""终值"三个不同概念。所谓原值,是指在编制估算、概算时,根据当时价格预计的工程造价,不包括价差因素;所谓现值,是指在工程批准开工年份,根据当时的价格指数对原值进行调整后的工

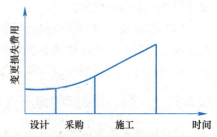

图 6-3 发生变更时费用与时间的关系

程造价,不包括以后年度的价差;所谓终值,是指工程开工后分年度投资各自产生的不同价差叠加到现值中得到的工程造价。为了排除价格上涨对限额设计的影响,限额设计指标均以原值为准,设计概算、预算的计算均采用投资估算或造价指标所依据的同年份的价格。

4. 限额设计的横向控制

限额设计横向控制的主要工作就是健全和加强设计单位对建设单位以及设计单位内部的经济责任制,而经济责任制的核心则是正确处理责、权、利三者之间的关系。在三者关系中,责任是核心,必须明确设计单位以及设计单位内部各有关人员、各专业科室对限额设计所负的责任。为此,要建立设计部门内专业投资分配考核制度。设计开始前按照设计过程估算、概算、预算的不同阶段,将工程投资按专业进行分配,并分段考核,下段指标不得突破上段指标。哪一专业突破控制造价指标时,应首先分析突破原因,用修改设计的方法解决。问题发生在哪一阶段,就消灭在哪一阶段。责任的落实越接近个人,效果越明显。责任者应具有的相应权利是履行责任的前提,为此应赋予设计单位及设计单位内部各科室、设计人员对所承担设计相应的决定权,所赋予的权力要与责任者履行的职责相一致,而责任者的利益则是促使其认真履行责任的动力,为此要建立起限额设计的奖惩机制。

5. 限额设计的不足

在积极推行限额设计的同时，还应清醒地认识到它的不足，从而在推行过程中加以完善和改进。限额设计的不足主要体现在以下方面：

(1) 限额设计的本质特征是投资控制的主动性，因而贯彻限额设计，重要的一环是在初步设计和施工图设计前就对各工程项目、各单位工程、各分部工程进行合理的投资分配，以控制设计，体现控制投资的主动性。如果在设计完成后发现概预算超了再进行设计变更，满足限额设计要求，则会使投资控制处于被动地位，也会降低设计的合理性，因此限额设计的理论及其操作技术有待进一步发展。

(2) 限额设计由于突出强调了设计限额的重要性，使价值工程中有两条提高价值的途径在限额设计中不能得到充分运用，即成本不变，功能提高；成本略有增加，功能有更大程度的提高。尤其后者，在限额设计中的运用受到极大限制，这样也就限制了设计人员在这两方面的创造性，有一些新颖别致的设计往往受设计限额的限制不能得以实现。比如在推行限额设计中卓有成效的天津机场改扩建工程，设计人员提出的电气专业报警系统设计，如果在各分区及控制中心设计模拟图，能使探测点的控制结果直接反映在模拟图上，一目了然，便于在紧急情况下及时采取措施，提高报警系统的使用功能，但由于受投资限额影响，取消了模拟图设计。再如机场总图布局中的货运进场路线，如与外环线连接，可避免内道路交叉、客货混流，能极大地提升天津机场作为货运基地的使用功能，但终因受设计限额影响而未建成。

(3) 限额设计中的限额包括投资估算、设计概算、设计预算等，均是指建设项目的一次性投资，而对于项目建成后的维护使用费，项目使用期满后的报废拆除费用则考虑较少，这样就可能出现限额设计效果较好，但项目的全寿命周期费用不一定很经济的现象。

6.2.5 加强设计规范和标准设计的制定和应用

设计标准是国家的重要技术规范，是进行工程建设勘察、设计、施工及验收的重要依据。各类建设的设计都必须制定相应的标准规范，它是进行工程建设技术管理的重要组成部分，与项目投资控制密切相连。标准设计是工程建设标准化的组成部分，各类工程建设的构件、配件、零部件、通用的建筑物、构筑物、公共设施等，只要有条件的都应该编制标准设计，推广应用。

1. 增强设计标准和标准设计意识

制定和修订设计标准规范和标准设计，必须贯彻执行国家的技术经济政策，密切结合自然条件和技术发展水平，合理利用能源、资源、材料和设备，充分考虑使用、施工、生产和维修的要求，做到通用性强，技术先进，经济合理，安全适用，确保质量，便于工业化生产。

因此在编制时，一定要认真调查研究，及时掌握生产建设的实践经验和科研成果，按照统一、简化、协调、择优的原则，将其提炼上升为共同遵守的依据，并积极研究吸收国外编制标准规范的先进经验，鼓励积极采用国际标准。对于制定标准规范需要解决的重大的科研课题，应当增加投入，组织力量进行攻关，随着生产建设和科学技术的发展，标准规范必须经常补充，及时修订，不断更新。

工程建设标准规范和标准设计，来源于工程建设实践经验和科研成果，是工程建设必须遵循的科学依据。大量成熟的、行之有效的实践经验和科技成果纳入标准规范和标准设计加以实施，就能在工程建设活动中得到最普遍、最有效地推广使用。无疑，这是科学技术转化为生产力的一条重要途径。另一方面，工程建设标准规范又是衡量工程建设质量的尺度，符合标准规范就是质量好，不符合标准规范就是质量差。抓设计质量，设计标准规范必须先行。设计标准规范一经颁发，就是技术法规，在一切工程设计中都必须执行。标准设计一经颁发，建设单位和设计单位要因地制宜地积极采用，无特殊理由的不得另行设计。

2. 设计标准规范产生的经济效益

1) 降低投资、缩短工期

例如地基基础设计采用规范以来，得到良好的技术经济效果。该设计规范规定允许基底残留冻土层厚度，使基础埋深可浅于冻深（国外标准均规定基础埋深不得小于冻深），从而节约了工程造价，缩短了工期；采用该规范的挡土墙计算公式，可节省挡土墙造价20%；对于单桩承载力，该设计规范结合我国国情把安全系数定为2（日本取3，美国亦在2以上），在沿海软土地区地基可节约基础造价30%以上。

2) 降低建筑物全寿命周期费用

例如在40项科研成果基础上编制的《工业建筑防腐蚀设计标准》GB/T 50046—2018，与过去习惯做法比较，可将工业建筑厂房的使用寿命延长3~5倍，也可防止盲目提高防护标准，浪费贵重材料。《工业循环冷却水处理设计规范》GB/T 50050—2017施行以来效果明显，南京某乙烯石化公司乙二醇装置，按此规范采用循环供水后与直流供水比，年节约用水1.12亿t，年降低生产成本560万元。

3) 保障生命财产安全

例如按《建筑抗震设计规范》（2016年版）GB 50011—2010设计的建筑物，造价比原来增加了，七度抗震设防烈度地区造价增加为1%~3%，八度为5%，九度为10%，但可大大减少地震带来的损失，保证人民生命财产安全。

3. 标准设计的推广

经国家或省、自治区、直辖市批准的建筑、结构和构件等整套标准设计文件图纸，称为标准设计。各专业设计单位按照专业需要自行编制的标准设计图纸，称为通用设计。

1) 标准设计包括的范围

(1) 重复建造的建筑类型及生产能力相同的企业、单独的房屋构筑物，都应采用标准设计或通用设计。

(2) 对不同用途和要求的建筑物，按照统一的建筑模数、建筑标准、设计规范、技术规定等进行设计。

(3) 当整个房屋或构筑物不能定型化时，则应把其中重复出现的部分，如房屋的建筑单元和主要的结构节点构造，在构配件标准化的基础上定型化。

(4) 建筑物或构筑物的柱网、层高及其他构件参数尺寸的统一化。

(5) 建筑物采用的构配件应力求统一化，在基本满足使用要求和修建条件的情况下，尽可能地具有通用互换性。

2) 推广标准设计有益于较大幅度降低工程造价

(1) 节约设计费用，大大加快提供设计图纸的速度（一般可加快设计速度1~2倍），缩短设计周期。

（2）构件预制厂生产标准件，能使工艺定型，容易提高工人技术，且易使生产均衡和提高劳动生产率。统一配料可节约材料，有利于构配件生产成本的大幅度降低。例如，标准构件的木材消耗仅为非标准构件的25%。

（3）可以使施工准备工作和定制预制构件等工作提前，并能使施工速度大大加快，既有利于保证工程质量，又能降低建筑安装工程费用。据天津市统计，采用标准构配件可降低建筑安装工程造价16%；上海的调查材料说明，采用标准构件的建筑工程可降低费用10%~15%。

（4）标准设计是按通用性条件编制的，按规定程序批准的，可供大量重复使用，既经济又优质。标准设计能较好地贯彻执行国家的技术经济政策，密切结合自然条件和技术发展水平，合理利用能源、资源和材料设备，较充分考虑施工、生产、使用和维修的要求，便于工业化生产。因而，标准设计的推广，一般都能使工程造价低于个别设计工程造价。

总之，在工程设计阶段正确处理技术与经济的对立统一关系，是控制项目投资的关键环节。既要反对片面强调节约、忽视技术上的合理要求、使建设项目达不到工程功能的倾向，又要反对重技术、轻经济、保守设计、浪费、脱离国情的倾向。设计人员和工程经济人员密切配合，严格按照设计任务书规定的投资估算做好多方案的技术经济比较，在批准的设计概算限额以内，在降低和控制项目投资上下功夫。工程经济人员在设计过程中应及时地对项目投资进行分析对比，反馈造价信息，能动地影响设计，以保证有效地控制投资。

6.2.6 设计对建设工程造价影响因素分析

设计是在技术和经济上对拟建工程的实施进行全面安排，也是对工程建设进行规划的过程。工业建筑设计包括生产工艺设计和建筑设计。生产工艺设计是根据工程项目的目的和要求，合理选择生产工艺，确定生产设备的种类和型号，具体布置工艺流程；建筑设计则是根据工艺的要求，采用先进、科学的方法，完整地表现建筑物、构筑物的外形、空间布置、结构以及建筑群体的组成、与周围环境的互相关系等。一般的公用工程和住宅的设计就是建筑设计，它根据建筑物的功能要求，具体确定建筑标准、结构形式、建筑物的空间和平面布置以及建筑群体的安排。

项目经过决策确定以后，设计就成为工程建设的关键，对于该项目的建设工期、工程造价、质量以及在建筑以后能否获得较好经济效果方面起着决定性的作用。

1. 工业建筑设计影响工程造价的因素

在工业建筑设计中，影响工程造价的主要因素有厂区总平面图设计、工业建筑的空间平面设计、建筑材料与结构的选择、工艺技术方案的选择、设备的选型和设计等。

1）厂区总平面图设计

厂区总平面图设计方案关系到整个建设场地的土地利用、建筑位置和工程管网长度。它应满足生产工艺过程的要求，节约建设用地、适应厂内外运输需要和厂区气候、地形、工程水文地质等自然条件，满足卫生、防护、安全防护要求，并与城市规划和工业区规划协调一致。要使工艺流程合理，材料仓库和工作场所布置紧凑，厂内运输道路和各种管线较短，占地面积合理，并适应厂区地形做好竖向布置、尽量减少土石工程量，以降低工造价，加快建设进度，同时为以后的生产创造良好的环境和经营条件。为此，总平面图设计应努力做到：

（1）尽量节约用地，少占或不占农田。一般来讲，生产规模大的建设项目与生产规模小的项目比较，单位生产能力占地面积往往较小。为此，要合理确定拟建项目的生产规模，妥善处理好建设项目长远规划与近期建设的关系。近期建设项目的布置应集中紧凑，并适当的留有发展余地。在规划设计中，除高温材料、高温成品外，一般应优先考虑无轨运输；在符合防火、卫生和安全间距要求并满足使用功能的条件下，应尽量减少建筑物、生产区之间的间距；在满足工艺生产要求和使用合理的原则下，应尽量设计和采用外形规整的建筑，以增加场地的有效使用面积。

（2）结合地形、地质条件，因地制宜、依山就势地布置建筑物、构筑物，避免大填大挖，防止滑坡和塌方。

（3）运输设计应根据工厂生产工艺要求和建筑场地等具体情况，正确布置运输线路，尽量做到运距短、无交叉、无反复，因地制宜地选择建设投资少、运费低、载重量大、运输迅速、灵活性大的运输方式。

在厂区总平面图设计中，可使用以下技术经济指标：

① 建筑系数（即建筑密度）。主要说明厂区内的建筑物布置密度，即建筑物、构筑物和各种露天构筑物所占的土地面积与整个建设占地面积之比。

$$建筑系数=\frac{（建筑物＋构筑物＋露天仓库＋操作场地）所占面积}{总平面占地总面积}$$

② 土地利用系数。说明厂区内土地利用情况，表示所有建筑物、构筑物、露天仓库、厂内道路、铁路、人行道和地上地下工程管线所占面积与整个建设场地用地面积之比。

$$厂区土地利用系数=\frac{（建筑物＋构筑物＋露天仓库＋铁路道路＋地上地下工程管线）所占面积}{总平面占地总面积}$$

以上是总平面设计中反映用地、道路、工程管道布局是否经济合理的两个重要指标。在综合解决工艺、运输、卫生、防火等条件下提高建筑系数和土地利用系数，可以更有效地利用土地，减少企业用地和土方工程量，缩短运输线和管线的长度，从而降低建筑费用和生产费用。

③ 工程量。反映企业的总平面及运输部分的建设投资是否经济，包括场地平整土方工程量、铁路长度、铁路和广场铺砌面积、排水工程、围墙长度及绿化面积等。

④ 企业经营条件指标，包括铁路及无轨道路每吨货物的运输费用、铁路及无轨道路经营费用等，以反映运输设计是否经济。

2）工业建筑的空间平面设计

新建工业厂房的空间平面设计方案是否合理和经济，不仅与降低建筑工程造价和使用费用有关，也直接影响到节约用地和建筑工业化水平的提高。要根据生产工艺流程合理布置建筑平面，控制厂房高度，充分利用建筑空间，选择合适的场内起重运输方式，尽可能把生产设备露天或半露天布置。

（1）工业厂房层数的选择

选择工业厂房层数应考虑生产性质和生产工艺的要求。对于需要跨度大和层高高，拥有重型生产设备和起重设备，生产时有较大振动及散发大量热和气的重型工业，采用单层厂房是经济合理的；而对于工艺过程紧凑，采用垂直工艺流程和利用重力运输方式，设备和产品重量不大，并要求恒温条件的各种轻型车间，可采用多层厂房。多层厂房的突出优点是占地面积小，减少基础工程量，缩短交通线路、工程管线和围墙等的长度，降低屋盖和基础的单方造价，缩小传热面，节约热能，经济效果显著。

多层厂房层数根据建厂地区的地质条件、建筑材料的供应、结构形式、建筑面积以及施工方法、自然条件等因素变化。在地震区或地质条件差的地区，厂房层数以2~3层为宜，在7~8度地震设防区，层数以3~4层为宜（5层以上由于要采取抗震措施，会使土建投资增加）；其他地区可采用预制现浇节点的全装配结构，层数可达6层及6层以上。

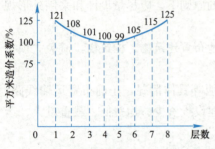

图6-4 经济层数和每平方米造价的关系

图6-4是根据国内资料综合绘制的曲线，它表明多层厂房的经济层数和平方米造价的关系。

确定多层厂房的经济层数主要有两个因素：一是厂房展开面积的大小，展开面积越大，层数越可提高；二是厂房的宽度和长度，如宽度和长度越大，则经济层数越能增加，而造价则相应降低。比如，当厂房宽为30m，长为120m时，经济层数为3~4层；而厂房宽为37.5m，长为150m时，则经济层数为4~5层；后者比前者造价降低4%~6%。由此表明，要降低多层厂房的造价，应适当加大厂房的宽度和长度。

（2）工业厂房层高的选择

在建筑面积不变的情况下，建筑层高的增加会引起各项费用的增加：墙与隔墙及有关粉刷、装饰费用提高；供暖空间体积增加，导致热源及管道费的增加；起重机械运输费的增加可能使屋面造价提高；卫生设备的上下水管道长度增加；楼梯间造价和电梯设备费用的增加；顶棚施工费用的提高等，都会增加单位面积的造价。

据有关资料分析，单层厂房层高每增加1m，单位面积造价增加1.8%~3.6%，年度采暖费约增加3%；多层厂房的层高每增加0.6m，单位面积造价提高8.3%左右。层高与单位建筑面积造价成正比，见图6-5。多层厂房造价增加幅度比单层厂房大的主要因素，是多层厂房的承重部分占总造价的比重较大，而单层厂房的墙柱部分占总造价的比重较小。

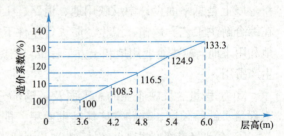

图6-5 层高与单位面积造价系数的关系

（3）合理确定柱网

工业厂房平面布置中柱网的合理确定具有关键性作用。柱网的布置是确定柱子的行距（跨度）和间距（每行柱子中两个柱子间的距离）的依据。

当柱距不变时，跨度越大则单位面积的造价越小，因为除屋架外，其他结构构件分摊在单位面积上的平均造价随跨度的增大而减小。如不同跨度厂房造价对比表6-3说明，24m跨度的厂房经济效果较好，同时主要材料消耗也降低。

不同跨度的厂房造价的对比（单位：%）　　　表 6-3

吊车起吊重量(t)	柱距(m)	不同跨度(m)造价指数		
		12	18	24
5～10	6	100	83	80
15～20	6	100	90	78

对于多跨厂房，当跨度不变时，中跨数目越多越经济，因为柱子和基础分摊在单位面积上的造价减少。从跨度和跨数不同的单层厂房造价对比表 6-4 中可以得出相同结论。当吊车起吊重量为 30t 或大于 30t 时，跨度为 24～30m 都是比较经济的。

（4）尽量减少厂房的体积和面积

在不影响生产能力的条件下，要尽量减少厂房的体积和面积。为此，要合理布置设备，使生产设备大型化和向空间发展。厂房布置力求紧凑合理，并改进厂区内与厂房内运输，减少铁路运输，增加公路和传输带、传送带运输；采用先进工艺和高效能生产设备，节省厂房面积；采用大跨度、大柱距的大厂房平面设计形式，提高平面利用系数；尽可能把大型设备设置于露天，以节省厂房的建筑面积。

不同跨度和跨数的厂房造价对比（单位：%）　　　表 6-4

建筑面积(m²)	跨度(m)															
	15				18				24				30			
	单跨	双跨	三跨	四跨	单跨	双跨	三跨	四跨	单跨	双跨	三跨	四跨	单跨	双跨	三跨	四跨
1000	118	103			113				104				100			
2000	130	110	108		121	109	102		111	102			106	100		
5000	145	120	114	109	132	111	106	103	120	106	100	104	116	104	107	105
10000			113	110		114	106	103		106	101	100		105	103	104
15000				112				105			102	100			103	100

3）建筑材料与结构的选择

建筑材料与结构的选择是否经济合理，对建筑工程造价有直接影响。这是因为材料费一直占建筑工程造价直接费的 70% 左右，同时直接费用的降低也会导致间接费用的降低。采用各种先进的结构形式和轻质高强度的建筑材料，能减轻建筑物的自重，简化和减轻基础工程，减少建筑材料和构配件的费用及运输费，并能提高劳动生产率和缩短建设工期，经济效果十分明显。因此，工业建筑结构正在向轻型、大跨度、大空间、薄壁的方向发展。

砖木混合结构通常是采用砖墙或砖柱，用木材做屋架。其优点是构造简单，施工容易，抗压强度好，造价较低；缺点是抗震、抗拉强度较差，耐火、耐酸、耐碱、抗腐蚀性能较差。它适用于跨度不大的冷加工车间、仓库等，在许多工业建筑中受到限制。

钢筋混凝土结构坚固耐久，强度、刚度较大，抗震、耐热、耐酸、耐碱、耐火性能好，便于预制装配和采用工业化方法施工，在大中型工业厂房中应用最为广泛。

钢结构强度大、质地均匀、抗震性能好，和钢筋混凝土结构比较，重量轻。但它的造价相对较高，适用于大跨度厂房桁架、重吨位吊车梁以及振动大的厂房。

预应力钢筋混凝土结构能够充分利用混凝土抗压能力和钢筋抗拉能力，具有强度大、自重轻、抗裂性好等优点，在许多情况下可代替钢结构。

钢筋混凝土薄壳结构是一种新型结构。薄壳屋顶能形成宽阔空间，为合理布置生产设备提供了有利条件。同时由于它将承重结构和屋面防护结构结合起来，又充分利用了材料的性能，因而可以大大减轻结构自重，节省钢材和水泥。其缺点是施工技术比较复杂，耗用模板量大，应根据具体条件考虑采用。

4) 工艺技术方案的选择

根据建设项目确定的生产规模、产品方案和质量要求，进行生产工艺技术方案的选择，确定从原料到成品的整个生产过程的主要工艺流程和生产工艺技术。

选用工艺技术方案，应从我国实际出发。要有计划、有步骤地积极采用成熟的新技术、新工艺，并应以提高投资的经济效益为前提。在选择工艺技术方案时，应考虑采用先进技术方案所需投资与因此而节省的劳动消耗的对比情况。一般看，采用先进技术方案所需投资较多，但能减少产品生产中的劳动消耗和减轻劳动强度。但对多数项目，在相当长的一段时间内，自动化、机械化、半机械化、手工劳动还将并存，尤其在当前，我国建设资金短缺，劳动力资源丰富，就业问题突出，应提倡采用先进程度适宜的工艺技术方案。至于具体项目工艺技术方案的选择，应通过技术经济分析，认真进行效益研究，综合考虑各方面因素确定。同时还要考虑国家及本部门、本地区消化先进技术能力的大小。

最佳的工艺流程方案应在保证产品质量的前提下，用较快的时间和较少的劳动耗费完成产品的加工和装配过程。

5) 设备的选型和设计

在工艺设计中确定生产工艺流程后，就要根据工厂生产规模和工艺流程的要求，选择设备的型号和数量，对一些标准和非标准设备进行设计。设备和工艺的选择是互相依存、紧密相连的。设备选择的重点因设计形式的不同而不同，应该选择能满足生产工艺和达到生产能力需要的最适用的设备和机械。

设备选型和设计应注意下列要求：

（1）设备选型应该注意标准化、通用化和系列化；

（2）采用高效率的先进设备要本着技术先进、稳妥可靠、经济合理的原则。先进设备必须经过试验验证，在产品定型或有工厂的技术鉴定后，证明是正确可靠、切实可行时，才能在工艺设计中采用；

（3）设备的选择必须首先考虑国内可供的产品。如需进口国外设备，力求避免成套进口和重复进口，应进口国内不能生产的关键设备；

（4）在选择和设计设备时，要结合企业建设地点的实际情况和动力、运输、资源等具体条件。

2. 民用建筑设计影响工程造价的因素

1) 小区建设规划的设计

在进行小区规划时，要根据小区基本功能和要求确定各构成部分的合理层次与关系，据此安排住宅建筑、公共建筑、管网、道路及绿地的布局，确定合理人口与建筑密度、房间间距和建筑层数，布置公共设施项目、规模及其服务半径，以及水、电、热、燃气的供应等，并划分包括土地开发在内的上述各部分的投资比例。

小区用地面积指标，反映小区内居住房屋和非居住房屋、绿化园地、道路和工程管网等占地面积及比重,是考察建设用地利用率和经济性的重要指标。它直接影响小区内道路管线长度和公用设备的多少,而这些费用约占小区建设投资的 1/5。因此,用地面积指标在很大程度上影响小区建设的总造价。

小区的居住建筑面积密度、居住建筑密度、居住面积密度和居住人口密度也直接影响小区的总造价。在保证小区居住功能的前提下,密度越高,越有利于降低小区的总造价。有关居住小区密度的指标见表 6-5。

居住小区密度指标 表 6-5

序号	指标名称	公式
1	居住建筑面积毛密度(容积率)	$\dfrac{居住建筑总面积(m^2)}{居住区总用地(hm^2)}$
2	居住建筑面积净密度	$\dfrac{居住建筑总面积(m^2)}{居住区居住用地(hm^2)}$
3	居住建筑净密度(%)	$\dfrac{居住建筑占地面积(hm^2)}{居住用地(hm^2)} \times 100\%$
4	居住面积净密度	$\dfrac{居住建筑总居住面积(m^2)}{居住用地(hm^2)}$
5	居住人口毛密度	$\dfrac{居住总人数(人)}{居住区总用地(hm^2)}$
6	居住人口精密度	$\dfrac{居住总人数(人)}{居住用地(hm^2)}$

2) 住宅建筑的平面布置

在同样建筑面积时,由于住宅建筑平面形状不同,住宅的建筑周长系数 $K_周$(即每平方米建筑面积所占的外墙长度)也不相同。圆形、正方形、矩形、T 形、L 形等,其建筑周长系数依次增大,即外墙面积、墙身基础、墙身内外表面装修面积依次增大。但由于圆形建筑施工复杂,施工费用较矩形建筑增加 20%~30%,故其墙体工程量的减少不能使建筑工程造价降低。因此,一般来讲,正方形和矩形的住宅既有利于施工,又能降低工程造价,而在矩形住宅建筑中,又以长宽比为 1∶2 最佳。

当房屋长度增加到一定程度时,就需要设置带有二层隔墙的变温伸缩缝。当长度超过 90m 时,就必须有贯通式过道。这些都要增加房屋的造价,所以一般小单元住宅以 4 个单元、大单元住宅以 3 个单元,房屋长度 60~80m 较为经济。在满足住宅的基本功能、保证居住质量的前提下,加大住宅的进深,对降低造价也有明显的效果。

3) 住宅单元的组成、户型和住户面积

住宅结构面积与建筑面积之比为结构面积系数,这个系数越小,设计方案越经济。因为结构面积减少,有效面积就相应增加,因而它是评判新型结构经济的重要指标,该指标除与房屋结构有关外,还与房屋外形及其长度和宽度有关,同时也与房屋平均面积的大小和户型组成有关。房屋平均面积越大,内墙、隔墙在建筑面积所占比重就越低。

4) 住宅的层高和净高

住宅层高不应超过 2.8m,正是因为住宅层高对工程造价的影响较大。据湖南一个居住小区的测算,当住宅层高从 3m 降到 2.8m 时,平均每套住宅综合造价可下降 4%~4.5%,同时还可节省材料、节约能源、节约用地并有利于抗震。

目前，我国不少地区住宅层高还沿用2.9～3.2m的标准，认为层高低了就降低了住宅标准。其实，住宅标准的高低取决于面积和设备水平。

根据对室内微小气候温度、湿度、风速的测定，及室内空气洁净度要求，住宅的起居室、卧室的净高不应低于2.4m。这与美国、英国、日本、中国香港等地的住宅净高标准是相同的。

5）住宅的层数

《民用建筑设计统一标准》GB 50352—2019规定，民用建筑按层数划分为低层住宅（1～3层）、多层住宅（4～9层）、高层住宅（10层及10层以上）。在民用建筑中，多层住宅具有降低工程造价和使用费、节约用地的优点。房间内部和外部的设施、供水管道、排水管道、煤气管道、电力照明和交通道路等费用，在一定范围内都随着住宅层数的增加而降低。表6-6对低层、多层砖混结构住宅造价占总造价的百分比进行了分析。

砖混结构住宅分部工程造价占总造价的百分比（单位：%）　　表6-6

层数	单方造价系数	基础	地坪	墙体	门窗	楼板	屋盖	粉饰	其他
一	100	26.4	6.1	24.7	8.3	—	28	3.9	2.8
二	91.6	16.1	3.73	30.5	10.0	10.5	17.3	4.9	7.0
三	86.9	14.5	2.6	32.5	10.6	14.7	12.3	5.1	7.7
四	81.9	11.4	2.08	34.2	11.2	17.7	9.7	5.4	8.4
五	79.5	9.5	1.71	35.3	11.2	19.7	7.9	5.6	8.7

分部工程造价变化情况说明，基础、楼板、屋盖等对砖混结构住宅造价影响较大，墙体对造价影响最大。

住宅超过6层就要设置价格较高的电梯，需要较多的交通面积（过道、走廊要加宽）和补充设备（垃圾管道、供水设备和供电设备等）。特别是高层住宅，要经受较大的风力荷载，需要提高结构强度，改变结构形式，使工程造价大幅度上升。因而，一般来讲，在中小城市以建筑多层住宅为经济合理，在大城市可沿主要街道建设一部分中高层和高层住宅，以合理利用空间，美化市容。

6.3　施工阶段工程造价的确定与控制

6.3.1　索赔与现场签证

1. 工程索赔

1）索赔的概念

索赔是指在合同履行过程中，对于非己方的过错而应由对方承担责任的情况造成的损失，向对方提出补偿的要求。建设工程施工中的索赔是承发包双方行使正当权利的行为，承包人可向发包人索赔，发包人也可向承包人索赔。索赔是工程承包中经常发生并随处可见的正常现象。由于施工现场条件、气候条件的变化，施工进度的变化以及合同条款、规范、标准文件和施工图纸的变更、差异、延误等因素的影响，使得工程承包中不可避免地出现索赔，进而导致项目的投资发生变化。因此，索赔的控制是建设工程施工阶段投资控制的重要手段。

2）索赔的分类

索赔可以从不同的角度，以不同的标准进行分类。

（1）按索赔发生的原因分类

如施工准备、进度控制、质量控制、费用控制及管理等原因引起的索赔。这种分类能明确指出每项索赔的根源所在，使业主或工程师便于审核分析。

（2）按索赔的目的分类

分为工期索赔和费用索赔。

① 工期索赔。工期索赔就是要求业主延长施工时间，使原规定的工程竣工日期顺延，从而避免违约罚金的发生。

② 费用索赔就是要求业主补偿费用损失，进而调整合同价款。

（3）按索赔的对象分类

分为索赔和反索赔。

① 索赔一般是指承包商向业主提出的索赔。

② 反索赔主要是指业主向承包商提出的索赔。

（4）按索赔的依据分类

可分为合同规定的索赔、非合同规定的索赔以及道义索赔（额外支付）。

① 合同规定的索赔是指索赔涉及的内容在合同文件中能够找到依据，业主或承包商可以据此提出索赔要求。这种在合同文件中有明文规定的条款，常称为"明示条款"。这类索赔不大容易发生争议。

② 非合同规定的索赔是指索赔涉及的内容在合同文件中没有专门的文字叙述，但可以根据合同条件某些条款的含义，推论出有一定索赔权。这种隐含在合同条款中的要求，常称为"默示条款"。"默示条款"是国际通用概念，它包含合同明示条款中没有写入、但符合合同双方签订合同时设想的愿望和当时的环境条件的一切条款。这些默示条款，或者从明示条款所表述的设想愿望中引申出来；或者从合同双方在法律上的合同关系中引申出来，经合同双方协商一致；或被法律或法规所指明，都成为合同文件的有效条款，要求合同双方遵照执行。例如在一些国际工程的合同条件中，对于外汇汇率变化给承包商带来的经济损失，并无明示条款规定；但是，由于承包商确实受到了汇率变化的损失，有些汇率变化与工程所在国政府的外汇政策有关，承包商因而有权提出汇率变化损失赔偿。这虽然属于非合同规定的索赔，但也能得到合理的经济补偿。

③ 道义索赔是指通情达理的业主看到承包商为完成某项困难的施工，承受了额外费用损失，甚至承受重大亏损，出于善良意愿给承包商以适当的经济补偿，因在合同条款中没有此项索赔的规定，所以也称为"额外支付"。这往往是合同双方友好信任的表现，但较为罕见。

3）索赔的程序

在工程项目施工阶段，每出现一个索赔事件，都应按照国家有关规定、国际惯例和工程项目合同条件的规定，认真积极地协商解决。

我国《建设工程施工合同》有关规定中对索赔的程序和时间要求有明确、严格地限定，主要包括：

（1）发包人未能按合同约定履行自己的各项义务或发生错误以及应由发包人承担责任的其他情况，造成工程延期和（或）延期支付合同价款及造成承包方的其他经济损失，承包方可按下列程序以书面形式向发包人索赔：

① 索赔事件发生后，28天内向工程师发出索赔意向通知；

② 发出索赔意向通知后28天内，向工程师提出补偿经济损失和（或）延长工期的索赔报告及有关资料；

③ 工程师在收到承包方送交的索赔报告和有关资料后，于28天内给予答复，或要求承包方进一步补充索赔理由和证据；

④ 工程师在收到承包方送交的索赔报告和有关资料后28天内未予答复或未对承包方作进一步要求，视为该项索赔已经认可；

⑤ 当该索赔事件持续进行时，承包方应当阶段性向工程师发出索赔意向，在索赔事件终了后28天内，向工程师送交索赔的有关资料和最终索赔报告。索赔答复程序同③、④规定相同。

（2）承包方未能按合同约定履行自己的各项义务或发生错误给发包人造成损失，发包人也按以上各条款确定的时限向承包方提出索赔。

2. 常见的索赔事件

1）承包人向发包人的索赔

（1）不利的自然条件与人为障碍引起的索赔

不利的自然条件是指施工中遭遇到的实际自然条件比招标文件中所描述的更为困难和恶劣，是一个有经验的承包商无法预测的。不利的自然条件与人为障碍，导致了承包人必须花费更多的时间和费用。在这种情况下，承包商可以向发包人提出索赔要求。

地质条件变化引起的索赔。这种索赔经常会引起争议。一般情况下，在招标文件中规定：由发包人提供有关该项工程的勘察所取得的水文及地表以下的资料。但在合同中往往写明承包人在提交投标书之前，已对现场的周围环境及与之有关的可用资料进行了考察和检查，包括地表以下条件及水文和气候条件，承包人应对他自己对上述资料的解释负责。但合同条件中经常还有另外一条：在工程施工过程中，承包人如果遇到了现场气候条件以外的外界障碍或条件，在他看来这些障碍和条件是一个有经验的承包人也无法预测的，则承包人应就此向监理工程师提供有关通知，并将一份副本呈交发包人。收到此类通知后，如果监理工程师认为这类障碍或条件是一个有经验的承包人无法合理预见到的，在与发包人和承包人适当协商以后，应给承包人延长工期和费用补偿。以上两条并存的合同文件，往往是承包人同发包人及监理工程师各执一端的争议的缘由所在。判定是否是"一个有经验的承包人无法合理预见到的"是索赔的关键。

工程中人为障碍引起的索赔。在施工过程中，承包方发现地下构筑物或文物，如地下电缆、管道和各种装置等，只要是图纸上并未说明的，承包人应立即通知监理工程师，并共同讨论处理方案。如果这种处理方案导致工程费用增加或工期延误，承包方即可提出索赔。由于地下构筑物和文物等确属是有经验的承包人难以合理预见的人为障碍，这种索赔通常较易成立。

（2）工程变更引起的索赔

在工程施工过程中，由于工地上不可预见的情况、环境的改变，或为了节约成本等，在监理工程师认为必要时，可以对工程或其任何部分的外形、质量和数量作出变更。任何此类变更，承包人均不应以任何方式使合同作废或无效。但如果监理工程师确定的工程变更单价或价格不合理，或缺乏说服承包人的依据，则承包人有权就此向发包人进行索赔。

（3）工程延期的费用索赔

工程延期的索赔通常包括两个方面：一是承包人要求延长工期；二是承包人要求偿付由于非承包人原因导致工程延期而造成的损失。一般这两方面的索赔报告要求分别编制。因为延长工期和费用索赔并不一定同时成立。例如：由于特殊恶劣气候等原因承包人可以要求延长工期，但不能要求费用索赔；也有些延期时间并不影响关键线路的施工，承包人可能得不到延长工期的承诺，但是如果承包人能提出证据说明其延误造成的损失，就有可能有权获得这些损失的费用赔偿。有时两种索赔可能混在一起，既可以要求延长工期，又可以获得对其损失的费用赔偿。

（4）加速施工费用的索赔

一项工程可能遇到各种意外的情况或由于工程变更而必须延长工期。但由于发包人的原因，坚持不给延期，迫使承包人加班赶工来完成工程，从而导致工程成本增加，如何确定加速施工所发生的附加费用，合同双方可能差距很大。因为影响附加费用款额的因素很多，如：投入的资源量、提前的完工天数、加班津贴、施工新单价等。解决这一问题建议采用"奖金"的方式，鼓励承包人克服困难，加速施工。即规定当某一部分工程或分部工程每提前完工一天，发给承包人奖金若干。这种支付方式的优点是：不仅促使承包人早日建成，工程早日投入运行，而且计价方式简单，避免了加速施工、延长工期、调整单价等许多容易扯皮的烦琐计算和讨论。

（5）发包人不正当地终止工程而引起的索赔

由于发包人不正当地终止工程，承包人有权要求补偿损失，其数额是承包人在被终止工程中的人工、材料、机械设备的全部支出，以及各项管理费用、保险费、贷款利息、保函费用的支出（减去已结算的工程款），并有权要求赔偿其盈利损失。

（6）法律、货币及汇率变化引起的索赔

① 法律改变引起的索赔。如果在基准日期（招标工程为投标截止日期前28天，非招标工程为合同签订前28天）以后，由于发包人国家或地方的任何法规、法令、政令或其他法律或规章发生变更，导致了承包人成本增加，对承包人由此增加的开支，发包人应予补偿。

② 货币及汇率变化引起的索赔。如果在基准日期以后，工程施工所在国政府或其授权机构对支付合同价格的一种或几种货币实行货币限制或货币汇兑限制，则发包人应补偿承包人因此而受到的损失。

如果合同规定将全部或部分款额以一种或几种外币支付给承包人，则这项支付不应受上述指定的一种或几种外币与工程施工所在国货币之间的汇率变化的影响。

（7）拖延支付工程款的索赔

如果发包人在规定的应付款时间内未能按工程师的任何书面支付证书向承包人支付应支付的款额，承包人可在提前通知发包人的情况下，暂停工作或减缓工作速度，并有权获得任何误期的补偿和其他额外费用的补偿（如利息）。

(8) 不可抗力

① FIDIC 合同条件对不可抗力的定义

不可抗力系指某种异常事件或情况：

A. 一方无法控制的；

B. 该方在签订合同前，不能对此进行合理准备的；

C. 发生后，该方不能合理避免或克服的；

D. 不能主要归因其他方的。

只要满足上述 A～D 项的条件，例外事件可以包括但不限于下列各种异常事件或情况：

a. 战争、敌对行动（不论宣战与否）、入侵、外敌行为；

b. 叛乱、恐怖主义、革命、暴动、军事政变或篡夺政权，或内战；

c. 承包商人员和承包商及其分包商的其他雇员以外的人员的骚动、喧闹、混乱、罢工或停工；

d. 战争军火、爆炸物资、电离辐射或放射性污染，但可能因承包商使用此类军火、炸药、辐射或放射性物质引起的除外；

e. 自然灾害，如地震、海啸、飓风、台风或火山活动。

② 例外事件的后果

如果承包商因不可抗力，被妨碍履行合同规定的任何义务，使其遭受延误和（或）招致增加费用，承包商有权根据承包商索赔的规定要求发包人：

根据竣工时间延长规定，如果竣工已经或将受到延误，对任何此类延误给予延长期；

如果是不可抗力定义中第 a～d 所述的事件或情况，并且 b～d 所述事件或情况发生在工程所在国时，对任何此类费用给予支付。

表 6-7 为根据国家发展和改革委员会、财政部、住房和城乡建设部等九部委第 56 号令发布的《标准施工招标文件》中规定的可以合理补偿承包人索赔的条款。

《标准施工招标文件》中合同条款规定的可以合理补充承包人索赔的条款　　表 6-7

序号	条款号	主要内容	可补偿内容		
			工期	费用	利润
1	1.10.1	施工过程中发现文物、古迹以及其他遗迹、化石、钱币或物品	√	√	
2	4.11.2	承包人遇到不利物质条件	√	√	
3	5.2.4	发包人要求向承包人提前交付材料和工程设备		√	
4	5.2.6	发包人提供的材料和工程设备不符合合同要求	√	√	√
5	8.3	发包人提供资料错误导致承包人的返工或造成工程损失	√	√	√
6	11.3	发包人的原因造成工期延误	√	√	√
7	11.4	异常恶劣的气候条件	√		
8	11.6	发包人要求承包人提前竣工		√	
9	12.2	发包人原因引起的暂停施工	√	√	√
10	12.4.2	发包人原因引起的暂停施工后无法按时复工	√	√	
11	13.1.3	发包人原因造成工程质量达不到合同约定验收标准的	√	√	√
12	13.5.3	监理人对隐蔽工程重新检查，经检验证明工程质量符合合同要求的	√	√	√
13	16.2	法律变化引起的价格调整	√		

续表

序号	条款号	主要内容	可补偿内容		
			工期	费用	利润
14	18.4.2	发包人在全部工程竣工前,使用已接受的单位工程导致承包人费用增加的	√	√	√
15	18.6.2	发包人的原因导致试运行失败的		√	√
16	19.2	发包人原因导致的工程缺陷和损失		√	√
17	21.3.1	不可抗力	√	√	

表6-8为2017版FIDIC《施工合同条件》中承包商向业主索赔可引用的明示条款。

2017版FIDIC《施工合同条件》中承包商向业主索赔可引用的明示条款　　表6-8

序号	条款号	条款名称	可索赔内容	序号	条款号	条款名称	可索赔内容
1	1.9	图纸或指示的延误	T+C+P	16	10.3	对竣工试验的干扰	T+C+P
2	1.13	遵守法律	T+C+P	17	11.7	接收后的进入权	C+P
3	2.1	现场进入权	T+C+P	18	11.8	承包商的调查	C+P
4	4.6	合作	T+C+P	19	13.3.2	要求提交建议书的变更	C
5	4.7.3	整改措施,延迟和/或成本的商定或决定	T+C+P	20	13.6	因法律改变的调整	T+C
6	4.12.4	延误和/或费用	T+C	21	15.5	业主自行终止合同	C+P
7	4.15	进场道路	T+C	22	16.1	承包商暂停的权利	T+C+P
8	4.23	考古和地理发现	T+C	23	16.2.2	承包商的终止	T+C+P
9	7.4	承包商试验	T+C+P	24	16.3	合同终止后承包商的义务	C+P
10	7.6	修补工作	T+C+P	25	16.4	合同终止后的付款	C+P
11	8.5	竣工时间的延长	T	26	17.2	工程照管的责任	T+C+P
12	8.6	当局造成的延误	T	27	17.3	知识和工业产权	C
13	8.10	业主暂停的后果	T+C+P	28	18.4	例外事件的后果	T+C
14	9.2	延误的试验	T+C+P	29	18.5	自主选择终止	C+P
15	10.2	部分工程的接收	C+P	30	18.6	根据法律解除履约	C+P

注:表中的T代表可获得工期索赔,C代表可获得费用索赔,P代表可获得利润索赔。

2) 发包人向承包人的索赔

由于承包人不履行或不完全履行约定的义务，或者由于承包人的行为使发包人受到损失时，发包人可向承包人提出索赔。

(1) 工期延误索赔

在工程项目的施工过程中，由于多方面的原因，往往使竣工日期拖后，影响到发包人对该工程的利用，给发包人带来经济损失。按国际惯例，发包人有权对承包人进行索赔，即由承包人支付误期损害赔偿费。承包人支付误期损害赔偿费的前提是：这一工期延误的责任属于承包人方面。施工合同中的误期损害赔偿费，通常是由发包人在招标文件中确定的。发包人在确定误期损害赔偿费的标准时，一般应考虑以下因素：

① 发包人盈利损失；
② 由于工程拖期而引起的贷款利息增加；
③ 工程拖期带来的附加监理费；
④ 由于工程拖期不能使用，继续租用原建筑物或租用其他建筑物的租赁费。

至于误期损害赔偿费的计算方法，在每个合同文件中均有具体规定。一般按每天赔偿一定的款额计算，累计赔偿额一般不超过合同总额的 5%~10%。

(2) 质量不满足合同要求索赔

当承包人的施工质量不符合合同的要求，或使用的设备和材料不符合合同规定，或在缺陷责任期未满以前未完成应该负责修补的工程时，发包人有权向承包人追究责任，要求补偿所受的经济损失。如果承包人在规定的期限内未完成缺陷修补工作，发包人有权雇佣他人来完成工作，发生的成本和利润损失由承包人承担。如果承包人自费修复，则发包人可索赔重新检验费。

(3) 承包人不履行的保险费用索赔

如果承包人未能按照合同条款指定的项目投保，并保证保险有效，发包人可以投保并保证保险有效，发包人所支付的必要的保险费可在应付给承包人的款项中扣回。

(4) 对于超额利润的索赔

如果工程量增加很多，使承包人预期的收入增大，因工程量增加承包人并不增加任何固定成本，合同价应由双方讨论调整，发包人收回部分超额利润。

由于法规的变化导致承包人在工程实际中降低了成本，产生了超额利润，应重新调整合同价格，发包人收回部分超额利润。

如果发包人合理地终止承包人的承包，或者承包人不合理放弃工程，则发包人有权从承包人手中收回由新的承包人完成工程所需的工程款与原合同未付部分的差额。

表 6-9 为根据《标准施工招标文件》中的"通用合同条款"，发包人可向承包人提出费用和工期索赔的条款。

《标准施工招标文件》中合同条款规定的发包人可索赔的条款　　　表 6-9

条款号	主要内容	发包人可要求权利
通用合同条款		
5.2.5	发包人提供的材料和工程设备，承包人要求更改交货日期或地点的	C 和(或)T
5.4.1	承包人提供了不合格的材料和(或)工程设备	C 和(或)T

续表

条款号	主要内容	发包人可要求权利
6.3	承包人使用的施工设备不能满足合同进度计划和(或)质量要求时;监理人要求承包人增加或更换施工设备	C和(或)T
11.5	由于承包人原因导致工期延误	C+逾期竣工违约金
12.1	由于承包人原因导致暂停施工	C和(或)T
12.4.2	暂停施工后承包人无故拖延和拒绝复工的	C和T
13.1.2	因承包人原因造成工程质量达不到合同约定验收标准的,监理人要求承包人返工直至符合合同要求	C和(或)T
13.5.3	监理人对覆盖工程重新检查,经检验证明工程质量不符合合同要求的	C和(或)T
13.5.4	承包人未通知监理人到场检查,私自将工程隐蔽部位覆盖的,监理人指示承包人钻孔探测或揭开检查	C和(或)T
13.6.1	承包人使用不合格材料、工程设备,或采用不适当的施工工艺,或施工不当,造成工程不合格的	C和(或)T
14.1.3	监理人要求承包人重新试验和检验,重新试验和检验结果证明该项材料、工程设备和工程不符合合同要求	C和(或)T
18.6.2	由于承包人的原因导致试运行失败的	C
19.2.3	属承包人原因造成的工程缺陷或损坏	C
22.1.2	承包人违约	C和(或)T
22.1.6	在工程实施期间或缺陷责任期内发生危及工程安全的事件,承包人无能力或不愿进行抢救,而且此类抢救属于承包人义务范围之内	C和(或)T

注:表中的T代表可获得工期索赔,C代表可获得利润索赔。

3. 索赔费用的计算

1) 索赔费用的组成

索赔费用的主要组成部分,同工程价款的计价内容相似。

(1) 分部分项工程费

工程量清单漏项或非承包商原因的工程变更,造成增加新的工程量清单项目,其对应的综合单价的确定参见工程变更价款的确定原则。

人工费。人工费的索赔包括:完成合同之外的额外工作所花费的人工费用;由于非承包人责任的工效降低所增加的人工费用;超过法定工作时间加班而增加的费用;法定人工费增长以及非承包人责任工程延误导致的人员窝工费和工资上涨费等。

材料费。材料费的索赔包括:由于索赔事项材料实际用量超过计划用量而增加的材料费;由于客观原因材料价格大幅度上涨;由于非承包人责任工程延误导致的材料价格上涨和超期储存费用。

材料费中应包括运输费、仓储费以及合理的损耗费用。如果由于承包人管理不善造成材料损坏失效,则不能列入索赔计价。

施工机具使用费。施工机具使用费的索赔包括:由于完成额外工作增加的机械、仪器仪表使用费;非承包人责任工效降低增加的机器、仪器仪表使用费;由于发包人或监理工程师原因导致机械、仪器仪表停工的窝工费。窝工费的计算,如系租赁设备,一般按实际租金和调进调出费分摊计算;如系承包人的自有设备,一般按台班折旧费计算,而不能按台班费计算,因台班费中包括了设备使用费。

管理费。此项又可分为现场管理费和总部管理费两部分。索赔款中的现场管理费是指承包人完成额外工程、索赔事项工作以及工期延长期间的现场管理费,包括管理人员工资、办公、通信、交通费等。索赔款中的总部管理费主要指的是工程延期期间所增加的管理费,包括总部职工工资、办公大楼、办公用品、财务管理、通信设施以及企业领导人员赴工地检查指导工作等开支。这项索赔款的计算,目前没有统一的方法。在国际工程施工索赔中,总部管理费的计算有以下几种:

① 按照投标书中总部管理费的比例(3%~8%)计算:

总部管理费=合同中总部管理费比率(%)×(人、料、机费用索赔款额
+现场管理费索赔款额等)

② 按照公司总部统一规定的管理费比率计算:

总部管理费=合同管理费比率(%)×(人、料、机费用索赔款额+现场管理费索赔款额等)

③ 以工程延期的总天数为基础,计算总部管理费的索赔额,计算步骤如下:

$$对某一工程提取的管理费=同期内公司的总管理费\times\frac{该工程的合同额}{同期内公司的总合同额}$$

该工程的每日管理费=该工程向总部上缴的管理费/合同实施天数

索赔的总部管理费=该工程的每日管理费×工程延期的天数

利润。一般来说,由于工程范围的变更、文件有缺陷或技术性错误、发包人未能按合同提供施工现场等引起的索赔,承包人可以列入利润。索赔利润的款额计算,通常是与原报价单中的利润百分率保持一致。

迟延付款利息。发包人未按约定时间进行付款的,应按银行同期贷款利率支付延期付款的利息。

(2) 措施项目费

因分部分项工程量清单漏项或非承包人原因的工程变更,引起措施项目发生变化,造成施工组织设计或施工方案变更,造成措施费发生变化时,已有的措施项目,按原有措施费的组价方法调整;原措施费中没有的措施项目,由承包人根据措施项目变更情况,提出适当的措施费变更,经发包人调整后确认。

(3) 其他项目费

其他项目费中所涉及的人工费、材料费等按合同的约定计算。

(4) 规费与税金

除工程内容的变更或增加,承包人可以列入相应增加的规费与税金。其他情况一般不能索赔。

索赔规费与税金的款项计算通常是与原报价单中的百分率保持一致。

2) 索赔费用的计算方法

(1) 实际费用法

实际费用法是施工索赔时最常用的一种方法。该方法是按照各索赔事件所引起损失的费用项目分别分析计算索赔值;然后将各个项目的索赔值汇总,即可得到总索赔费用值。这种方法以承包人为某项索赔工作所支付的实际开支为依据,但仅限于由于索赔事件引起

的，超过原计划的费用，故也称额外成本法。在这种计算方法中，需要注意的是不要遗漏费用项目。

(2) 总费用法

总费用法即总成本法，就是当发生多次索赔事件以后，重新计算该工程的实际总费用，实际总费用减去投标报价时的估算总费用，即为索赔金额，即：

$$索赔金额＝实际总费用－投标报价估算总费用$$

但这种方法对发包人不利，因为实际发生的总费用中可能有承包人的施工组织不合理因素；承包人在投标报价时为竞争中标压低报价，中标后通过索赔可以得到补偿。所以这种方法只有在难以采用实际费用法时采用。

(3) 修正的总费用法

修正的总费用法是对总费用法的改进，即在总费用计算的基础上，去掉一些不合理的因素，使其更合理。修正的内容如下：

将计算索赔款的时段局限于受到外界影响的时间，而不是整个施工期；

只计算受影响时段内的某项工作所受影响的损失，而不是计算该时段内所有的施工工作所受的损失；

与该项工作无关的费用不列入总费用中。

对投标报价费用重新进行核算：按受影响时段内该项工作的实际单价进行核算，乘以实际完成的该项工作的工程量，得出调整后的报价费用。按修正后的总费用计算索赔金额的公式如下：

$$索赔金额＝某项工作调整后的实际总费用－某项工作调整后的报价费用$$

修正的总费用法与总费用法相比，有了实质性改进，它的准确程度已接近于实际费用法。

4. 现场签证

由于施工生产的特殊性，在施工过程中往往会出现一些与合同、工程或合同约定不一致或未约定的事项，现场签证就是指发包人现场代表（或其授权的监理人、工程造价咨询人）与承包人现场代表就这类事项所作的签认证明。

1) 现场签证的情形

签证有多种情形，一般包括：

(1) 发包人的口头指令，需要承包人将其提出，由发包人转换成书面签证；

(2) 发包人的书面通知如涉及工程实施，需要承包人就完成此通知需要的人工、材料、机械设备等内容向发包人提出，取得发包人的签证确认；

(3) 合同工程招标工程量清单中有，但施工中发现与其不符，比如土方类别等，需承包人及时向发包人提出签证确认，以便调整合同价款；

(4) 由于发包人的原因，未按合同约定提供场地、材料、设备或停水、停电等造成承包人停工，需承包人及时向发包人提出签证确认，以便计算索赔费用；

(5) 合同中约定的材料等价格由于市场发生变化，需承包人向发包人提出采购数量及单价，以取得发包人的签证确认。

2) 现场签证的范围

现场签证的范围一般包括：

适用于施工合同范围以外零星工程的确认；

在工程施工过程中发生变更后需要现场确认的工程量；

非承包人的原因导致的人工、设备窝工及有关损失；

符合施工合同规定的非承包人原因引起的工程量或费用增减；

确认修改施工方案引起的工程量或费用增减；

工程变更导致的工程施工措施费增减等。

3) 现场签证的程序

（1）承包人应发包人要求完成合同以外的零星项目、非承包人责任事件等工作的，发包人应及时以书面形式向承包人发出指令，提供所需的相关资料；承包人在收到指令后，应及时向发包人提出现场签证的要求。

（2）承包人应在收到发包人指令后的7天内，向发包人提交现场签证报告，发包人应在收到现场签证报告后的48h内对报告内容进行核实，予以确认或提出修改意见。发包人在收到承包人现场签证报告后的48h内未确认也未提出修改意见的，视为承包人提交的现场签证报告已被发包人认可。

（3）现场签证的工作如已有相应的计日工单价，现场签证中应列明完成该类项目所需的人工、材料、工程设备和施工机械台班的数量；如现场签证的工作没有相应的计日工单价，应在现场签证报告中列明完成该签证工作所需的人工、材料、工程设备和施工机械台班的数量及单价。

（4）合同工程发生现场签证事项，未经发包人签证确认，承包人便擅自施工的，除非征得发包人书面同意，否则发生的费用由承包人承担。

（5）现场签证工作完成后的7天内，承包人应按照现场签证的内容计算价款，报送发包人确认后，作为增加合同价款，与进度款同期支付。

（6）在施工过程中，当发现合同工程内容因场地条件、地质水文、发包人要求等不一致时，承包人应提供所需的相关资料，提交发包人签证认可，作为合同价款调整的依据。

4) 现场签证的计算

现场签证费用的计价方式包括两种：第一种是完成合同以外的零星工作时，按计日工单价计算。此时提交现场签证费用申请时，应包括下列证明材料：

工作名称、内容和数量；

投入该工作所需人员的姓名、工种、级别和耗用工时；

投入该工作的材料类别和数量；

投入该工作的施工设备型号、台数及耗用台班；

监理人要求提交的其他资料和凭证。

第二种是完成其他非承包人责任引起的事件，应按合同中的约定计算。

现场签证种类繁多，承发包双方在工程施工过程中来往信函、就责任事件的证明，均可成为现场签证，但并不是所有的签证均可马上算出价款，有的需要经过索赔程序，这时的签证仅是索赔的依据，有的签证可能根本不涉及价款。考虑到招标时招标人对计日工项目的预估难免会有遗漏，造成实际施工发生后，无相应的计日工单价，现场签证只能包括单价一并处理。因此，在汇总时，有计日工单价的可归并于计日工，无计日工单价的归并于现场签证，以示区别。当然，现场签证全部汇总于计日工也是一种可行的处理方式。

现场进行现场签证时，要关注以下几个问题：

时效性问题。监理工程师应关注变更签证的时效性，避免时隔多日才补办签证，导致现场签证内容与实际不符的情况发生。此外，应落实工程变更的责任及严格执行审批手续的管理制度，防止签证被随意、无正当理由地拖延和拒签。

重复计量问题。某些现场签证没有考虑单位工程中已给的工程量，应避免重复计量。要掌握标书中对计日工的规定，避免重复计费。

6.3.2 建设工程价款结算

所谓工程价款结算是指承包商在工程实施过程中，依据承包合同中关于付款条款的规定和已经完成的工程量，并按照规定的程序向建设单位收取工程价款的一项经济活动。

1. 工程价款的主要结算方式

我国现行工程价款结算根据不同情况，可采取多种方式。

（1）按月结算。实行旬末或月中预支，月终结算，竣工后清算的办法。跨年度竣工的工程，在年底进行工程盘点，办理年度结算。

按这种方式结算的工程，应分期确认合同价款收入的实现，与发包单位进行已完工程价款结算时，确认为承包合同已经完工部分的工程收入实现，本期收入额为月终结算的已完工程价款金额。

（2）竣工后一次结算。建设项目或单项工程全部建筑安装工程建设期在12个月以内，或者工程承包合同价值在100万元以下的，可以实行工程价款每月月中预支，竣工后一次结算。

按照这种方式结算的工程，应于合同完成、施工企业与发包单位进行工程合同价款结算时，确认为收入实现，实现的收入额为承发包双方结算的合同价款总额。

（3）分段结算。即当年开工，当年不能竣工的单项工程或单位工程按照工程形象进度，划分不同阶段进行结算。分段结算可以按月预支工程款。工程款分段的划分标准由各部门、自治区、直辖市、计划单列市规定。

按照这种方式结算的工程，应按合同规定的形象进度分次确认已完阶段工程收益实现，即：应于完成合同规定的工程形象进度或工程阶段，与发包单位进行工程价款结算时，确认为工程收入的实现。

（4）目标结算方式。即在工程合同中，将承包工程的内容分解成不同的控制界面，以业主验收控制界面作为支付工程价款的前提条件。也就是说，将合同中的工程内容分解成不同的验收单元，当承包商完成单元工程内容并经业主（或其委托人）验收后，业主支付构成单元工程内容的工程价款。

目标结算方式下，承包商要想获得工程价款，必须按照合同约定的质量标准完成界面内的工程内容；要想尽早获得工程价格，承包商必须充分发挥自己组织实施能力，在保证质量的前提下，加速施工进度。这意味着承包商顺延工期时，则业主推迟付款，增加承包商的财务费用、运营成本，降低承包商的收益，客观上使承包商延迟工期而遭受损失。同样，当承包商积极组织施工，提前完成控制界面内的工程内容，则承包商可提前获得工程价款，增加承包收益。客观上，承包商因提前工期而增加了有效利润。

同样的，因承包商在界面内质量达不到合同约定的标准而导致业主不予验收，承包商也会因此而遭受损失。可见，目标结款方式实质上是运用合同手段、财务手段对工程的完成进行主动控制。

目标结款方式中，对控制界面的设定应明确描述，便于量化和质量控制，同时要适应项目资金的供应周期和支付频率。

（5）结算双方约定的其他结算方式。

2. 预付款的结算

工程预付款是建设工程施工合同订立后由发包人按照合同约定，在正式开工前预先支付给承包人的工程款。它是施工准备和所需要材料、构件等流动资金的主要来源。工程是否实行预付款，取决于工程性质、承包工程量的大小以及发包人在招标文件中的规定。工程实行预付款的，发包人应按照合同约定支付工程预付款，承包人应将预付款专用于合同工程。支付的工程预付款，按照合同约定在工程进度款中抵扣。

1）预付款的支付

（1）预付款的额度。包工包料工程的预付款支付比例不得低于签约合同价（扣除暂列金额）的10%，不宜高于签约合同价（扣除暂列金额）的30%。对重大工程项目，按年度工程计划逐年预付。实行工程量清单计价的工程，实体性消耗和非实体性消耗部分应在合同中分别约定预付款比例（或金额）。

（2）预付款的支付时间。承包人应在签订合同或向发包人提供与预付款等额的预付款保函后，向发包人提交预付款支付申请。发包人应在收到支付申请的7天内进行核实后向承包人发出预付款支付证书，并在签发支付证书后的7天内向承包人支付预付款。发包人没有按合同约定按时支付预付款的，承包人可催告发包人支付；发包人在预付款期满后的7天内仍未支付的，承包人可在付款期满后的第8天起暂停施工。发包人应承担由此增加的费用和延误的工期，并应向承包人支付合理利润。

2）预付款的扣回

发包人拨付给承包人的工程预付款属于预支的性质。随着工程进度的推进，拨付的工程进度款数额不断增加，工程所需主要材料、构件的储备逐步减少，原已支付的预付款应以抵扣的方式从工程进度款中予以陆续扣回。预付款应从每一个支付期应支付给承包人的工程进度款中扣回，直到扣回的金额达到合同约定的预付款金额为止。承包人的预付款保函的担保金额根据预付款收回的数额相应递减，但在预付款全部扣回之前一直保持有效。发包人应在预付款扣完后的14天内将预付款保函退还给承包人。

预付的工程款必须在合同中约定扣回方式，常用的扣回方式有以下几种：

（1）在承包人完成金额累计达到合同总价一定比例（双方合同约定）后，采用等比率或等额扣款的方式分期抵扣。也可针对工程实际情况具体处理，如有些工程工期较短、造价较低，则无需分期扣还；有些工期较长，如跨年度工程，其预付款的占用时间很长，根据需要可以少扣或不扣。

（2）从未完施工工程尚需的主要材料及构件的价值相当于工程预付款数额时起扣，从每次中间结算工程款中，按材料及构件比重抵扣工程预付款，至竣工之前全部扣清，其基本计算公式如下：

① 起扣点的计算公式：

预付款＝(承包工程合同总额－起扣点)×主要材料及构件所占比重

$$起扣点 = 承包工程合同总额 - \frac{工程预付款}{主要材料及构件所占比重}$$

即
$$T = P - M/N \tag{6-20}$$

式中　T——起扣点，即工程预付款开始扣回的累计已完工程价值；

　　　P——承包工程合同总额；

　　　M——工程预付款数额；

　　　N——主要材料及构件所占比重。

② 第一次扣还工程预付款数额的计算公式：

$$a_1 = \left(\sum_{i=1}^{n} T_i - T\right) \times N \tag{6-21}$$

式中　a_1——第一次扣还工程预付款数额；

　　　$\sum_{i=1}^{n} T_i$——累计已完工程价值。

③ 第二次及以后各次扣还工程预付款数额的计算公式：

$$a_i = T_i \times N \tag{6-22}$$

式中　a_i——第 i 次扣还工程预付款数额（$i > 1$）；

　　　T_i——第 i 次扣还工程预付款时，当期结算的已完工程价值。

【例 6-4】 某建筑工程合同总额 600 万元，主要材料及构件占合同总额的 62.5%，预付款为施工产值的 25%。2020 年 6～9 月各月实际完成产值如表 6-10 所示，问如何按月结算？

各月实际完成产值　　表 6-10

月份	6	7	8	9	合计
产值(万元)	100	140	180	180	600

解　预付备料款＝600×25%＝150 万元

计算起扣点 $T = P - M/N$ ＝600－150/62.5%＝360 万元

6 月份完成产值 100 万元，结算工程款 100 万元；

7 月份完成产值 140 万元，结算工程款 140 万元；

8 月份完成产值 180 万元，可分为两部分：

120 万元，全部结算；

60 万元，扣除预付款 60×62.5%＝37.5 万元

8 月份实际结算 120＋60×(1－62.5%)＝142.5 万元

9 月份完成产值 180 万元，扣除预付款 180×62.5%＝112.5 万元

9 月份实际结算 180×(1－62.5%)＝67.5 万元

3. 进度款

建设工程合同是先由承包人完成建设工程，后由发包人支付合同价款的特殊承揽合同，由于建设工程具有投资大、施工期长等特点，合同价款的履行顺序主要通过"阶段小结、最终结清"来实现。当承包人完成了一定阶段的工程量后，发包人就应该按合同约定履行支付工程进度款的义务。

承发包双方应按照合同约定的时间、程序和方法，根据工程计量结果，办理期中价款结算，支付进度款。进度款支付周期，应与合同约定的工程计量周期一致。其中，工程量的正确计量是发包人向承包人支付进度款的前提和依据。计量和付款周期可采用分段或按月结算的方式，按照财政部、建设部印发的《建设工程价款结算暂行办法》（财建〔2004〕369号）的规定：

（1）按月结算与支付。即实行按月支付进度款、竣工后结算的办法。合同工期在两个年度以上的工程，在年终进行工程盘点，办理年度结算。

（2）分段结算与支付。即当年开工、当年不能竣工的工程按照工程形象进度，划分不同阶段，支付工程进度款。当采用分段结算方式时，应在合同中约定具体的工程分段划分方法，付款周期应与计量周期一致。

《建设工程工程量清单计价规范》GB 50500—2013规定：已标价工程量清单中的单价项目，承包人应按工程计量确认的工程量与综合单价计算；如综合单价发生调整的，以承发包双方确认调整的综合单价计算进度款。已标价工程量清单中的总价项目，承包人应按合同中约定的进度款支付分解，分别列入进度款支付申请中的安全文明施工费和本周期应支付的总价项目的金额中。发包人提供的材料金额，应按照发包人签约提供的单价和数量从进度款支付中扣除，列入本周期应扣减的金额中。进度款的支付比例按照合同约定，按期中结算价款总额计，不低于60%，不高于90%。

1）承包人支付申请的内容

承包人应在每个计量周期到期后的7天内向发包人提交已完工程进度款支付申请一式四份，详细说明此周期认为有权得到的款额，包括分包人已完工程的价款。支付申请应包括下列内容：

累计已完成的合同价款；

累计已实际支付的合同价款；

本周期合计完成的合同价款；

本周期已完成单价项目的金额；

本周期应支付的总价项目的金额；

本周期已完成的计日工价款；

本周期应支付的安全文明施工费；

本周期应增加的金额；

本周期合计应扣减的金额：本周期应扣回的预付款、本周期应扣减的其他金额；

本周期实际应支付的合同价款＝本周期合计应付款金额－本周期合计应扣款金额。

2）发包人支付进度款

发包人应在收到承包人进度款支付申请后的14天内根据计量结果和合同约定对申请内容予以核实，确认后向承包人出具进度款支付证书。若承发包双方对有的清单项目的计量结果出现争议，发包人应对无争议部分的工程计量结果向承包人出具进度款支付证书。发包人应在签发进度款支付证书后的14天内，按照支付证书列明的金额向承包人支付进度款。

若发包人逾期未签发进度款支付证书，则视为承包人提交的进度款支付申请已被发包人认可，承包人可向发包人发出催告付款的通知。发包人应在收到通知后的14天内，按照承包人支付申请的金额向承包人支付进度款。发包人未按规定支付进度款的，承包人可催告发包人支付，并有权获得延迟支付的利息；发包人在付款期满后的7天内仍未支付的，承包人可在付款期满后的第8天起暂停施工。

发包人应承担由此增加的费用和延误的工期，向承包人支付合理利润，并应承担违约责任。发现已签发的任何支付证书有错、漏或重复的数额，发包人有权予以修正，承包人也有权提出修正申请。经承发包双方复核同意修正的，应在本次到期的进度款中支付或扣除。

4. 竣工结算与支付

工程完工后，承发包双方必须在合同约定时间内办理工程竣工结算。工程竣工结算由承包人或受其委托具有相应资质的工程造价咨询人编制，由发包人或受其委托具有相应资质的工程造价咨询人核对。竣工结算办理完毕，发包人应将竣工结算文件报送工程所在地（或有该工程管辖权的行业管理部门）工程造价管理机构备案，竣工结算文件为工程竣工验收备案、交付使用的必备文件。

1) 竣工结算的编制

（1）工程竣工结算编制依据

① 《建设工程工程量清单计价规范》GB 50500—2013；

② 工程合同；

③ 承发包双方实施过程中已确认的工程量及其结算的合同价款；

④ 承发包双方实施过程中已确认调整后追加（减）的合同价款；

⑤ 建设工程设计文件及相关资料；

⑥ 投标文件；

⑦ 其他依据。

（2）工程竣工结算的计价原则

① 分部分项工程和措施项目中的单价项目应依据双方确认的工程量与已标价工程量清单的综合单价计算；如发生调整的，应以承发包双方确认调整的综合单价计算。

② 措施项目中的总价项目应依据已标价工程量清单的项目和金额计算；发生调整的，应以承发包双方确认调整的金额计算，其中安全文明施工费应按国家或省级、行业建设主管部门的规定计算。

③ 其他项目应按下列规定计价：

A. 计日工应按发包人实际签证确认的事项计算；

B. 暂估价应按计价规范相应规定计算；

C. 总承包服务费应依据已标价的工程量清单的金额计算；发生调整的，应以承发包双方确认调整的金额计算；

D. 索赔费用应依据承发包双方确认的索赔事项和金额计算；

E. 现场签证费用应依据承发包双方签证资料确认的金额计算；

F. 暂列金额应减去工程价款调整（包括索赔、现场签证）金额计算，如有余额，归发包人。

④ 规费和税金按国家或省级、建设主管部门的规定计算。

⑤ 承发包双方在合同工程实施过程中已经确认的工程计量结果和合同价款，在竣工

结算办理中应直接进入结算。

2）竣工结算的程序

合同工程完工后，承包方应在经承发包双方确认的合同工程期中价款结算的基础上汇总编制完成竣工结算文件，并在合同约定的时间内，提交竣工验收申请的同时向发包人提交竣工结算文件。

承包人未在合同约定的时间内提交竣工结算文件，经发包人催告后14天内仍未提交或没有明确答复的，发包人有权根据已有资料编制竣工结算文件，做为办理竣工结算和支付结算款的依据，承包人应予以认可。

发包人应在收到承包人提交的竣工结算文件后的28天内核对。发包人经核实，认为承包人还应进一步补充资料和修改结算文件的，应在上述时限内向承包人提出核实意见。承包人在收到核实意见后的28天内按照发包人提出的合理要求补充材料、修改竣工结算文件，并应再次提交给发包人复核后批准。

发包人应在收到承包人再次提交的竣工结算文件的28天内予以复核，并将复核结果通知承包人。承发包双方对复核结果无异议的，应在7天内在竣工结算文件上签字确认，竣工结算办理完毕；发包人和承包人对复核结果认为有误的，无异议部分按照上述规定办理不完全竣工结算，有异议部分由承发包双方协商解决，协商不成的，按照合同约定的争议解决方式处理。

发包人在收到承包人竣工结算文件后的28天内，不核对竣工结算或未提出核对意见的，应视为承包人提交的竣工结算文件已被发包人认可，竣工结算办理完毕。

承包人在收到发包人提出的核实意见后的28天内，不确认也未提出异议的，应视为发包人提出的核算意见已被承包人认可，竣工结算办理完毕。

3）竣工结算的审查

竣工结算要有严格的审查，一般从以下几个方面入手：

（1）核对合同条款

首先，应核对竣工工程内容是否符合合同条件要求、工程是否竣工验收合格，只有按合同要求完成全部工程并验收合格才能进行竣工结算；其次，应按合同规定的结算方法、计价定额、取费标准、主材价格和优惠条件等，对工程竣工结算进行审核，若发现合同"开口"或有漏洞，应请发包人与承包人认真研究，明确结算要求。

（2）检查隐蔽验收记录

所有隐蔽工程均需进行验收，两人以上签证；实行工程监理的项目应经监理工程师签证确认。审核竣工结算时应核对隐蔽工程施工记录和验收签证，手续完整、工程量与竣工图一致方可列入结算。

（3）落实设计变更签证

设计修改变更应由原设计单位出具设计变更通知单和修改的设计图纸、校审人员签字并加盖公章，经发包人和监理工程师审查同意、签证；重大设计变更应经原审批部门审批，否则不应列入结算。

（4）按图核实工程数量

竣工结算的工程量应依据竣工图、设计变更单和现场签证等进行核算，并按国家统一规定的计算规则计算工程量。

（5）执行定额单价

结算单价应按合同约定的或招标规定的计价定额和计价原则执行。

（6）防止各种计算误差

工程竣工结算子目多、篇幅大，往往有计算误差，应认真核算，防止因计算误差多计或少算。

4）竣工结算款支付

（1）承包人提交竣工结算款支付申请

承包人应根据办理的竣工结算文件，向发包人提交竣工结算款支付申请。申请应包括下列内容：

① 竣工结算合同价款总额；

② 累计已实际支付的合同价款；

③ 应预留的质量保证金；

④ 实际应支付的竣工结算款金额。

（2）发包人签发竣工结算支付证书与支付结算款

发包人应在收到承包人提交竣工结算款支付申请后7天内予以核实，向承包人签发竣工结算支付证书，并在签发竣工结算支付证书后的14天内，按照竣工结算支付证书列明的金额向承包人支付结算款。

发包人在收到承包人提交的竣工结算款支付申请后7天内不予核实、不向承包人签发竣工结算支付证书的，视为承包人的竣工结算款支付申请已被发包人认可；发包人应在收到承包人提交的竣工结算支付申请7天后的14天内，按照承包人提交的竣工结算款支付申请列明的金额向承包人支付结算款。

发包人未按照上述规定支付竣工结算款的，承包人可催告发包人支付，并有权获得延期支付的利息。发包人在竣工结算支付证书签发后或者在收到承包人提交的竣工结算款支付申请7天后的56天内仍未支付的，除法律另有规定外，承包人可以与发包人协商将该工程折价，也可直接向人民法院申请将该工程依法拍卖。承包人应该就该工程折价或拍卖的价款优先受偿。

5）质量保证金

发包人应该按照合同约定的质量保证金比例从结算款中扣留质量保证金。承包人未按照合同约定履行属于自身责任的工程缺陷修复义务的，发包人有权从质量保证金中扣留用于缺陷修复的各项支出。经查验，工程缺陷属于发包人原因造成的，应由发包人承担查验和缺陷修复的费用。在合同约定的缺陷责任期终止后，发包人应按照合同中最终结清的相关规定，将剩余的质量保证金返还承包人。当然，剩余质量保证金的返还，并不能免除承包人按照合同约定承担的质量保修责任和应履行的质量保修义务。

6）最终结清

缺陷责任期终止后，承包人应按照合同约定向发包人提交最终结算支付申请。发包人对最终结算支付申请有异议的，有权要求承包人进行修正和提供补充资料。承包人修正后，应再次向发包人提交修正后的最终结清支付申请。发包人应在收到最终结清支付申请后的14天内予以核实，并向承包人签发最终结清支付证书，并在签发最终结清支付证书后的14天内，按照最终结清支付证书列明的金额向承包人支付最终结清款。如果发包人未在约定的时间内核实，又未提出具体意见的，视为承包人提交的最终结清支付申请已被发包人认可。

发包人未按期最终结清支付的，承包人可催告发包人支付，并有权获得延迟支付的利息。最终结清时，如果承包人被扣留的质量保证金不足以抵减发包人工程缺陷修复费用的，承包人应承担不足部分的补偿责任。承包人对发包人支付的最终结清款有异议的，按照合同约定的争议解决方式处理。

6.3.3 工程价款的动态结算

工程建设项目中合同周期较长的项目，随着时间的推移，经常要受到物价浮动等多种因素的影响，其中主要是人工费、材料费、施工机械费、运费等的动态影响。但是，我国现行工程价款的结算基本上是按照设计预算价值，以预算定额单价和各地方工程造价管理部门公布的调价文件为依据进行的。在结算中对价格波动（通货膨胀或通货紧缩）等动态因素考虑不足，致使承包商（或业主）遭受损失。为了避免这一现象，有必要在工程价款结算中充分考虑动态因素，也就是要把多种动态因素纳入到结算过程中认真加以计算，使工程价款结算能够基本上反映工程项目地实际消耗费用。这对避免承包商（或业主）遭受不必要的损失，获取必要的调价补偿，从而维护合同双方的正当权益是十分必要的。

工程价款价差调整的方法有，工程造价指数调整法、实际价格调整法、调价文件计算法、调值公式法等，下面分别加以介绍。

1. 工程造价指数调整法

这种方法是甲乙方采取当时的预算（或概算）定额单价计算出承包合同价，待竣工时，根据合理的工期及当地工程造价管理部门所公布的该月度（或季度）的工程造价指数，对原承包合同价予以调整，重点调整那些由于实际人工费、材料费、施工机械费等费用上涨及工程变更因素造成的价差，并对承包商给以调价补偿。

2. 实际价格调整法

在我国，由于建筑材料的市场采购量越来越大，有些地区规定对钢材、木材、水泥等三大材的价格采取按实际价格结算的办法。工程承包商可凭发票按实报销。这种方法方便而正确，但由于是实报实销，因而承包商对降低成本不感兴趣，为了避免副作用，地方基建主管部门要定期公布最高结算限价，同时合同文件中应规定建设单位或工程师有权要求承包商选择更经济的供应来源。

3. 调价文件计算法

这种方法是甲乙方采取按当时的预算价格承包，在合同工期内，按照造价管理部门调价文件的规定，进行抽料补差（在同一价格期内按所完成的材料用量乘以价差）。也有的地方定期发布主要材料供应价格和管理价格，对这一时期的工程进行抽料补差。

4. 调值公式法

根据国际惯例，对建设项目工程价款的动态结算，一般是采用调值公式法。事实上，在绝大多数国际工程项目中，甲乙双方在签订合同时就明确列出这一调值公式，并以此作为价差调整的计算依据。

建筑安装工程费用价格调值公式一般包括固定部分、材料部分和人工部分。但当建筑安装工程的规模和复杂性增大时，公式也变得更为复杂，调值公式一般为：

$$P = P_0(a_0 + a_1 \frac{A}{A_0} + a_2 \frac{B}{B_0} + a_3 \frac{C}{C_0} + \cdots) \tag{6-23}$$

式中　　P——工程动态结算款；

　　　　P_0——合同中的结算款；

　　　　a_0——工程结算款中固定部分的比重；

a_1、a_2、a_3…——工程结算款中各变动部分的比重；

　　A、B、C…——工程结算月份与各项费用对应的现行价格指数或价格；

A_0、B_0、C_0…——投标截止日期前 28 天与各项费用对应的基期价格指数或价格。

在运用这一调值公式进行工程价款价差调整中要注意如下几点：

（1）固定要素通常的取值范围是 0.15～0.35。固定要素对调价的结果影响很大，它与调价余额成反比关系。固定要素相当微小的变化，隐含着在实际调价时很大的费用变动，所以，承包商在调值公式中采用的固定要素取值要尽可能偏小。

（2）调值公式中有关的各项费用，按一般国际惯例，只选择用量大、价格高且具有代表性的一些典型人工费和材料费，通常是大宗的水泥、砂石料、钢材、木材、沥青等，并用它们的价格指数变化综合代表材料费的价格变化，以便尽量与实际情况接近。

（3）各部分成本的比重关系。在许多招标文件中要求承包方在投标中提出，并在价格分析中予以论证。但也有的是由发包人在招标文件中即规定一个允许范围，由投标人在此范围内选定。例如，鲁布革水电站工程的标书即对外币支付项目各费用比重系数范围作了如下规定：外籍人员工资 0.1～0.2；水泥 0.10～0.16；钢材 0.09～0.13；设备 0.35～0.48；海上运输 0.04～0.08；固定系数 0.17。并规定允许投标人根据其施工方法在上述范围内选用具体系数。

（4）调整有关各项费用要与合同条款规定相一致。例如，签订合同时，甲乙双方一般应商定调整的有关费用和因素，以及物价波动到何种程度才进行调整。在国际工程中，一般在正负 5% 以上才进行调整。如有的合同规定，应调整金额不超过合同原价 5%，由承包方自己承担；为 5%～20% 时，承包方负担 10%，发包人负担 90%；超过 20% 时，则必须另行签订附加条款。

（5）调整有关各项费用应注意地点与时点。地点一般指工程所在地或指定的某地市场价格。时点指的是某月某日的市场价格。这里要确定两个时点价格，即签订合同时间某个时点的市场价格（基础价格）和每次支付前的一定时间的时点价格。这两个时点就是计算调值的依据。

（6）确定每个品种的系数和固定要素系数，品种的系数要根据该品种价格对总造价的影响程度而定。各品种系数之和加上固定要素系数应该等于 1。

【例 6-5】　某土建工程，合同规定的结算款为 100 万元，有关基础数据如表 6-11 所示，试计算动态结算款为多少？

基 础 数 据　　　　　　　　　　　　　表 6-11

费用名称	人工费	钢材	混凝土	骨料	柴油	固定资产折旧	空心砖	木材	固定费用
比重%	45	11	11	5	5	2	4	2	15
结算时指数	116	187.6	175	192.3	192.8	157.5	167	159.5	100
基期指数	100	153.4	154.8	132.6	178.3	154.4	160.1	147.7	100

解 $P=100\left(0.15+0.45\times\dfrac{116}{100}+0.11\times\dfrac{187.6}{153.4}+0.11\times\dfrac{175}{154.8}+\cdots\cdots\right)$
$=100\times1.133$
$=113.3$ 万元

 习题

1. 简述投资估算的编制方法及适用条件。
2. 简述建设设计概算的编制方法。
3. 设计阶段应如何进行造价控制?
4. 简述工程价款的主要结算方式及适用范围。

第 7 章
工程量清单计价

chapter 07

7.1 概述

7.1.1 基本概念

1. 工程量清单适用范围

工程量清单计价是一种主要由市场定价的计价模式，它的出现标志着我国造价管理体系的一次变革。为适应我国工程投资体制改革和建设管理体制改革的需要，加快我国建设工程计价模式与国际接轨的步伐，自2003年起开始在全国范围内逐步推广工程量清单计价方法。使用国有资金投资的建设工程发承包，必须采用工程量清单计价；非国有资金投资的建设工程，宜采用工程量清单计价；不采用工程量清单计价的建设工程，应执行《建设工程工程量清单计价规范》GB 50500—2013除工程量清单等专门性规定外的其他规定。

根据《工程建设项目招标范围和规模标准规定》，国有资金投资的工程建设项目包括使用国有资金投资和使用国家融资资金投资的工程建设项目。

使用国有资金投资的工程建设项目包括：
(1) 使用各级财政预算资金的项目；
(2) 使用纳入财政管理的各项政府性专项建设资金的项目；
(3) 使用国有企事业单位自有资金，并且国有资产投资者实际拥有控制权的项目。

使用国家融资资金投资的工程建设项目包括：
(1) 使用国家发行债券所筹资金的项目；
(2) 使用国家对外借款或者担保所筹资金的项目；
(3) 使用国家政策性贷款的项目；
(4) 国家授权投资主体融资的项目；
(5) 国家特许的融资项目。

国有资金（含国家融资资金）为主的工程建设项目是指国有资金占投资总额50%以上，或虽不到50%但国有投资者实际上拥有控股权的工程建设项目。

对于非国有资金投资的工程建设项目，没有强制规定必须采用工程量清单计价，是否采用工程量清单方式计价，由项目业主自主确定，但《建设工程工程量清单计价规范》GB 50500—2013鼓励采用工程量清单计价方式。

2. 规范的主要内容

规范是统一工程量清单编制、规范工程量清单计价的国家标准。工程量清单编制部分按专业分为9册，分别为《房屋建筑与装饰工程工程量计算规范》GB 50854—2013、《仿古建筑工程工程量计算规范》GB 50855—2013、《通用安装工程工程量计算规范》GB 50856—2013、《市政工程工程量计算规范》GB 50857—2013、《园林绿化工程工程量计算规范》GB 50858—2013、《矿山工程工程量计算规范》GB 50859—2013、《构筑物工程工程量计算规范》GB 50860—2013、《城市轨道交通工程工程量计算规范》GB 50861—2013、《爆破工程工程量计算规范》GB 50862—2013。每个专业工程量计算规范由总则、术语、工程计量、工程量清单编制、附录五部分内容组成。《建设工程工程量清单计价规范》GB 50500—2013，由16部分内容组成，如图7-1所示。本书以房屋建筑与装饰工程为例。

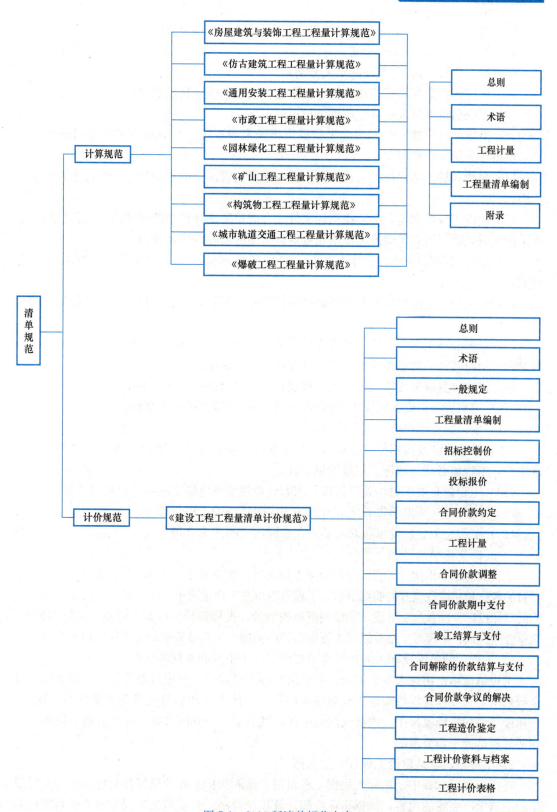

图 7-1　2013 版清单规范内容

3. 《建设工程工程量清单计价规范》GB 50500—2013 中的强制性条款

《建设工程工程量清单计价规范》GB 50500—2013 为国家标准，共有 15 条强制性条文，必须严格执行。这 15 条强制条文分别是：

（1）使用国有资金投资的建设工程发承包，必须采用工程量清单计价；

（2）工程量清单应采用综合单价计价；

（3）措施项目中的安全文明施工费必须按国家或省级、行业建设主管部门的规定计算，不得作为竞争性费用；

（4）规费和税金必须按国家或省级、行业建设主管部门的规定计算，不得作为竞争性费用；

（5）建设工程发承包，必须在招标文件、合同里明确计价中的风险内容及其范围，不得采用无限风险、所有风险或类似语句规定计价中的风险内容及范围；

（6）招标工程量清单必须作为招标文件的组成部分，其准确性和完整性由招标人负责；

（7）分部分项工程项目清单必须载明项目编号、项目名称、项目特征、计量单位和工程量；

（8）分部分项工程项目清单必须根据相关工程现行国家计量规范规定的项目编码、项目名称、项目特征、计量单位和工程量计算规则进行编制；

（9）措施项目清单必须根据相关工程现行国家计量规范的规定编制；

（10）国有资金投资的建设工程招标，招标人必须编制招标控制价；

（11）投标报价不得低于工程成本；

（12）投标人必须按招标工程量清单填报价格。项目编码、项目名称、项目特征、计量单位、工程量必须与招标工程量清单一致；

（13）工程量必须按照相关工程现行国家计量规范规定的工程量计算规则计算；

（14）工程量必须以承包人完成合同工程应予计量的工程量确定；

（15）工程完工后，发承包双方必须在合同约定时间内办理工程竣工结算。

4. 工程量清单的作用

工程量清单是指建设工程的分部分项工程项目、措施项目、其他项目、规费项目和税金项目的名称和相应数量等的明细清单。工程量清单是工程量清单计价的基础，贯穿于建设工程的招标投标阶段和施工阶段，是编制招标控制价、投标报价、计算工程量、支付工程款、调整合同价款、办理竣工结算以及工程索赔等的依据。工程量清单的主要作用如下：

1）工程量清单为投标人的投标竞争提供了一个平等和共同的基础

工程量清单由招标人负责编制，将要求投标人完成的工程项目及其相应工程实体数量全部列出，为投标人提供拟建工程的基本内容、实体数量和质量要求等基础信息。这样，在建设工程的招标投标中，投标人的竞争活动就有了一个共同基础，投标人机会均等，受到的待遇是公正和公平的。

2）工程量清单是建设工程计价的依据

在招标投标过程中，招标人根据工程量清单编制招标工程的招标控制价；投标人按照工程量清单所表述的内容，依据企业定额计算投标价格，自主填报工程量清单所列项目的单价与合价。

3) 工程量清单是工程付款和结算的依据

在施工阶段，发包人根据承包人完成的工程量清单中规定的内容以及合同单价支付工程款。工程结算时，承发包双方按照工程量清单计价表中的序号对已实施的分部分项工程或计价项目，按合同单价和相关合同条款核算结算价款。

4) 工程量清单是调整工程款、处理工程索赔的依据

在发生工程变更和工程索赔时，可以选用或者参照工程量清单中的分部分项工程或计价项目及合同单价来确定变更价款和索赔费用。

7.1.2 工程量清单的编制

工程量清单应以单位（项）工程为单位编制，应由分部分项工程量清单、措施项目清单、其他项目清单、规费和税金项目清单组成。工程量清单必须作为招标文件的组成部分，由招标人提供，并对其准确性和完整性负责。招标工程量清单是工程量清单计价的基础，应作为编制招标控制价、投标报价、计算或调整工程量、索赔等的依据。一经中标签订合同，招标工程量清单即为合同的组成部分。招标工程量清单应由具有编制能力的招标人或受其委托具有相应资质的工程造价咨询人进行编制，招标工程量清单编制的依据有：

（1）《建设工程工程量清单计价规范》GB 50500—2013 和《房屋建筑与装饰工程工程量计算规范》GB 50854—2013；

（2）国家或省级、行业建设主管部门颁发的计价定额和办法；

（3）建设工程设计文件及相关材料；

（4）与建设工程有关的标准、规范、技术资料；

（5）拟定的招标文件；

（6）施工现场情况、地勘水文资料、工程特点及常规施工方案；

（7）其他相关资料。

1. 分部分项工程项目清单的编制

分部分项工程量清单所反映的是拟建工程分部分项工程项目名称和相应数量的明细清单，由招标人负责编制，包括项目编码、项目名称、项目特征、计量单位、工程量。

1）项目编码

分部分项工程量清单项目编码分五级设置，如图 7-2 所示，用 12 位阿拉伯数字表示。1~9 位应按相关专业计量规范中附录的规定统一设置，10~12 位应根据拟建工程的工程量清单项目名称和项目特征设置。同一招标工程的项目编码不得有重码，一个项目只有一个编码，对应一个清单项目的综合单价。

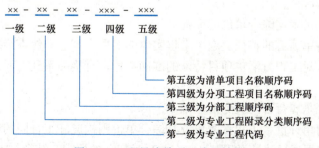

图 7-2 工程量清单项目编码结构

第一级为专业工程代码,包括9类,分别是:01为房屋建筑与装饰工程、02为仿古建筑工程、03为通用安装工程、04为市政工程、05为园林绿化工程、06为矿山工程、07为构筑物工程、08为城市轨道交通工程、09为爆破工程。

第二级为专业工程附录分类顺序码,例如,0105表示房屋建筑与装饰工程中之附录E混凝土与钢筋混凝土工程,其中05即为专业工程附录分类顺序码。

第三级为分部工程顺序码,例如,010501表示附录E混凝土与钢筋混凝土工程中之E.1现浇混凝土基础,其中五、六位01即为分部工程顺序码。

第四级为分项工程项目名称顺序码,例如,010501002表示房屋建筑与装饰工程中之现浇混凝土带形基础,其中002即为分项工程项目名称顺序码。

第五级为清单项目名称顺序码,由清单编制人编制,并从001开始,主要区别同一分项工程具有不同特征的项目。例如,某工程量清单中有两种强度的混凝土矩形柱即C20和C25,则编制人可将C20混凝土矩形柱编为010502001001,将C25混凝土矩形柱编为010502001002。

2)项目名称

分部分项工程量清单的项目名称应根据《房屋建筑与装饰工程工程量计算规范》GB 50854—2013的项目名称结合拟建工程的实际确定。《房屋建筑与装饰工程工程量计算规范》GB 50854—2013中规定的"项目名称"为分项工程项目名称,一般以工程实体命名。编制工程量清单时,应以附录中的项目名称为基础,考虑该项目的规格、型号、材质等特征要求,并结合拟建工程的实际情况,对其进行适当的调整或细化,使其能够反映影响工程造价的主要因素。例如《房屋建筑与装饰工程工程量计算规范》GB 50854—2013中编号为010502001的项目名称为"矩形柱",可根据拟建工程的实际情况写成"C30现浇混凝土矩形柱500×500"。

3)项目特征

项目特征是指构成分部分项工程量清单项目、措施项目自身价值的本质特征。分部分项工程量清单项目特征应按《房屋建筑与装饰工程工程量计算规范》GB 50854—2013的项目特征,结合拟建工程项目的实际予以描述。分部分项工程量清单的项目特征是确定一个清单项目综合单价的重要依据,在编制的工程量清单中必须对其项目特征进行准确和全面的描述。工程量清单项目特征描述的重要意义在于:

(1)项目特征是区分清单项目的依据

工程量清单项目特征是用来表述分部分项清单项目的实质内容,用于区分计价规范中同一清单条目下各个具体的清单项目。没有项目特征的准确描述,对于相同或相似的清单项目名称,就无从区分。

(2)项目特征是确定综合单价的前提

由于工程量清单项目的特征决定了工程实体的实质内容,必然直接决定了工程实体的自身价值。因此,对工程量清单项目特征的准确描述,直接关系到工程量清单项目综合单价的准确确定。

(3)项目特征是履行合同义务的基础

实行工程量清单计价,工程量清单及其综合单价则构成施工合同的组成部分。清单项目特征的描述应根据现行计量规范附录中有关项目特征的要求,结合技术规范、标准图集、施工图纸,按照工程结构、使用材质及规格或安装位置等,予以详细而准确的表述和说明。如果工程量清单项目特征的描述不清甚至漏项、错误,就会引起在施工过程中的更改,从而引起分歧、导致纠纷。

4)计量单位

清单项目的计量单位应按规范附录中规定的计量单位确定。当计量单位有2个或2个以上时,应结合拟建工程项目的实际情况,选择最适宜表述项目特征并方便计量的其中一个为计量单位。同一项目的计量单位应一致。除各专业另有特殊规定外,均按以下基本单位计量:

(1)以重量计算的项目——吨或千克(t或kg);

(2)以体积计算的项目——立方米(m^3);

(3)以面积计算的项目——平方米(m^2);

(4)以长度计算的项目——米(m);

(5)以自然计量单位计量的项目——个、套、块、组、台等;

(6)没有具体数量的项目——宗、项等。

以"吨"为计量单位的,应保留小数点后3位数字;以"立方米""平方米""千克"为计量单位的,应保留小数点后2位数字;以"项""个"为计量单位的,应取整数。

5)工程量

分部分项工程量清单中所列工程量应按《房屋建筑与装饰工程工程量计算规范》GB 50854—2013的工程量计算规则计算。工程量计算规则是指对清单项目工程量计算的规定。除另有说明外,所有清单项目的工程量以实体工程量为准,并以完成后的净值来计算。因此,在计算综合单价时应考虑施工中的各种损耗、预留量等,这些量随着施工方法、措施的不同而变化,体现其竞争性。采用工程量清单计算规则,工程实体的工程量是唯一的。统一的清单工程量为各投标人提供了一个公平竞争的平台,也方便招标人对各投标人的报价进行对比。分部分项工程清单与计价表见表7-1所示。

分部分项工程清单与计价表 表7-1

工程名称: 标段: 第 页 共 页

序号	项目编号	项目名称	项目特征描述	计量单位	工程量	金额(元)		
						综合单价	合价	其中 暂估价

6)补充项目

编制工程量清单时如果出现《房屋建筑与装饰工程工程量计算规范》GB 50854—2013附录中未包括的项目,编制人应作补充,并报省级或行业工程造价管理机构备案。补充项目的编码由相关专业工程量计算规范的代码(如房屋建筑与装饰工程代码01)与B和3位阿拉伯数字组成,并应从××B001(如房屋建筑与装饰工程补充项目编码应为01B001)起顺序编制,同一招标工程的项目不得重码。补充的工程量清单需附有补充项目的名称、项目特征、计量单位、工程量计算规则、工作内容。

分部分项工程量清单是不可调整清单(即闭口清单),投标人不得对招标文件中所列分部分项工程量清单进行调整;分部分项工程量清单是工程量清单的核心,一定要编制准确，它关乎招标人编制控制价和投标人投标报价的准确性；如果分部分项工程量清单编制有误，投标人可在投标报价文件中提出说明，但不能在报价中自行修改。

2. 措施项目清单的编制

措施项目清单是指为完成工程项目施工，发生于该工程施工准备和施工过程中的技术、生活、安全、环境保护等方面的项目清单。《建设工程工程量清单计价规范》GB 50500—2013 规定：措施项目清单必须根据相关工程现行国家计量规范的规定编制。规范中将措施项目分为能计量和不能计量两类。对能计量的措施项目（即单价措施项目），同分部分项工程量清单一样，编制措施项目清单时应列出项目编码、项目名称、项目特征、计量单位，并按现行计量规范规定采用对应的工程量计算规则计算其工程量，具体见表 7-2。

措施项目清单（一） 表 7-2

序号	项目编码	项目名称	项目特征	计量单位	工程量

对不能计量的措施项目（即总价措施项目），措施项目清单中仅列出了项目编码、项目名称，但未列出项目特征、计量单位的项目。编制措施项目清单时，应按现行计量规范附录（措施项目）的规定执行。由于工程建设施工特点和承包人组织施工生产的施工装备水平、施工方案及其管理水平的差异，同一工程、不同承包人组织施工采用的施工措施有时并不完全一致，因此，《建设工程工程量清单计价规范》GB 50500—2013 规定：措施项目清单应根据拟建工程的实际情况列项，见表 7-3。

措施项目清单（二） 表 7-3

序号	项目编码	项目名称

措施项目清单的编制应考虑多种因素，除了工程本身的因素外，还要考虑水文、气象、环境、安全和施工企业的实际情况。措施项目清单的设置，需要考虑以下几个方面：

（1）参考拟建工程的常规施工技术方案，以确定大型机械设备进出场及安拆、混凝土模板及支架、脚手架、施工排水、施工降水、垂直运输、组装平台等项目；

（2）参考拟建工程的常规施工组织设计，以确定环境保护、安全文明施工、临时设施、材料的二次搬运等项目；

（3）参阅相关的施工规范与工程验收规范，以确定施工方案没有表述的、但为实现施工规范与工程验收规范要求而必须发生的技术措施；

（4）确定设计文件中不足以写进施工方案，但要通过一定的技术措施才能实现的内容；

（5）确定招标文件中提出的某些需要通过一定的技术措施才能实现的要求。

措施项目清单为可调整清单（即开口清单），投标人对招标文件中所列措施项目，可根据企业自身特点和工程实际情况变更。投标人要对拟建工程可能发生的措施项目和措施费用进行通盘考虑，清单计价一经报出，即被认为是包括了所有应该发生的措施项目的全部费用。如果报出的清单中没有列项，且施工中又必须发生的项目，业主有权认为其已经综合在分部分项工程量清单的综合单价中，将来措施项目发生时，投标人不得以任何借口提出索赔与调整。

3. 其他项目清单的编制

1) 其他项目清单

其他项目清单是指分部分项工程量清单、措施项目清单所包含的内容以外，因招标人的特殊要求而发生的与拟建工程有关的其他费用项目和相应数量的清单。工程建设标准的高低、工程的复杂程度、工期的长短、工程的组成内容、发包人对工程管理的要求等，都直接影响其他项目清单的具体内容。因此，其他项目清单应根据拟建工程的具体情况，参照《建设工程工程量清单计价规范》GB 50500—2013 提供的下列四项内容列项：①暂列金额；②暂估价：包括材料暂估单价、工程设备暂估单价、专业工程暂估单价；③计日工；④总承包服务费。

出现《建设工程工程量清单计价规范》GB 50500—2013 未列的项目，可根据工程实际情况补充。

2) 其他项目清单的编制

（1）暂列金额

暂列金额用于施工合同签订时尚未确定或者不可预见的所需材料、工程设备、服务的采购，施工中可能发生的工程变更、合同约定调整因素出现时的工程价款调整以及发生的索赔、现场签证确认等的费用。

暂列金额是招标人暂定并包括在合同中的一笔款项，它在项目实施过程中可能全部发生、部分发生或完全不发生；暂列金额为招标人所有，只有按照合同约定情况实际发生后才能成为中标人的实得金额，纳入合同结算款中，扣除实际发生金额后的暂列金额余额属于招标人所有。

为了保证施工建设的顺利实施，应针对施工过程中可能出现的各种不确定因素对工程造价的影响，在招标控制价中估算一笔暂列金额。暂列金额可根据工程的复杂程度、设计深度、工程环境条件进行估算，一般可按分部分项工程费和措施项目费的 10%～15%考虑。

（2）暂估价

暂估价是指招标人在工程量清单中提供的用于支付必然发生但暂时不能确定价格的材料、工程设备单价以及专业工程金额。暂估价是在招标阶段预见肯定要发生的，但是由于标准尚不明确或者需要由专业承包人来完成，暂时无法确定具体价格时所采用的一种价格形式。

由招标人在材料、工程设备暂估单价表中填写"暂估单价"，并在备注栏写明具体金额，投标人应将上述材料、工程设备暂估单价计入工程量清单综合单价报价中；专业工程暂估价由招标人填写"暂估金额"，投标人应将上述专业工程暂估金额计入投标总价中，结算时按合同约定结算金额填写。

（3）计日工

计日工指在施工过程中，承包人完成发包人提出的施工合同范围以外的零星项目或工作，按合同约定的单价计价的一种方式。

计日工是为了解决现场发生的零星工作的计价而设立的。计日工适用的零星工作，一般是指合同约定以外的或者因变更而产生的、工程量清单中没有相应项目的额外工作，尤其是那些不允许事先商定价格的额外工作。

计日工以完成零星工作所消耗的人工工时、材料数量、机械台班进行计量，并按照计日工表中填报的适用项目的单价进行计价支付。编制工程量清单时，计日工表中的人工应按投入该工作的所有人员的姓名、工种、级别和耗用工时，材料名称、台数和耗用台时，机械型号、台数和耗用台时详细列项。其中人工、材料、机械应由招标人根据工程的复杂程度，工程设计质量的优劣以及设计深度等因素，按照经验估算一个比较贴近实际的数量，并作为暂定量列入计日工表，纳入有效投标竞争，以期获得合理的计日工单价。

一般来讲，计日工单价水平一定是高于工程量清单的价格水平的。计日工往往是用于一些突发性的额外工作，缺乏计划性，客观上造成超出常规的额外投入且对报价的影响很小。

（4）总承包服务费

总承包服务费是指总承包人为配合、协调发包人进行的专业工程发包，对发包人自行采购的材料、工程设备等进行保管以及施工现场管理、竣工资料汇总整理等服务所需的费用。

总承包服务费是为了解决招标人在法律、法规允许的条件下进行专业工程发包以及自行采购供应材料、设备时，要求总承包人对发包的专业工程提供协调和配合服务（如分包人使用总包人的脚手架、水电接驳等）；对供应的材料、设备提供收、发和保管服务以及对施工现场进行统一管理；对竣工资料进行统一汇总整理等发生并向总承包人支付的费用。招标人应当预计该项费用并按投标人的投标报价向投标人支付该项费用。

其他项目清单中由招标人填写的项目名称、数量、金额，投标人不得随意改动；投标人必须对招标人提出的项目与数量进行报价，如果不报价，招标人有权认为投标人就未报价内容提供无偿服务。

4. 规费项目清单的编制

规费是指按照国家法律、法规规定，由省级政府和省级有关权力部门规定必须缴纳或计取，应计入建筑安装工程造价的费用。规费项目清单应按照下列内容列项：

（1）社会保险费：包括养老保险费、失业保险费、医疗保险费、工伤保险费、生育保险费；

（2）住房公积金。

出现《建设工程工程量清单计价规范》GB 50500—2013 未列的项目，应根据省级政府或省级有关部门的规定列项。

5. 税金项目清单的编制

税金是指国家税法规定的应列入建筑安装工程造价税额。包括：①营业税；②城市维护建设税；③教育费附加；④地方教育附加。

出现《建设工程工程量清单计价规范》GB 50500—2013 未列的项目，应根据国家税务部门的规定列项。

7.2　工程量清单计价

7.2.1　简介

1. 定义

工程量清单计价方法，是建设工程招标投标中，招标人按照国家统一的工程量计算规则提供工程量清单，投标人依据工程量清单、拟建工程的施工方案，结合自身实际情况并考虑风险后自主报价的工程造价计价模式。工程量清单适用于建设工程承发包及实施阶段的计价活动。

工程量清单计价是国际上通用的一种计价模式，推行工程量清单计价，是适应我国工程投资体制和建设项目管理体制改革的需要，是深化我国工程造价管理改革的一项重要工作。

2. 费用组成

工程量清单计价应包括按招标文件规定，完成工程量清单所列项目的全部费用，包括分部分项工程费、措施项目费、其他项目费、规费和税金。建筑安装工程造价组成如图7-3所示。

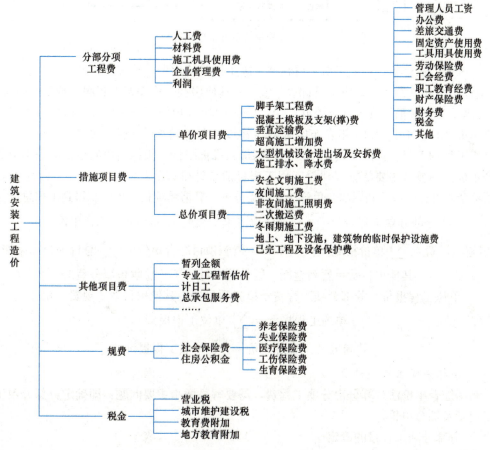

图7-3　建筑安装工程造价组成

工程量清单计价过程可以分为两个阶段：工程量清单编制和工程量清单计价应用。工程量清单计价的应用过程如图7-4所示。

7.2.2　基于综合单价法的工程造价计算

在工程量清单计价中，如按分部分项工程单价组成来分，工程量清单计价主要有两种形式，即综合单价法和全费用综合单价法。

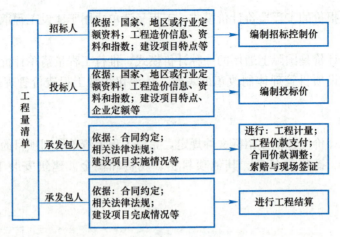

图 7-4 工程量清单计价应用过程

综合单价＝人工费＋材料费＋施工机具使用费＋管理费＋利润

全费用综合单价＝人工费＋材料费＋施工机具使用费＋管理费＋利润＋规费＋税金

《建设工程工程量清单计价规范》GB 50500—2013 规定，分部分项工程量清单应采用综合单价计价。但在 2015 年发布实施的《建设工程造价咨询规范》GB/T 51095—2015 中，为了贯彻工程计价的全费用单价，强调最高投标限价、投标报价的单价应采用全费用综合单价。本教材主要依据《建设工程工程量清单计价规范》GB 50500—2013 编写，即采用综合单价计价法。利用综合单价法计价需分项计算清单项目，再汇总得到工程总造价。

分部分项工程费＝∑分部分项清单工程量×分部分项综合单价

措施项目费＝∑单价措施项目工程量×措施项目综合单价＋∑总价项目措施费

其他项目费＝暂列金额＋暂估价＋计日工＋总承包服务费

单位工程报价＝分部分项工程费＋措施项目费＋其他项目费＋规费＋税金

单项工程报价＝∑单位工程报价

建筑安装工程总造价＝∑单项工程报价

1. 分部分项工程费计算

利用综合单价法计算分部分项工程费，需要解决两个主要问题：即确定分部分项工程的工程量及综合单价。

1）分部分项工程量的确定

招标文件中的工程量清单标明的工程量是招标人编制招标控制价和投标人投标报价的共同基础。在计算综合单价时，涉及两种工程量，即清单工程量和计价工程量。

（1）清单工程量

清单工程量是分部分项清单项目和措施清单项目工程量的简称，是招标人按照《房屋建筑与装饰工程工程量计算规范》GB 50854—2013 中规定的计算规则和施工图纸计算的、提供给投标人作为统一报价的数量标准。

清单工程量是按设计图纸的图示尺寸计算的"净量"，不含该清单项目在施工中考虑具体施工方案时增加的工程量及损耗量。

（2）计价工程量

计价工程量又称报价工程量或实际施工工程量，是投标人根据拟建工程的分项清单工程量、施工图纸、所采用定额及其对应的工程量计算规则，同时考虑具体施工方案，对分部分项清单项目和措施清单项目所包含的各个工程内容（子项）计算出的实际施工工程量。

计价工程量既包括了按设计图纸的图示尺寸计算的"净量"，又包括了对各个工程内容（子项）施工时的增加量以及损耗量。计价工程量适用于满足工程量清单计价的实际作业工程量，是计算工程项目投标报价的重要基础。

2）综合单价的编制

《建设工程工程量清单计价规范》GB 50500—2013 中的工程量清单综合单价是指完成一个规定清单项目所需的人工费、材料和工程设备费、施工机具使用费和企业管理费、利润以及一定范围内的风险费用。

综合单价的计算通常采用定额组价的方法，即以计价定额为基础进行组合计算。由于"计价规范"与"定额"中的工程量计算规则、计量单位、工程内容不尽相同，综合单价的计算不是简单地将其所含的各项费用进行汇总，而是要经过具体计算后综合而成。综合单价的计算可以概括为以下步骤：

（1）确定组合定额子目

清单项目一般以一个"综合实体"考虑，包括了较多的工程内容，计价时，可能出现一个清单项目对应多个定额子目的情况。因此，计算综合单价的第一步就是将清单项目的工程内容与定额项目的工程内容进行比较，结合清单项目的特征描述，确定拟组价清单项目应该由哪几个定额子目来组合，如"预制预应力 C20 混凝土空心板"项目，《房屋建筑与装饰工程工程量计算规范》GB 50854—2013 规定此项目包括制作、运输、吊装及接头灌浆，若定额分别列有制作、安装、吊装及接头灌浆，则应用这四个定额子目来组合综合单价。

（2）计算定额子目的工程量

由于一个清单项目可能对应几个定额子目，而清单工程量计算的是主项工程量，与定额子目的工程量可能并不一致；即便一个清单项目对应一个定额子目，也可能由于清单工程量计算规则与所采用的定额工程量计算规则之间的差异，而导致二者的计价单位与计算出来的工程量不一致。因此，清单工程量不能直接用于计价，在计价时必须考虑施工方案等各种因素，根据所采用的计价定额及相应的工程量计算规则重新计算各定额子目的施工工程量，即"计价工程量"。定额子目工程量的具体计算方法，应严格按照与所采用的定额相对应的工程量计算规则计算。

（3）测算人、材、机消耗量

人、材、机的消耗量一般参照定额进行确定。在编制招标控制价时一般参照政府颁发的消耗量定额；编制投标报价时一般采用反映企业水平的企业定额，投标企业没有企业定额时可参照消耗量定额进行调整。

（4）确定人、材、机单价

人、材、机单价，应根据工程项目的具体情况及市场资源的供求状况进行确定，以市场价格作为参考，并考虑一定的调价系数。

(5) 计算清单项目的人、材、机总费用

按确定的分部分项工程人工、材料和施工机械台班的消耗量及询价获得的人工单价、材料单价、施工机械台班单价，与相应的计价工程量相乘得到各定额子目的人、材、机总费用，将定额子目的人、材、机总费用汇总后计算得出清单项目的人、材、机总费用。

$$人、材、机总费用 = 计价工程量 \times (\sum 人工消耗量 \times 人工单价 + \sum 材料消耗量 \times 材料单价 + \sum 台班消耗量 \times 台班单价)$$

(6) 计算清单项目的管理费和利润

企业管理费及利润通常依据各地区规定并根据企业的实际情况确定，是企业竞争的主要体现，用费率乘以规定的计价基础得出。通常情况下，计算公式如下：

$$管理费 = 人、材、机总费用 \times 管理费费率$$
$$利润 = (人、材、机总费用 + 管理费) \times 利润率$$

(7) 计算清单项目的综合单价

将清单项目的人、材、机总费用、管理费及利润汇总得到该清单项目的合价，将该清单项目合价除以清单项目的工程量即可得到该清单项目的综合单价。综合单价 = （人、材、机总费用 + 管理费 + 利润）/清单工程量

如果采用全费用综合单价计价，则还需计算清单项目的规费和税金。

【例 7-1】 某基础工程，基础为 C25 混凝土带形基础，土壤类别为三类土，垫层为 C20 混凝土垫层，垫层底宽度为 1400mm，挖土深度为 1800mm，基础总长为 220m。设计室外地坪以下基础的体积为 227m³，垫层体积为 31m³。试用清单计价法计算该工程挖沟槽土方、回填方的综合单价，并进行综合单价分析。

解 根据《房屋建筑与装饰工程工程量计算规范》GB 50854—2013 的规定：

挖沟槽土方，清单编码为 010101003

回填方，清单编码为 010103001

第一步：清单工程量（根据工程量计算规则）

挖沟槽土方：$1.4 \times 1.8 \times 220 = 554 m^3$

回填方：$554 - (227 + 31) = 296 m^3$

第二步：综合单价的计算

1. 计价工程量

根据施工组织设计要求，需在垫层底面增加操作工作面，其宽度每边 0.25m。并且需从垫层底面放坡，放坡系数为 0.3。

挖沟槽土方：$(1.4 + 2 \times 0.25 + 0.3 \times 1.8) \times 1.8 \times 220 = 966 m^3$

回填方：$966 - 258 = 708 m^3$

2. 综合单价计算

1) 挖沟槽土方：采用人工挖土方，查得消耗量定额为 53.51 工日/100m³，人工单价为 30 元/工日。

(1) 人、材、机费用计算

人工费：$53.51 \times 30 \times 966/100 = 15507.20$ 元

材料费为 0；机械费为 0

(2) 管理费、利润计算

人、材、机费合计：15507.20 元

管理费：（人工费＋机械费）×15％＝15507.20×15％＝2326.08 元

利润：人工费×30％＝15507.20×30％＝4652.16 元

(3) 综合单价的计算

人、材、机、管理费、利润总计：15507.2＋2326.08＋4652.16＝22485.44 元

综合单价：22485.44/554＝40.59 元/m³

2) 回填方：采用人工夯实，查得消耗量定额为 26.46 工日/m³，人工单价为 30 元/工日

(1) 人、材、机费用计算

人工费：26.46×30×708/100＝5620.10 元

材料费：0；机械费：0

合计：5620.10 元

(2) 管理费、利润计算

人、材、机费合计：5620.10＋0＋0＝5620.10 元

管理费：(5620.10＋0)×15％＝843.02 元

利润：5620.10×30％＝1686.03 元

(3) 综合单价的计算

人、材、机、管理费和利润总计：5620.10＋843.02＋1686.03＝8149.15 元

综合单价：8149.15/296＝27.53 元/m³

综合单价分析：以挖沟槽土方为例

综合单价的计算过程见表 7-4～表 7-6 所示。

分部分项工程量清单综合单价计算表　　表 7-4

工程名称：某基础工程　　　　　　　　　　　　　　　　　　　计算单位：m³
项目编号：010101003001　　　　　　　　　　　　　　　　　　 工程数量：554m³
项目名称：挖沟槽土方　　　　　　　　　　　　　　　　　　　 综合单价：40.59/m³

序号	定额编号	工程内容	单位	数量	综合单价组成（元）					合计
					人工费	材料费	机械费	管理费	利润	
1	1-26	人工挖土	m³	966	15 507.20	0.00	0	2 326.08	4 652.16	22 485.44
	基础土方每立方米单价（合计/清单量）				27.99	0.00	0	4.20	8.40	40.59

分部分项工程量清单综合单价分析表　　表 7-5

序号	项目编号	项目名称	项目特征	工程内容	综合单价组成（元）					综合单价
					人工费	材料费	机械费	管理费	利润	
1	010101 003001	挖沟槽土方	土方类别：三类土；基础类型：带形基础	人工挖沟槽土方	27.99	0.00	0.00	4.20	8.40	40.59

分部分项工程量清单与计价表　　　　　表 7-6

序号	项目编号	项目名称	项目特征	计量单位	工程数量	金额（元）	
						综合单价	合价
1	010101003001	挖沟槽土方	土方类别：三类土；基础类型：带形基础	m³	554	40.59	22 485.44

2. 措施项目费计算

措施项目费是指为完成工程项目施工，用于该工程施工准备和施工过程中的技术、生活、安全、环境保护等方面的非工程实体项目的费用。措施项目清单计价应根据建设工程的施工组织设计；可以计算工程量的措施项目，应按分部分项工程量清单的方式采用综合单价计价；其余的不能算出工程量的措施项目，则采用总价项目的方式，以"项"为单位的方式计价，应包括除规费、税金以外的全部费用。措施项目清单中的安全文明施工费应按照国家或省级、行业建设主管部门的规定计价，不得作为竞争性费用。措施项目费的计算方法一般有以下几种。

1）综合单价法

这种方法与分部分项工程综合单价的计算方法一样，就是根据需要消耗的实物工程量与实物单价计算措施费，适用于可以计算工程量的措施项目，主要是指一些与工程实体有紧密联系的项目，如混凝土模板、脚手架、垂直运输等。计算公式可参考。

$$措施项目费 = \sum(单价措施项目工程量 \times 单价措施项目综合单价)$$

2）参数法计价

参数法计价是指按一定的基数乘以系数的方法或自定义公式进行计算。这种方法简单明了，但最大的难点是公式的科学性、准确性难以把握。这种方法主要适用于施工过程中必须发生，但在投标时很难具体分项预测，又无法单独列出项目内容的措施项目。如夜间施工增加费、二次搬运费、冬雨期施工增加费的计价均可采用该方法，计算公式如下。

（1）安全文明施工费

$$安全文明施工费 = 计算基数 \times 安全文明施工费费率(\%)$$

计算基数应为"定额基价""定额人工费"或"定额人工费"＋"定额机械费"。

（2）夜间施工增加费

$$夜间施工增加费 = 计算基数 \times 夜间施工增加费费率(\%)$$

（3）二次搬运费

$$二次搬运费 = 计算基数 \times 二次搬运费费率(\%)$$

（4）冬雨期施工增加费

$$冬雨期施工增加费 = 计算基数 \times 冬雨期施工增加费费率(\%)$$

（5）已完工程及设备保护费

$$已完工程及设备保护费 = 计算基数 \times 已完工程及设备保护费费率(\%)$$

上述（2）～（5）项措施项目的计费基数应为"定额人工费"或"定额人工费"＋"定额机械费"，其费率由工程造价管理机构根据各专业工程特点和调查资料综合分析后确定。

3）分包法计价

在分包价格的基础上增加投标人的管理费及风险费进行计价的方法，这种方法适合可以分包的独立项目，如室内空气污染测试等。

有时招标人要求对措施项目费进行明细分析，这时采用参数法组价和分包法组价都需先计算该措施项目的总费用，这就需人为用系数或比例的办法分摊人工费、材料费、机械费、管理费及利润。

3. 其他项目费计算

其他项目费由暂列金额、暂估价、计日工、总承包服务费等内容构成。

暂列金额和暂估价由招标人按估算金额确定。招标人在工程量清单中提供的暂估价的材料、工程设备和专业工程，若属于依法必须招标的，由承包人和招标人共同通过招标确定材料、工程设备单价与专业工程分包价；若材料、工程设备不属于依法必须招标的，经承发包双方协商确认单价后计价；若专业工程不属于依法必须招标的，由发包人、总承包人与分包人按有关计价依据进行计价。计日工和总承包服务费由承包人根据招标人提出的要求，按估算的费用确定。

4. 规费与税金的计算

规费和税金应按国家或省级、行业建设主管部门的规定计算，不得作为竞争性费用。在每一项规费和税金的规定文件中，对其计算方法都有明确说明，故可以按各项法规和规定的计算方法计取。

5. 风险费用的确定

风险是一种客观存在的、可能会带来损失的、不确定的影响，工程风险是指一项工程在设计、施工、设备调试以及移交运行等项目全生命周期中可能发生的风险。这里的风险具体指工程建设施工阶段承发包双方在招标投标活动和合同履行及施工中所面临的涉及工程计价方面的风险。建设工程承发包，必须在招标文件、合同中明确计价中的风险内容及其范围，不得采用无限风险、所有风险或类似语句规定计价中的风险内容及范围。

7.3 招标控制价的编制

7.3.1 招标控制价的概念

招标控制价是指招标人根据国家或省级、行业建设主管部门颁发的有关计价依据和办法，以及拟定的招标文件和招标工程量清单，结合工程具体情况编制的招标工程的最高投标限价。

国有资金投资的建设工程招标，招标人必须编制招标控制价。我国对国有资金投资项目的投资控制实行的是投资概算审批制度，国有资金投资的工程原则上不能超过批准的投资概算。国有资金投资的工程实行工程量清单招标，为了客观、合理地评审投标报价和避免因哄抬标价造成国有资产流失，招标人必须编制招标控制价规定最高投标限价。

当招标控制价超过批准的概算时，招标人应将其报原概算审批部门审核。招标人应在发布招标文件时公布招标控制价，同时应将招标控制价及有关资料报送工程所在地或有该工程管辖权的行业管理部门的工程造价管理机构备查。招标控制价的作用决定了其不同于标底，无需保密。为体现招标的公平、公正性，防止招标人有意抬高或压低工程造价，招标人应在招标文件中如实公布招标控制价。

7.3.2　招标控制价的编制依据与程序

招标控制价应由具有编制能力的招标人或受其委托具有相应资质的工程造价咨询人编制和复核。工程造价咨询人接受招标人委托编制招标控制价，不得再就同一工程接受投标人委托编制投标报价。

1. 招标控制价主要编制依据

（1）《建设工程工程量清单计价规范》GB 50500—2013；
（2）国家或省级、行业建设主管部门颁发的计价定额和计价办法；
（3）建设工程设计文件及相关资料；
（4）拟定的招标文件及招标工程量清单；
（5）与建设项目相关的标准、规范、技术资料；
（6）施工现场情况、工程特点及常规施工方案；
（7）工程造价管理机构发布的工程造价信息，当工程造价信息没有发布时，参照市场价格；
（8）其他相关资料。

2. 编制招标控制价应遵循的程序

（1）了解编制要求与范围；
（2）熟悉工程图纸及有关设计文件；
（3）熟悉与建设工程项目有关的标准、规范、技术资料；
（4）熟悉拟定的招标文件及其补充通知、答疑纪要等；
（5）了解施工现场情况、工程特点；
（6）熟悉工程量清单；
（7）掌握工程量清单涉及计价要素的信息价格和市场价格，依据招标文件确定其价格；
（8）进行分部分项工程量清单计价；
（9）论证并拟定常规的施工组织设计和施工方案；
（10）进行措施项目工程量清单计价；
（11）进行其他项目、规费项目、税金项目清单计价；
（12）工程造价汇总、分析、审核；
（13）成果文件签认、盖章；
（14）提交成果文件。

7.3.3　招标控制价的编制

采用工程量清单计价时，招标控制价的编制内容包括分部分项工程费、措施项目费、其他项目费、规费和税金。

1. 分部分项工程费的编制

分部分项工程费采用综合单价的方法编制。采用的分部分项工程量应是招标文件中工程量清单提供的工程量；综合单价应根据招标文件中的分部分项工程量清单的特征描述及有关要求、行业建设主管部门颁发的计价定额和计价办法等编制依据进行编制。

为使招标控制价与投标报价所包含的内容一致，综合单价中应包括招标文件中招标人要求投标人承担的风险内容及其范围产生的风险费用，可以风险费率的形式进行计算。招标文件提供了暂估价的材料，应按暂估单价计入综合单价。

应该正确、全面地使用行业和地方的计价定额以及相关文件。编制招标控制价，采用的材料价格应是工程造价管理机构通过工程造价信息发布的材料单价，工程造价信息未发布材料单价的材料，其材料价格应通过市场调查确定。另外，未采用工程造价机构发布的工程造价信息时，需在招标文件或答疑补充文件中对招标控制价采用的与造价信息不一致的市场价格予以说明，采用的市场价格则应通过调查、分析确定，有可靠的信息来源。

施工机械设备的选型直接关系到综合单价水平，应根据工程项目的特点和施工条件，本着经济实用、先进高效的原则确定。

2. 措施项目费的编制

措施项目费应依据招标文件中提供的措施项目清单和拟建工程项目的施工组织设计进行确定。可以计算工程量的措施项目，应按分部分项工程量清单的计价方式采用综合单价计价；其余的措施项目可以以"项"为单位的方式计价，应包括除规费、税金以外的全部费用。措施项目中的安全文明施工费应按照国家或地方行业建设主管部门的规定标准计价。

不同工程项目、不同施工单位会有不同的施工组织方法，所发生的措施费也会有所不同。因此，对于竞争性的措施费用，应该首先编制施工组织设计或施工方案，然后依据经过专家论证后的施工方案，合理地确定措施项目与费用。

3. 其他项目费的编制

1) 暂列金额

应按招标文件清单中列出的金额填写。

2) 暂估价

暂估价中的材料、工程设备单价、控制价应按招标工程量清单列出的单价计入综合单价；暂估价中的专业工程金额应按招标工程量清单中列出的金额填写。

3) 计日工

编制招标控制价时，对计日工的人工单价和施工机械台班单价应按省级、行业建设主管部门或其授权的工程造价管理机构公布的单价计算；材料应按工程造价管理机构发布的工程造价信息中的材料单价计算，工程造价信息未发布材料单价的材料，其价格应按市场调查确定的单价计算。

4) 总承包服务费

编制招标控制价时，总承包服务费应按照省级或行业建设主管部门的规定，并根据招标文件列出的内容和要求估算。在计算时可参考以下标准：

（1）招标人仅要求总包人对其发包的专业工程进行施工现场协调和统一管理、对竣工材料进行统一汇总整理等服务时，总承包服务费按发包的专业工程估算造价的1.5%左右计算；

（2）招标人要求总包人对其发包的专业工程既进行总承包管理和协调，又要求提供相应配合服务时，总承包服务费应根据招标文件列出的配合服务内容，按发包的专业工程估算造价的3%~5%计算；

（3）招标人应自行供应材料、设备的，总承包服务费按招标人供应材料、设备价值的

1%计算。

4. 规费和税金的编制

规费和税金必须按国家或省级、行业建设主管部门规定的标准计算，不得作为竞争性费用。

7.4 投标价的编制

7.4.1 投标价的概念

投标价是指投标人投标时响应招标文件要求所报出的对已标价工程量清单汇总后标明的总价。投标价是指在工程招标发包过程中，由投标人或受其委托具有相应资质的工程造价咨询人按照招标文件的要求以及有关计价规定，依据发包人提供的工程量清单、施工设计图纸，结合工程项目的特点、施工现场情况以及企业自身的施工技术、装备和管理水平等，自主确定的工程造价。

7.4.2 编制投标价的注意事项

报价是投标的关键性工作，报价是否合理直接关系到投标工作的成败。在工程量清单计价模式下编制投标报价时应注意下列问题：

（1）投标人必须按招标工程量清单填报价格。实行工程量清单招标、要求招标人在招标文件中提供工程量清单，其目的是使各投标人在投标报价中具有公平的竞争平台。为避免出现差错，要求投标人必须按招标人提供的招标工程量清单填报投标价格，填写的项目编码、项目名称、项目特征、计量单位、工程量必须与招标工程量清单一致。

（2）投标报价要以招标文件中设定的承发包双方责任划分，作为设定投标报价费用项目和费用计算的基础。承发包双方的责任划分不同，会导致合同风险分摊不同，从而导致投标人报价不同；不同的工程承发包模式会直接影响工程项目投标报价的费用内容和计算深度。

（3）应结合工程实际情况，对拟投标项目编制施工组织设计，并以此作为投标报价的基础。企业定额反映企业技术和管理水平，是计算人工、材料和机械台班消耗量的基本依据；要充分利用现场考察、调研成果、市场价格信息和行情资料等编制基础标价。

（4）投标人的投标报价不得低于工程成本。《中华人民共和国招标投标法》中规定："中标的投标人应当符合下列条件之一：（一）能够最大限度地满足招标文件中规定的各项综合评价标准；（二）能够满足招标文件的实质性要求，并且经评审的投标价格最低；但是投标价低于成本的除外。"《评标委员会和评标方法暂行规定》中规定："在评标过程中，评标委员会发现投标人的报价明显低于其他投标报价或者在设有标底时明显低于标底的，使得其投标报价可能低于其个别成本的，应当要求该投标人作出书面说明并提供相关证明材料。投标人不能合理说明或者不能提供相关证明材料的，由评标委员会认定该投标人以低于成本价报价竞标，其投标应作为废标处理。"上述法律法规的规定，特别要求投标人的投标报价不得低于工程成本。

7.4.3 投标价的编制依据

投标报价的编制依据有：
(1)《建设工程工程量清单计价规范》GB 50500—2013；
(2) 国家或省级、行业建设主管部门颁发的计价办法；
(3) 企业定额，国家或省级、行业建设主管部门颁发的计价定额和计价办法；
(4) 招标文件、招标工程量清单及其补充通知、答疑纪要；
(5) 建设工程设计文件及相关资料；
(6) 施工现场情况、工程特点及投标时拟定的施工组织设计或施工方案；
(7) 标准、规范等技术资料；
(8) 市场价格信息和工程造价管理机构发布的工程造价信息；
(9) 其他相关资料。

7.4.4 投标价的编制内容

在编制投标价前，需要先对招标工程量清单项目及工程量进行复核。

投标价的编制过程，应首先根据招标人提供的工程量清单编制分部分项工程量清单计价表、措施项目清单计价表、其他项目清单计价表、规费和税金项目清单计价表，计算完毕后汇总得到单位工程投标报价汇总表，再层层汇总，分别得出单项工程投标报价汇总表和工程项目投标报价汇总表。工程项目投标报价的编制流程，如图 7-5 所示。

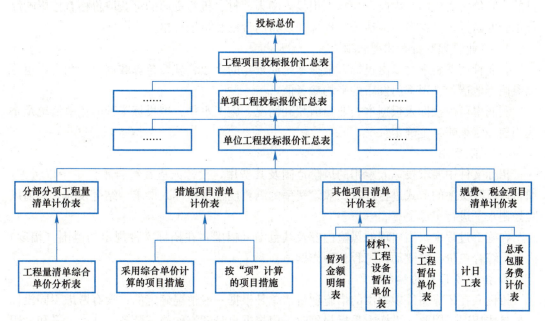

图 7-5 工程项目投标报价编制流程

1. 分部分项工程费的编制

综合单价是确定分部分项工程费的关键。综合单价中应包括招标文件中划分的应由投标人承担的风险范围及其费用，招标文件中没有明确的，投标人应提请招标人明确。在施工过程中，当出现的风险内容及其范围（幅度）在合同约定的范围内时，合同价款不做调整。分部分项工程中的单价项目，应根据招标文件和招标工程量清单项目中的特征描述确定综合单价。综合单价的确定与招标控制价的确定方法相同，但确定的依据有所差异，主要体现在以下五个方面：

1）工程量清单项目特征描述

工程量清单中项目特征描述决定了清单项目的实质，直接决定了工程的价值，是投标人确定综合单价最重要的依据。

在招标投标过程中，若出现招标文件中分部分项工程量清单特征描述与设计图纸不符时，投标人应以分部分项工程量清单的项目特征描述为准，确定投标报价的综合单价；若施工中施工图纸或设计变更与工程量清单项目特征描述不一致时，承发包双方应按实际施工的项目特征，依据合同约定重新确定综合单价。

2）企业定额

企业定额是施工企业根据本企业具有的管理水平、拥有的施工技术和施工机械装备水平编制的，完成一个规定计量单位的工程项目所需的人工、材料、施工机械台班的消耗标准，是施工企业内部进行施工管理的标准，也是施工企业投标报价确定综合单价的依据之一。

投标企业没有企业定额时，可根据企业自身情况参照消耗量定额进行调整。

3）计算基价

综合单价的人工费、材料费、机械费是以企业定额的人、材、机消耗量乘以人、材、机的实际价格得出的。因此，投标人拟投入的人、材、机等资源的可获取价格直接影响综合单价的高低，可参考当地造价管理部门发布的价格和市场价格。

4）企业管理费费率和利润率

企业管理费费率可以由投标人根据本企业近年的企业管理费核算数据自行测定，也可以参照当地造价管理部门发布的平均参考值。

利润率可由投标人根据本企业当前盈利情况、施工水平、拟投标工程的竞争情况及企业当前经营策略自主确定。

5）风险费用

招标文件中要求投标人承担的风险范围及其费用，投标人应在综合单价中予以考虑，通常以风险费率的形式进行计算。风险费率的测算应根据招标人要求、结合投标人当前风险控制水平进行定量测算。

在施工过程中，当出现的风险内容及其范围（幅度）在招标文件规定的范围（幅度）内时，综合单价不得变动，工程款不作调整。

2. 措施项目费的编制

招标人在招标文件中列出的措施项目清单是根据一般情况确定的，没有考虑不同投标人的具体情况。因此，投标人投标报价时，应根据自身拥有的施工装备、技术水平和采用的施工方法、确定的施工方案，对招标人所列的措施项目进行调整，并确定措施项目费。

措施项目中的单价项目，应根据招标文件和招标工程量清单中的特征描述按综合单价计算。措施项目中的总价项目金额，应根据招标文件及投标时拟定的施工组织设计或施工方案，参照《建设工程工程量清单计价规范》GB 50500—2013 的规定自主确定。其中安全文明施工费应按照国家或省级、行业建设主管部门的规定计算，不得作为竞争性费用。

3. 其他项目的编制

投标人对其他项目应按下列规定报价：

(1) 暂列金额应按招标工程量清单中列出的金额填写，不得变动；

(2) 材料、工程设备暂估价应按招标工程量清单中列出的单价计入综合单价，不得更改，材料、设备暂估价不再列入其他项目费；

(3) 专业工程暂估价应按招标工程量清单中列出的金额填写，不得更改；

(4) 计日工应按招标工程量清单中列出的项目和数量，自主确定综合单价并计算计日工金额；

(5) 总承包服务费应根据招标工程量清单中列出的内容和提出的要求自主确定。

4. 规费和税金的编制

应按国家或省级、行业建设主管部门的规定计算，不得作为竞争性费用。

招标工程量清单与计价表中列明的所有需要填写的单价和合价的项目，投标人均应填写且只允许有一个报价。未填写单价和合价的项目，可视为此项费用已包括在已经标价工程量清单中其他项目的单价和合价中。当竣工结算时，此项目不得重新组价、调整。

投标价的汇总，投标总价应当与分部分项工程费、措施项目费、其他项目费、规费和税金的合计金额相一致。即投标人在进行工程项目工程量清单招标的投标报价时，不能进行投标总价优惠，投标人对投标报价的任何优惠均应反映在相应清单项目的综合单价中。

5. 常用表格

(1) 建设项目招标控制价/投标报价汇总表，见表 7-7。

(2) 单项工程招标控制价/投标报价汇总表，见表 7-8。

(3) 单位工程招标控制价/投标报价汇总表，见表 7-9。

建设项目招标控制价/投标报价汇总表　　　　　　　　　　　表 7-7

工程名称：　　　　　　　　　　　　　　　　　　　　　第　页　共　页

序号	单项工程名称	金额（元）	其中：（元）		
			暂估价	安全文明施工费	规费
	合计				

注：本表适用于建设项目招标控制价或投标报价的汇总。

单项工程招标控制价/投标报价汇总表　　　　　　　　　　　表 7-8

工程名称：　　　　　　　　　　　　　　　　　　　　　第　页　共　页

序号	单位工程名称	金额（元）	其中：（元）		
			暂估价	安全文明施工费	规费
	合计				

注：本表适用于单项工程招标控制价或投标报价的汇总，暂估价包括分部分项工程中的暂估价和专业工程暂估价。

单位工程招标控制价/投标报价汇总表　　　　　表 7-9

序号	汇总内容	金额（元）	暂估价（元）
1	分部分项工程		
1.1			
1.2			
1.3			
1.4			
1.5			
2	措施项目		
2.1	其中：安全文明施工费		
3	其他项目		
3.1	其中：暂列金额		
3.2	其中：专业工程暂估价		
3.3	其中：计日工		
3.4	其中：总承包服务费		
4	规费		
5	税金		
招标控制价合计＝1+2+3+4+5			

注：本表适用于单位工程招标控制价或投标报价的汇总，如无单位工程划分，单项工程也使用本表汇总。

7.5 合同价款的约定

实行招标的工程合同价款应由承发包双方依据招标文件和中标人的投标文件在书面合同中约定。合同约定不得违背招标、投标文件中关于工期、造价、质量等方面的实质性内容。招标文件与中标人投标文件不一致的地方，以投标文件为准。

不实行招标的工程合同价款，应在承发包双方认可的合同价款基础上，由承发包双方在合同中约定。

7.5.1 合同类型

发包人和承包人应在合同协议中选择下列一种合同价格形式。

1. 单价合同

单价合同是指合同当事人约定以工程量清单及其综合单价进行合同价格计算，调整和确认的建设工程施工合同，在约定的范围内合同单价不作调整。合同当事人应在专用合同条款中约定综合单价包含的风险范围和风险费用的计算方法，并约定风险范围以外的合同价格的调整方法，其中因市场价格波动引起的调整应按合同中"市场价格波动引起的调整"条款约定执行。

2. 总价合同

总价合同是指合同当事人约定以施工图、已标价工程量清单或预算书及有关条件进行合同价格计算、调整和确认的建设工程施工合同，在约定的范围内合同总价不作调整。合同当事人应在专用合同条款中约定总价包含的风险范围和风险费用的计算方法，并约定风险范围以外的合同价格的调整方法，其中因市场价格波动引起的调整、因法律变化引起的调整按合同约定执行。

3. 其他合同价格形式

合同当事人可在专用条款中约定其他合同价格形式。

7.5.2 合同价款的约定

合同价款的约定是建设工程合同的主要内容。实行招标的工程合同价款应在中标通知书发出之日起 30 天内，由承发包双方依据招标文件和中标人的投标文件在书面合同中约定。合同约定不得违背招标投标文件中关于工期、造价、质量等方面的实质性内容。招标文件与中标人投标文件不一致的地方，应以投标文件为准。不实行招标的工程合同价款，应在承发包双方认可的工程价款的基础上，由承发包双方在合同中约定。承发包双方认可的工程价款的形式可以是承包方或设计人编制的施工图预算，也可以是承发包双方认可的其他形式。

承发包双方应在合同价款中，对下列事项进行约定。

1. 工程预付款的数额、支付时间及抵扣方式

预付工程款是发包人为解决承包人施工准备阶段资金周转问题提供的协助。如使用的水泥、钢材等大宗材料，可根据工程具体情况设置工程材料预付款。双方应在合同中约定预付款数额：可以是绝对数，如 50 万、100 万元，也可以是额度，如合同金额的 10％、15％等；约定支付时间：如合同签订后一个月支付、开工前 7 天支付等；约定抵扣方式：如在工程进度款中按比例抵扣；约定违约责任：如不按合同约定支付预付款的利息计算方式等。

2. 安全文明施工费

约定支付计划、使用要求等。

3. 工程计量与支付工程进度款的方式、数额及时间

双方应在合同中约定工程计量时间和方式：可按月计量，如每月 28 日；可按工程形象部位（目标）划分分段计量，如±0.000 以下基础及地下室、主体工程 1～3 层、4～6 层等，进度款支付周期与计量周期保持一致；约定支付时间：如计量后 7 天以内、10 天以内支付；约定支付数额：如已完工程量计价的 70％、80％等；约定违约责任：如不按合同约定支付进度款的违约利率、违约责任等。

4. 工程价款的调整因素、方法、程序、支付时间

约定调整因素：如工程变更后综合单价调整，钢材价格上涨超过投标报价时的 3％、工程造价管理机构发布的人工费调整等；约定调整方法：如结算时一次性调整、材料采购时报发包人调整等；约定调整程序：承包人将调整报告发给发包人，由发包人现场代表审核签字等；约定支付时间：如与工程进度款支付同时进行等。

5. 施工索赔与现场签证的程序、金额确定与支付时间

约定索赔与现场签证的程序：如由承包人提出、发包人现场代表或授权的监理工程师核对等；约定索赔提出时间：如知道索赔事件发生后的 28 天内等；约定核对时间：收到

索赔报告 7 天以内、10 天以内等；约定支付时间：原则上与工程进度款同期支付等。

6. 承担计价风险的内容、范围以及超出后的调整办法

约定风险的内容范围：如全部材料、主要材料等；约定物价变化调整幅度：如钢材、水泥价格涨幅超过投标报价 5% 等。

7. 工程竣工价款结算编制与核对、支付时间

约定承包人在什么时间提交竣工结算书，发包人或其委托的工程造价咨询企业在什么时间内核对完毕，什么时间支付等。

8. 工程质量保证金的数额、约定支付方式及归还时间

工程质量保证金的数额：如合同价款的 3% 等；约定支付方式：承发包双方在工程合同中约定从应付合同价款中预留；约定归还时间：如质量缺陷期满退还等。

9. 违约责任及发生合同价款争议的解决方法

约定解决价款争议的办法是协商、调解、仲裁还是诉讼，约定解决方式的优先顺序、处理程序等。如采用调解应约定好调解人员；如采用仲裁应约定双方都认可的仲裁机构；如采用诉讼方式，应约定有管辖权的法院。

10. 与履约合同、支付价款有关的其他事项等

合同涉及工程价款的事项较多，能够详细约定的事项应尽可能具体约定，约定的用词尽可能唯一，如有几种解释，最好对用词进行定义，尽量避免因理解上的歧义造成合同纠纷。

7.6 工程量计算

7.6.1 概述

1. 工程量

工程量是根据设计的施工图纸，按照工程量计算规则，以物理计量单位或自然计量单位表示的各具体的建筑分项工程和结构构件的数量标准。

物理计量单位是指需要经度量的具有物理属性的单位，如长度（m）、面积（m^2）、体积（m^3）、重量（t）等；自然计量单位是指无需度量的具有自然属性的单位，如个、台、组、套等。本书的工程量计算主要以房屋建筑工程与装饰工程为例，其余的工程类型请参照相应计量规范的要求进行。

2. 工程量计算的一般顺序

工程量计算是编制工程量清单的重要环节，也是投标报价的重要基础。为了准确快速地计算工程量，避免发生多算、少算、重复计算的现象，计算时应按一定的顺序及方法进行。一般来说，先计算建筑面积，然后计算分部分项工程量。

进行房屋建筑工程与装饰工程工程量计算时，可以按照《房屋建筑与装饰工程工程量计算规范》GB 50854—2013 中分部分项工程的顺序或按照施工顺序依次进行计算。

通常计算顺序为：建筑面积→土石方工程→地基与边坡支护工程→桩基工程→砌筑工程→混凝土及钢筋混凝土工程→金属结构工程→木结构工程→门窗工程→屋面及防水工程→保温、隔热、防腐工程→楼地面装饰工程→墙、柱面装饰与隔断、幕墙工程→天棚工程→油漆、涂料、裱糊工程→其他装饰工程→拆除工程→措施项目。

对于同一分部工程中的不同分项工程量的计算，可根据项目的特点，采用以下顺序：
(1) 按顺时针顺序计算

从平面图左上角开始，按顺时针方向逐步计算，绕一周后回到左上角。此方法适用于计算外墙挖基槽、外墙基础及墙体等。

(2) 按横竖顺序计算

从平面图上的沿横竖方向，从左到右，从上到下。此方法适用于计算内墙挖基槽、内墙基础及墙体等。

(3) 按构件编号顺序计算

按照图纸上注明的编号顺序计算，如钢筋混凝土构件、门窗、金属构件等，可按照图纸的编号进行计算。

(4) 按轴线顺序计算

对于复杂的工程，计算墙体、柱、内外墙粉刷时，仅按上述顺序计算时，可能发生重复或遗漏，这时可按图纸上的轴线顺序进行计算，并将其部位以轴线号表示出来。

3. 统筹方法在工程量计算中的应用

(1) 统筹法计算工程量的原理

统筹安排计算程序。统筹法计算工程量打破了按照规范顺序或者按照施工顺序的工程量计算顺序，而是根据施工图纸中大量图形中线、面数据之间的"集中""共需"关系，找出工程量的变化规律，利用其几何共同性，统筹安排计算。统筹安排数据的计算，使已算出的数据能为以后的分部分项工程的计算所利用，减少计算过程中的重复性，加快计算速度并提高计算准确度。

(2) 统筹法计算工程量要点

统筹程序、合理安排；利用基数连续计算，一次算出、多次使用；结合实际、灵活机动。

统筹法计算工程量的核心在于根据统筹的顺序，首先计算出若干工程量计算的基数，这些基数能在以后的计算中反复使用。对于大多数工程而言，"三线一面"是其共有的基数，"三线"指的是外墙外边线、外墙中心线、内墙净长线；"一面"指的是建筑物首层建筑面积。

L_{ww}：外墙外边线，建筑物勒脚以上外墙外围水平尺寸之和。

L_{wz}：外墙中心线，位于外墙中心的水平尺寸之和。

$L_{wz} = L_{ww} - 4 \times$ 墙厚。

L_{NJ}：内墙净长线，平面图全部内墙净长尺寸之和。

S_d：底面积，建筑物首层勒脚以上外墙外围水平投影面积。

以外墙中心线为例，在计算外墙基槽挖土、基槽夯实、基槽垫层、基础砌筑、基础圈梁、基础防潮层、外墙砌筑时，仅需用截面断面面积乘以外墙中心线长，即可得到所需计算的工程量，避免了很多重复计算。外墙基础断面不同时，可采用分段计算法；当各层面积不同时，可采用分层计算法；还有增减计算法等。总之，在工程量计算时，要根据工程特点，灵活机动地采用各种方法，以便准确计算出工程量。

7.6.2 建筑面积计算规则

(1) 建筑物的建筑面积应按自然层外墙结构外围水平面积之和计算。结构层高在 2.20m 及以上的，应计算全面积；结构层高在 2.20m 以下的，应计算 1/2 面积。

(2) 建筑物内设有局部楼层时，对于局部楼层的二层及以上楼层，有围护结构的应按其围护结构外围水平面积计算，无围护结构的应按其结构底板水平面积计算。结构层高在 2.20m 及以上的，应计算全面积；结构层高在 2.20m 以下的，应计算 1/2 面积。

【例 7-2】 图 7-6 为带局部楼层的某建筑物示意图，试计算其建筑面积。

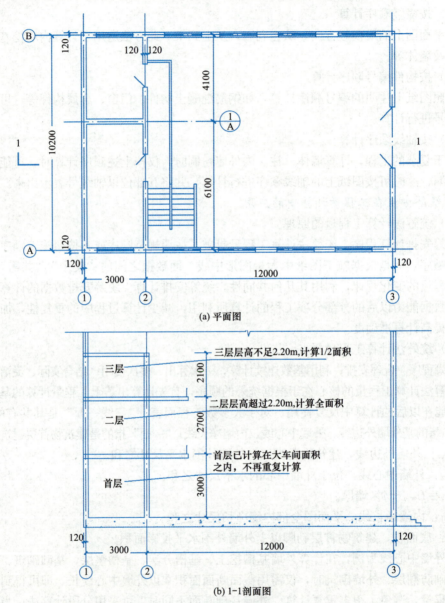

图 7-6　带局部楼层的某建筑物示意图

解 建筑面积

$S = (12 + 3 + 0.12 \times 2) \times (10.2 + 0.12 \times 2) + (3 + 0.12 \times 2) \times (10.2 + 0.12 \times 2)$
$\quad + (3 + 0.12 \times 2) \times (10.2 + 0.12 \times 2) \times 1/2$
$= 209.844 \mathrm{m}^2$

(3) 形成建筑空间的坡屋顶，结构净高在 2.10m 及以上的部位应计算全面积；结构净高 1.20～2.10m 的部位应计算 1/2 面积；结构净高在 1.20m 以下的部位不应计算建筑面积。

【例 7-3】 图 7-7 为带坡屋顶的某建筑物示意图。试计算其建筑面积。

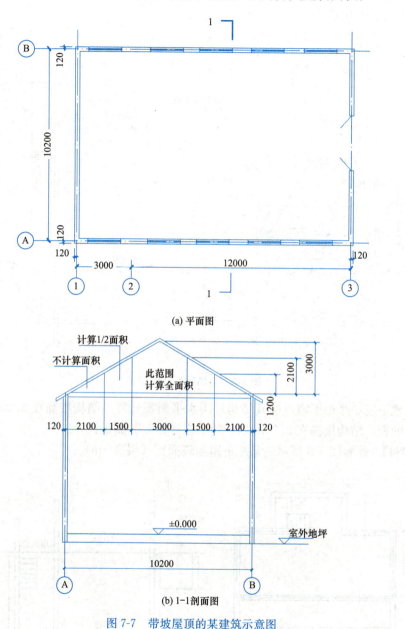

图 7-7 带坡屋顶的某建筑示意图

解 建筑面积

$$S = (12+3+0.12\times2)\times(10.2+0.12\times2)+3\times(12+3+0.12\times2)$$
$$+1.5\times(12+3+0.12\times2)\times1/2\times2$$
$$=227.6856\text{m}^2$$

（4）场馆看台下的建筑空间，结构净高在 2.10m 及以上的部位应计算全面积；结构净高 1.20～2.10m 的部位应计算 1/2 面积；结构净高在 1.20m 以下的部位不应计算建筑面积。室内单独设置的有围护设施的悬挑看台,应按看台结构底板水平投影面积计算建筑面积。有顶盖无围护结构的场馆看台应按其顶盖水平投影面积的 1/2 计算面积。某场馆看台剖面图如图 7-8 所示。

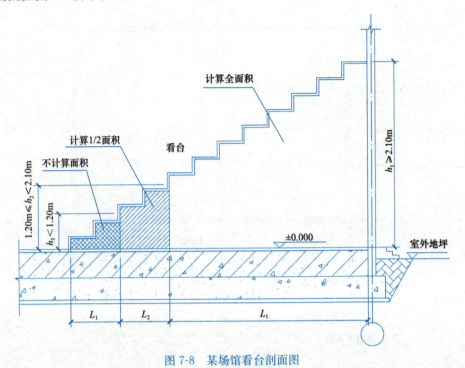

图 7-8 某场馆看台剖面图

(5) 地下室、半地下室应按其结构外围水平面积计算。结构层高在 2.20m 及以上的应计算全面积;结构层高在 2.20m 以下的,应计算 1/2 面积。

【例 7-4】 计算图 7-9 所示的某地下室建筑面积(层高 3m)。

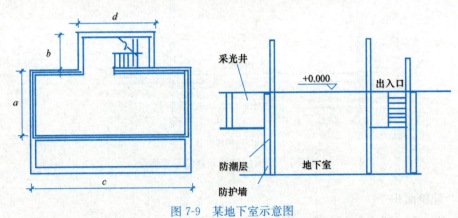

图 7-9 某地下室示意图

解 建筑面积

$$S = ac + bd$$

(6) 出入口外墙外侧坡道有顶盖的部位,应按其外墙结构外围水平面积的 1/2 计算面积。

【例 7-5】 计算图 7-10 所示的某地下室出入口建筑面积。

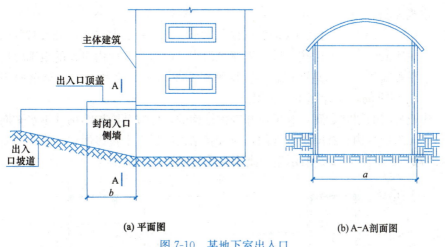

(a) 平面图 (b) A-A剖面图

图 7-10 某地下室出入口

解 建筑面积

$$S = 1/2 ab$$

（7）建筑物架空层及坡地建筑物吊脚架空层，应按其顶板水平投影计算建筑面积。结构层高在 2.20m 及以上的，应计算全面积；结构层高在 2.20m 以下的，应计算 1/2 面积。

【**例 7-6**】 计算图 7-11 所示的某建筑物吊脚架空层建筑面积（层高 3m）。

(a) 平面图

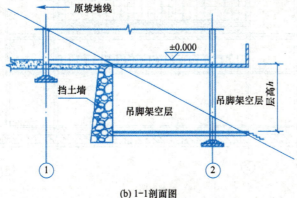

(b) 1-1剖面图

图 7-11 某建筑物吊脚架空层示意图

解 建筑面积

$S=(4.5+0.12)\times(4.2+0.12\times2)+1.5\times(4.2+0.12\times2)=27.1728\text{m}^2$

(8) 建筑物的门厅、大厅按一层计算建筑面积,门厅、大厅内设置的走廊应按走廊结构底板水平投影面积计算建筑面积。结构层高在 2.20m 及以上的,应计算全面积;结构层高在 2.20m 以下的,应计算 1/2 面积。

(9) 建筑物间的架空走廊,有顶盖和围护结构的,应按其围护结构外围水平面积计算建筑面积;无围护结构、有围护设施的,应按其结构底板水平投影面积计算 1/2 面积。

【例 7-7】 计算图 7-12 中所示架空走廊的建筑面积。

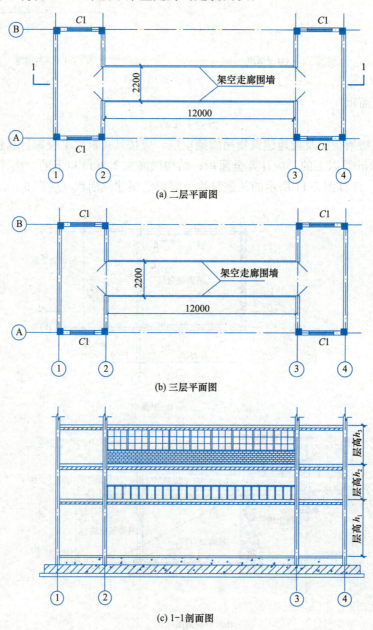

图 7-12 某架空走廊示意图

解 建筑面积
$$S_{二层架空走廊} = 1/2 \times 12 \times 2.2 = 13.2 \text{m}^2$$
$$S_{三层架空走廊} = 12 \times 2.2 = 26.4 \text{m}^2$$

(10) 立体书库、立体仓库、立体车库，有围护结构的，应按其围护结构外围水平面积计算建筑面积；无围护结构、有围护设施的，应按其结构底板水平投影面积计算建筑面积。无结构层的应按一层计算，有结构层的应按其结构层面积分别计算。结构层高在2.20m及以上的，应计算全面积；结构层高在2.20m以下的，应计算1/2面积。

【例7-8】 计算图7-13中立体书库的建筑面积。

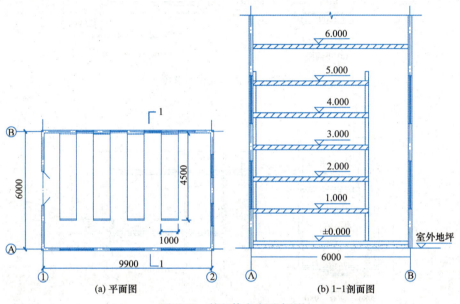

图7-13 某立体书库示意图

解 由图7-13(b)所示，此立体书库的结构层高小于2.2m。
$$S_{立体书库} = 1/2 \times 4.5 \times 1 \times 5 \times 4 = 45 \text{m}^2$$

(11) 有围护结构的舞台灯光控制室，应按其围护结构外围水平面积计算。结构层高在2.20m及以上的，应计算全面积；结构层高在2.20m以下的，应计算1/2面积。

(12) 附属在建筑物外墙的落地橱窗，应按其围护结构外围水平面积计算。结构层高在2.20m及以上的，应计算全面积；结构层高在2.20m以下的，应计算1/2面积。

【例7-9】 计算图7-14中落地橱窗的建筑面积（层高3m）。

解 建筑面积
$$S_{橱窗} = 0.6 \times 2.20 = 1.32 \text{m}^2$$

(13) 窗台与室内楼地面高差在0.45m以下且结构净高在2.10m及以上的凸（飘）窗，应按其围护结构外围水平面积计算1/2面积。

【例7-10】 计算图7-15中凸窗的建筑面积。

解 当窗台与室内楼地面高差 $h_1 < 0.45$m 且 $h_2 \geqslant 2.1$m 时
$$S = 1/2 \times (0.6 \times 0.98) + 1/2 \times 0.6 \times 0.9 = 0.564 \text{m}^2$$

(14) 有围护设施的室外挑廊，应按其结构底板水平投影面积计算1/2面积；有围护设施（或柱）的檐廊，应按其围护设施（或柱）外围水平面积计算1/2面积。

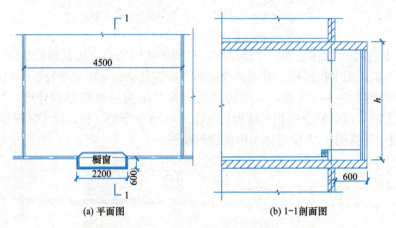

图 7-14 某落地橱窗示意图

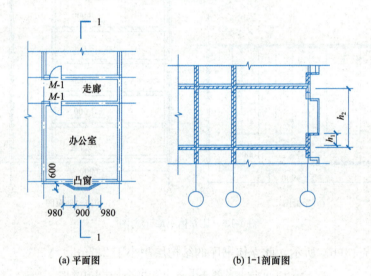

图 7-15 某凸窗示意图

【例 7-11】 计算图 7-16 中某室外挑廊的建筑面积。

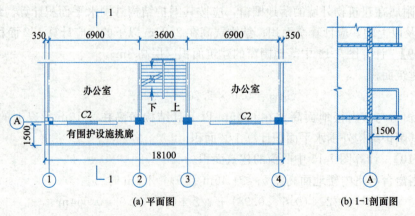

图 7-16 某室外挑廊示意图

解 建筑面积

$$S = 1/2 \times 18.1 \times 1.5 = 13.575 \text{m}^2$$

（15）门斗应按其围护结构外围水平面积计算建筑面积。结构层高在2.20m及以上的，应计算全面积；结构层高在2.20m以下的，应计算1/2面积。

【例7-12】 计算图7-17中门斗的建筑面积（层高3m）。

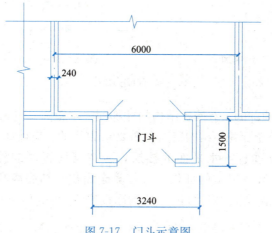

图7-17 门斗示意图

解 建筑面积 $S = 3.24 \times 1.5 = 4.86 \text{m}^2$

（16）门廊应按其顶板水平投影面积的1/2计算建筑面积，门廊建筑面积示意见图7-18；有柱雨篷应按其结构板水平投影面积的1/2计算建筑面积；无柱雨篷的结构外边线至外墙结构外边线的宽度超过2.10m及以上的，应按雨篷结构板的水平投影面积的1/2计算建筑面积。

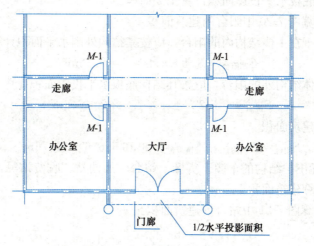

图7-18 门廊建筑面积示意图

【例7-13】 计算图7-19中雨篷的建筑面积。
解 建筑面积

$$S = 1/2 \times 2.4 \times 1.8 = 2.16 \text{m}^2$$

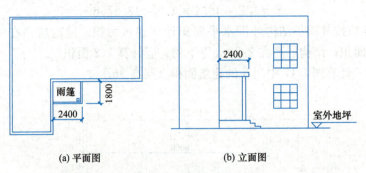

图 7-19 雨篷示意图

(17) 设在建筑物顶部的、有围护结构的楼梯间、水箱间、电梯机房等，结构层高在 2.20m 及以上的应计算全面积；结构层高在 2.20m 以下的，应计算 1/2 面积。

(18) 围护结构不垂直于水平面的楼层，应按其底板面的外墙外围水平面积计算。结构净高在 2.10m 及以上的部位，应计算全面积；结构净高在 1.20m 及以上至 2.10m 以下的部位，应计算 1/2 面积；结构净高在 1.20m 以下的部位，不应计算建筑面积。

(19) 建筑物内的室内楼梯、电梯井、提物井、管道井、通风排气竖井、烟道，应并入建筑物的自然层计算建筑面积。应按建筑物的自然层计算。有顶盖的采光井应按一层计算面积，结构净高在 2.10m 及以上的部位，应计算全面积；结构净高在 2.10m 以下的，应计算 1/2 面积。

(20) 室外楼梯应并入所依附建筑物自然层，并应按其水平投影面积的 1/2 计算建筑面积。

(21) 在主体结构内的阳台，应按其结构外围水平面积计算全面积；在主体结构外的阳台，应按其结构底板水平投影面积计算 1/2 面积。

【例 7-14】 计算图 7-20 中阳台的建筑面积。

解 凹阳台属于在主体结构内的阳台，应按其结构外围水平面积计算全面积：
$$S_{凹阳台} = 3.4 \times 1.2 \times 2 = 8.16 \text{m}^2$$

挑阳台属于主体结构外的阳台，应按其结构底板水平投影面积计算 1/2 面积：
$$S_{挑阳台} = 1/2 \times 4.4 \times 1.5 \times 2 = 6.6 \text{m}^2$$

此建筑物阳台建筑面积
$$S_{阳台} = S_{凹阳台} + S_{挑阳台} = 8.16 + 6.6 = 14.76 \text{m}^2$$

(22) 有顶盖无围护结构的车棚、货棚、站台、加油站、收费站等，应按其顶盖水平投影面积的 1/2 计算建筑面积。

【例 7-15】 计算图 7-21 中站台的建筑面积。

解 建筑面积
$$S_{站台} = 1/2 \times 14.6 \times 7 = 51.1 \text{m}^2$$

(23) 以幕墙作为围护结构的建筑物，应按幕墙外边线计算建筑面积。

(24) 建筑物外墙外保温层，应按其保温材料的水平截面积计算，并计入自然层建筑面积。

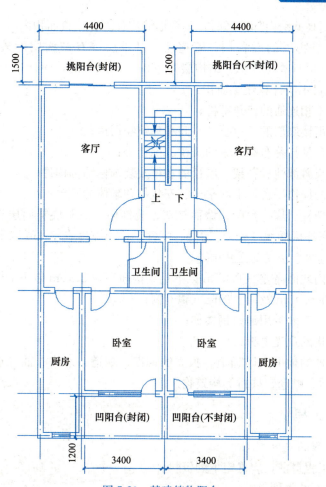

图 7-20 某建筑物阳台

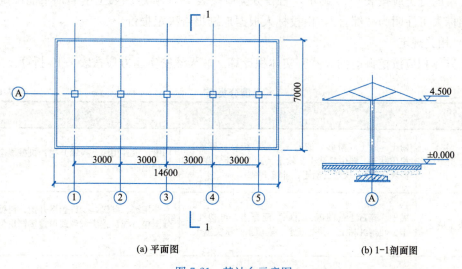

(a) 平面图　　　　　　(b) 1-1 剖面图

图 7-21 某站台示意图

(25) 与室内相通的变形缝,应按其自然层合并在建筑物建筑面积内计算。对于高低联跨的建筑物,当高低跨内部连通时,其变形缝应计算在低跨面积内。

(26) 对于建筑物内的设备层、管道层、避难层等有结构层的楼层,结构层高在2.20m及以上的,应计算全面积;结构层高在2.20m以下的,应计算1/2面积。

(27) 下列项目不应计算建筑面积:
① 与建筑物不相连通的建筑部件;
② 骑楼、过街楼底层的开放公共空间和建筑物通道;
③ 舞台及后台悬挂幕布和布景的天桥、挑台等;
④ 露台、露天游泳池、花架、屋顶的水箱及装饰性结构构件;
⑤ 建筑物内的操作平台、上料平台、安装箱和罐体的平台;
⑥ 勒脚、附墙柱、垛、台阶、墙面抹灰、装饰面、镶贴块料面层、装饰性幕墙,主体结构外的空调室外机搁板(箱)、构件、配件,挑出宽度在2.1m以下的无柱雨篷和顶盖高度达到或超过两个楼层的无柱雨篷;
⑦ 窗台与室内地面高差在0.45m以下且结构净高在2.10m以下的凸(飘)窗,窗台与室内地面高差在0.45m及以上的凸(飘)窗;
⑧ 室外爬梯、室外专用消防钢楼梯;
⑨ 无围护结构的观光电梯;
⑩ 建筑物以外的地下人防通道,独立的烟囱、烟道、地沟、油(水)罐、气柜、水塔、贮油(水)池、贮仓、栈桥等构筑物。

7.6.3 土石方工程

1. 土石方工程的内容

计算土石方工程量前,应确定下列资料。

1) 土壤及岩石的类别

土壤的分类应按表7-10确定,岩石分类应按表7-11确定。如土壤类别不能准确划分时,招标人可注明为"综合",由投标人根据地勘报告决定报价。

2) 相关规定

土方体积应按挖掘前的天然密实体积计算。非天然密实土方应按表7-12折算。

土壤分类表　　　　　　　　　表7-10

土壤分类	土壤名称	开挖方法
一、二类土壤	粉土、砂土(粉砂、细砂、中砂、粗砂、砾砂)、粉质黏土、弱中盐渍土、软土(淤泥质土、泥炭、泥炭质土)、软塑红黏土、冲填土	用锹,少许用镐、条锄开挖;机械能全部直接铲挖满载者
三类土壤	黏土、碎石土(圆砾、角砾)混合土、可塑红黏土、硬塑红黏土、强盐渍土、素填土、压实土等	主要用镐、条锄,少许用锹开挖;机械需部分刨松方能铲挖满载者或可直接铲挖但不能满载者
四类土壤	碎石土(卵石、碎石、漂石、块石)、坚硬红黏土、超盐渍土、杂填土	全部用镐、条锄挖掘;少许用撬棍挖掘;机械须普遍刨松方能铲挖满载者

岩石分类表　　　　　　　　　　　　　　　　　　　　　表 7-11

岩石分类		代表性岩石	开挖方法
极软岩		1. 全风化的各种岩石 2. 各种半成岩	部分用手凿工具、部分用爆破法开挖
软质岩	软岩	1. 强风化的坚硬岩或较硬岩 2. 中等风化——强风化的较软岩 3. 未风化——微风化的页岩、泥岩、泥质砂岩等	用风镐和爆破法开挖
软质岩	较软岩	1. 中等风化——强风化的坚硬岩或较硬岩 2. 未风化——微风化的凝灰岩、千枚岩、泥灰岩、砂质泥岩等	用爆破法开挖
硬质岩	较硬岩	1. 微风化的坚硬岩 2. 未风化——微风化的大理岩、板岩、石灰岩、白云岩、钙质砂岩等	用爆破法开挖
硬质岩	坚硬岩	未风化——微风化的花岗石、闪长岩、辉绿岩、玄武岩、安山岩、片麻岩、石英岩、石英砂岩、硅质砾岩、硅质石灰岩等	用爆破法开挖

土方按天然密实体积折算系数表　　　　　　　　　　　表 7-12

天然密实度体积	虚方体积	夯实后体积	松填体积
0.77	1.00	0.67	0.83
1.00	1.30	0.87	1.08
1.15	1.50	1.00	1.25
0.92	1.20	0.80	1.00

在实际施工中，挖一般土方、沟槽、基坑时，应根据施工方案确定的放坡系数（放坡系数见表 7-13）、操作工作面和机械挖土进出施工的施工面计算计价工程量，基础施工所需工作面宽度计算表见表 7-14，管沟施工每侧所需工作面宽度计算表见表 7-15。

放坡系数表　　　　　　　　　　　　　　　　　　　　表 7-13

土类别	放坡起点（m）	人工挖土	机械挖土		
			在坑内作业	在坑上作业	顺沟槽在坑上作业
一、二类土	1.20	1∶0.5	1∶0.33	1∶0.75	1∶0.5
三类土	1.50	1∶0.33	1∶0.25	1∶0.67	1∶0.33
四类土	2.00	1∶0.25	1∶0.10	1∶0.33	1∶0.25

基础施工所需工作面宽度计算表　　　　　　　　　　　表 7-14

基础材料	每边各增加工作面宽度（mm）
砖基础	200
浆砌毛石、条石基础	150

续表

基础材料	每边各增加工作面宽度（mm）
混凝土基础垫层支模板	300
混凝土基础支模板	300
基础垂直面做防水层	1000（防水层面）

管沟施工每侧所需工作面宽度计算表　　表7-15

管沟材料 \ 管道结构宽(mm)	≤500	≤1000	≤2500	>2500
混凝土及钢筋混凝土（mm）	400	500	600	700
其他材质管道（mm）	300	400	500	600

2. 土石方工程量计算规范

土石方工程根据设计图纸和现场施工条件，分为土方工程、石方工程和回填工程。其工程量清单项目及工程量计算规则见表7-16～表7-18。

土方工程（编号：010101）　　表7-16

项目编码	项目名称	项目特征	计量单位	工程量计算规则	工作内容
010101001	平整场地	1. 土壤类别 2. 弃土运距 3. 取土运距	m^2	按设计图示尺寸以建筑物首层建筑面积计算	1. 土方挖填 2. 场地找平 3. 运输
010101002	挖一般土方	1. 土壤类别 2. 挖土深度	m^3	按设计图示尺寸以体积计算	1. 排地表水 2. 土方开挖 3. 围护（挡土板）及拆除 4. 基底钎探 5. 运输
010101003	挖沟槽土方			按设计图示尺寸以基础垫层底面积乘以挖土深度计算	
010101004	挖基坑土方				
010101005	冻土开挖	1. 冻土厚度 2. 弃土运距		按设计图示尺寸开挖面积乘厚度以体积计算	1. 爆破 2. 开挖 3. 清理 4. 运输
010101006	挖淤泥、流砂	1. 挖掘深度 2. 弃淤泥、流砂距离		按设计图示位置、界限以体积计算	1. 开挖 2. 运输
010101007	管沟土方	1. 土壤类别 2. 管外径 3. 挖沟深度 4. 回填要求	1. m 2. m^3	1. 以米计量，按设计图示以管道中心线长度计算。 2. 以立方米计量，按设计图示管底垫层面积乘以挖土深度计算；无管底垫层按管外径的水平投影面积乘以挖土深度计算	1. 排地表水 2. 土方开挖 3. 围护（挡土板）、支撑 4. 运输 5. 回填

石方工程（编号：010102） 表 7-17

项目编码	项目名称	项目特征	计量单位	工程量计算规则	工作内容
010102001	挖一般石方	1. 岩石类别 2. 开凿深度 3. 弃碴运距	m³	按设计图示尺寸以体积计算	1. 排地表水 2. 凿石 3. 运输
010102002	挖沟槽石方		m³	按设计图示尺寸沟槽底面积乘以挖石深度以体积计算	
010102003	挖基坑石方		m³	按设计图示尺寸基坑底面积乘以挖石深度以体积计算	
010102004	挖管沟石方	1. 岩石类别 2. 管外径 3. 挖沟深度	1. m 2. m³	1. 以米计量，按设计图示以管道中心线长度计算 2. 以立方米计量。按设计图示管底垫层面积乘以挖土深度计算；无管底垫层按管外径的水平投影面积乘以挖土深度计算。不扣除各类井的长度，井的土方并入	1. 排地表水 2. 凿石 3. 回填 4. 运输

回填工程（编号：010103） 表 7-18

项目编码	项目名称	项目特征	计量单位	工程量计算规则	工作内容
010103001	回填方	1. 密实度要求 2. 填方材料品种 3. 填方粒径要求 4. 填方来源、运距	m³	按设计图示尺寸以体积计算。 1. 场地回填：回填面积乘平均回填厚度 2. 室内回填：主墙间面积乘回填厚度，不扣除间隔墙 3. 基础回填：按挖方清单项目工程量减去自然地坪以下埋设的基础体积（包括基础垫层及其他构筑物）	1. 运输 2. 回填 3. 压实
010103002	余方弃置	1. 废弃料品种 2. 运距	m³	按挖方清单项目工程量减利用回填方体积（正数）计算	余方点装料运输至弃置点

3. 土石方工程量计算

1）平整场地

平整场地是指在开工前为了便于建筑物的定位放线和施工等需要，对建筑场地厚度在±30cm以内的挖、填、找平工作。按《房屋建筑与装饰工程工程量计算规范》GB 50854—2013 的规定，其工程量按设计图示尺寸以建筑物首层建筑面积计算；但是如果是编制施工图预算或者施工企业报价时，可按建筑物首层每边各增加 2m 计算平整场地工程量。

任意非封闭式形状的建筑物计算公式为：

$$S_{平} = S_{底} + 2L_{外} + 16 \tag{7-1}$$

任意封闭式形状的建筑物计算公式为：

$$S_{平} = S_{底} + 2L_{外} \tag{7-2}$$

式中 $S_{平}$——平整场地的计价工程量；

$S_{底}$——建筑物底层建筑面积；

$L_{外}$——外墙外边线长。

【例 7-16】 请分别计算图 7-22 中建筑物平整场地的清单工程量和计价工程量。

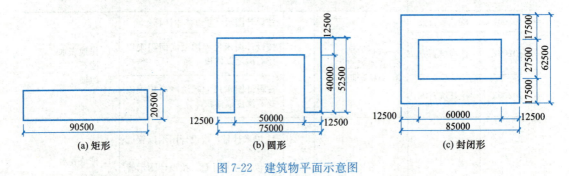

图 7-22 建筑物平面示意图

解 清单工程量

$$S_a = 90.5 \times 20.5 = 1855.25 m^2$$
$$S_b = 52.5 \times 12.5 \times 2 + 50 \times 12.5 = 1937.5 m^2$$
$$S_c = 85.0 \times 62.5 - 60 \times 27.5 = 3662.5 m^2$$

计价工程量

$$S_{计a} = 90.5 \times 20.5 + (90.5 + 20.5) \times 2 \times 2 + 16 = 2315.25 m^2$$
$$S_{计b} = 52.5 \times 12.5 \times 2 + 50 \times 12.5 + (75 + 52.5 + 40) \times 2 \times 2 + 16 = 2623.5 m^2$$
$$S_{计c} = 85.0 \times 62.5 - 60 \times 27.5 + (62.5 + 85 + 27.5 + 60) \times 2 \times 2 = 4602.5 m^2$$

2) 挖基础土方

《房屋建筑与装饰工程工程量计算规范》GB 50854—2013 规定其计算规则为按设计图示尺寸以基础垫层底面积乘以挖土深度计算。其工作内容包括排地表水、土方开挖、围护(挡土板)及拆除、基底钎探和运输。

其计价工程量要根据施工组织设计或施工方案中确定的放坡、操作工作面和机械挖土进出施工工作面等增加的施工量进行计算,如无规定,可按表 7-13 和表 7-14 计算。若施工组织设计确定需支挡土板时,其宽度为单面加 10cm,双面加 20cm。其计算式如下:

$$挖沟槽工程量 = 沟槽断面面积 \times 沟槽长度。$$

沟槽断面开挖方式如图 7-23 所示。

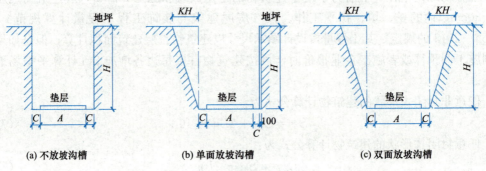

图 7-23 沟槽断面开挖方式

$$不放坡沟槽断面面积 = (A + 2C) \times H \tag{7-3}$$

单面放坡沟槽断面面积 $=(A+2C+100+0.5K\times H)\times H$ (7-4)

双面放坡沟槽断面面积 $=(A+2C+K\times H)\times H$ (7-5)

式中 A——垫层宽度；
C——工作面宽度；
K——放坡系数；
H——挖土深度。

沟槽长度：外墙按中心线计算，内墙按净长线计算。

3) 回填

《房屋建筑与装饰工程工程量计算规范》GB 50854—2013 规定，回填土的工作内容包括运输、回填和压实。其清单工程量按设计图示尺寸以体积计算，具体分为以下三种：

(1) 场地回填：回填面积乘平均回填厚度以体积计算。

(2) 室内回填：是指室内地坪以下，由室外设计地坪标高填至室内地坪垫层底标高的夯填土，按主墙间面积乘回填厚度，不扣除间隔墙。室内回填土体积等于主墙间净面积乘以回填土厚度。其中，回填土厚度等于设计室内外地坪高差减地面面层和垫层的厚度。

(3) 基础回填：是指在基础施工完毕以后，将槽、坑四周未做基础的部分回填至室外设计地坪标高。按挖方体积减去自然地坪以下埋设的基础体积（包括基础垫层及其他构筑物）计算。基础回填土体积等于槽、坑挖土体积减去设计地坪标高以下埋设的基础体积。

土方回填示意图如图 7-24 所示。

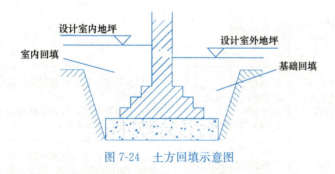

图 7-24 土方回填示意图

回填土的清单工程量与计价工程量的最大区别在于，清单中沟管的回填土不单独计算，包括在沟管土方的工作内容中。

7.6.4 地基处理与边坡支护工程

1. 地基处理与边坡支护工程的工作内容

当建筑物建在软土层上，不能以天然土壤做地基、做基础时或基坑深度过大时，必须要对地基进行处理和边坡支护，才能够进行基础的施工。

地基处理与边坡支护工程的工作内容包括地基处理和基坑与边坡支护两部分内容。

2. 地基处理与边坡支护工程的计量规范

详情请见表 7-19、表 7-20。

地基处理（编号：010201） 表 7-19

项目编码	项目名称	项目特征	计量单位	工程量计算规则	工作内容
010201001	换填垫层	1. 材料种类及配比 2. 压实系数 3. 掺加剂品种	m³	按设计图示尺寸以体积计算	1. 分层铺填 2. 碾压、振密或夯实 3. 材料运输
010201002	铺设土工合成材料	1. 部位 2. 品种 3. 规格	m²	按设计图示尺寸以面积计算	1. 挖填锚固沟 2. 铺设 3. 固定 4. 运输
010201003	预压地基	1. 排水竖井种类、断面尺寸、排列方式、间距、深度 2. 预压方法 3. 预压荷载、时间 4. 砂垫层厚度	m²	按设计图示处理范围以面积计算	1. 设置排水竖井、盲沟、滤水管 2. 铺设砂垫层、密封膜 3. 堆载、卸载或抽气设备安拆、抽真空 4. 材料运输
010201004	强夯地基	1. 夯击能量 2. 夯击遍数 3. 夯击点布置形式、间距 4. 地耐力要求 5. 夯填材料种类			1. 铺设夯填材料 2. 强夯 3. 夯填材料运输
010201005	振冲密实（不填料）	1. 地层情况 2. 振密深度 3. 孔距			1. 振冲加密 2. 泥浆运输
010201006	振冲桩（填料）	1. 地层情况 2. 空桩长度、桩长 3. 桩径 4. 填充材料种类	1. m 2. m³	1. 以米计量，按设计图示尺寸以桩长计算 2. 以立方米计量，按设计桩截面乘以桩长以体积计算	1. 振冲成孔、填料、振实 2. 材料运输 3. 泥浆运输
010201007	砂石桩	1. 地层情况 2. 空桩长度、桩长 3. 桩径 4. 成孔方法 5. 材料种类、级配		1. 以米计量，按设计图示尺寸以桩长（包括桩尖）计算 2. 以立方米计量，按设计桩截面乘以桩长（包括桩尖）以体积计算	1. 成孔 2. 填充、振实 3. 材料运输
010201008	水泥粉煤灰碎石桩	1. 地层情况 2. 空桩长度、桩长 3. 桩径 4. 成孔方法 5. 混合料强度等级	m	按设计图示尺寸以桩长（包括桩尖）计算	1. 成孔 2. 混合料制作、灌注、养护 3. 材料运输
010201009	深层搅拌桩	1. 地层情况 2. 空桩长度、桩长 3. 桩截面尺寸 4. 水泥强度等级、掺量		按设计图示尺寸以桩长计算	1. 预搅下钻、水泥浆制作、喷浆搅拌提升成桩 2. 材料运输

续表

项目编码	项目名称	项目特征	计量单位	工程量计算规则	工作内容
010201010	粉喷桩	1. 地层情况 2. 空桩长度、桩长 3. 桩径 4. 粉体种类、掺量 5. 水泥强度等级、石灰粉要求	m	按设计图示尺寸以桩长计算	1. 预搅下钻、喷粉搅拌提升成桩 2. 材料运输
010201011	夯实水泥土桩	1. 地层情况 2. 空桩长度、桩长 3. 桩径 4. 成孔方法 5. 水泥强度等级 6. 混合料配比		按设计图示尺寸以桩长（包括桩尖）计算	1. 成孔、夯底 2. 水泥土拌合、填料、夯实 3. 材料运输
010201012	高压喷射注浆桩	1. 地层情况 2. 空桩长度、桩长 3. 桩截面 4. 注浆类型、方法 5. 水泥强度等级		按设计图示尺寸以桩长计算	1. 成孔 2. 水泥浆制作、高压喷射注浆 3. 材料运输
010201013	石灰桩	1. 地层情况 2. 空桩长度、桩长 3. 桩径 4. 成孔方法 5. 掺和料种类、配合比	m	按设计图示尺寸以桩长（包括桩尖）计算	1. 成孔 2. 混合料制作、运输、夯填
010201014	灰土（土）挤密桩	1. 地层情况 2. 空桩长度、桩长 3. 桩径 4. 成孔方法 5. 灰土级配			1. 成孔 2. 灰土拌合、运输、填充、夯实
10201015	柱锤冲扩桩	1. 地层情况 2. 空桩长度、桩长 3. 桩径 4. 成孔方法 5. 桩体材料种类、配合比		按设计图示尺寸以桩长计算	1. 安拔套管 2. 冲孔、填料、夯实 3. 桩体材料制作、运输
010201016	注浆地基	1. 地层情况 2. 空钻深度、注浆深度 3. 注浆间距 4. 浆液种类及配比 5. 注浆方法 6. 水泥强度等级	1. m 2. m³	1. 以米计量，按设计图示尺寸以钻孔深度计算 2. 以立方米计量，按设计图示尺寸以加固体积计算	1 成孔 2. 注浆导管制作、安装 3. 浆液制作、压浆 4. 材料运输
010201017	褥垫层	1. 厚度 2. 材料品种及比例	1. m² 2. m³	1. 以平方米计量，按设计图示尺寸以铺设面积计算 2. 以立方米计量，按设计图示尺寸以体积计算	材料拌合、运输、铺设、压实

187

基坑与边坡支护（编码：010202） 表 7-20

项目编码	项目名称	项目特征	计量单位	工程量计算规则	工作内容
010202001	地下连续墙	1. 地层情况 2. 导墙类型、截面 3. 墙体厚度 4. 成槽深度 5. 混凝土种类、强度等级 6. 接头形式	m^3	按设计图示墙中心线长乘以厚度乘以槽深以体积计算	1. 导墙挖填、制作、安装、拆除 2. 挖土成槽、固壁、清底置换 3. 混凝土制作、运输、灌注、养护 4. 接头处理 5. 土方、废泥浆外运 6. 打桩场地硬化及泥浆池、泥浆沟
010202002	咬合灌注桩	1. 地层情况 2. 桩长 3. 桩径 4. 混凝土种类、强度等级 5. 部位	1. m 2. 根	1. 以米计量，按设计图示尺寸以桩长计算； 2. 以根计量，按设计图示数量计算	1. 成孔、固壁 2. 混凝土制作、运输、灌注、养护 3. 套管压拔 4. 土方、废泥浆外运 5. 打桩场地硬化及泥浆池、泥浆沟
010202003	圆木桩	1. 地层情况 2. 桩长 3. 材质 4. 尾径 5. 桩倾斜度	1. m 2. 根	1. 以米计量，按设计图示尺寸以桩长（包括桩尖）计算 2. 以根计量，按设计图示数量计算	1. 工作平台搭拆 2. 桩机竖拆、移位 3. 桩靴安装 4. 沉桩
010202004	预制钢筋混凝土板桩	1. 地层情况 2. 送桩深度、桩长 3. 桩截面 4. 沉桩方法 5. 连接方式 6. 混凝土强度等级			1. 工作平台搭拆 2. 桩机拆拆、移位 3. 沉桩 4. 板桩连接
010202005	型钢桩	1. 地层情况或部位 2. 送桩深度、桩长 3. 规格型号 4. 桩倾斜度 5. 防护材料种类 6. 是否拔出	1. t 2. 根	1. 以吨计量，按设计图示以质量计算 2. 以根计量，按设计图示数量计算	1. 工作平台搭拆 2. 桩机竖拆、移位 3. 打（拔）桩 4. 接桩 5. 刷防护材料
010202006	钢板桩	1. 地层情况 2. 桩长 3. 板桩厚度	1. t 2. m^2	1. 以吨计量，按设计图示以质量计算 2. 以平方米计量，按设计图示墙中心线长乘以桩长以面积计算	1. 工作平台搭拆 2. 桩机移位 3. 打拔钢板桩
010202007	锚杆（锚索）	1. 地层情况 2. 锚杆（索）类型、部位 3. 钻孔深度 4. 钻孔直径 5. 杆体材料品种、规格、数量 6. 预应力 7. 浆液种类、强度等级	1. m 2. 根	1. 以米计量，按设计图示尺寸以钻孔深度计算 2. 以根计量，按设计图示数量计算	1. 钻孔、浆液制作、运输、压浆 2. 锚杆（锚索）制作、安装 3. 张拉锚固 4. 锚杆（锚索）施工平台搭设、拆除

续表

项目编码	项目名称	项目特征	计量单位	工程量计算规则	工作内容
010202008	土钉	1. 地层情况 2. 钻孔深度 3. 钻孔直径 4. 置入方法 5. 杆体材料品种、规格、数量 6. 浆液种类、强度等级	1. m 2. 根	1. 以米计量,按设计图示尺寸以钻孔深度计算 2. 以根计量,按设计图示数量计算	1. 钻孔、浆液制作、运输、压浆 2. 土钉制作、安装 3. 土钉施工平台搭设、拆除
010202009	喷射混凝土、水泥砂浆	1. 部位 2. 厚度 3. 材料种类 4. 混凝土(砂浆)类别、强度等级	m²	按设计图示尺寸以面积计算	1. 修整边坡 2. 混凝土(砂浆)制作、运输、喷射、养护 3. 钻排水孔、安装排水管 4. 喷射施工平台搭设、拆除
010202010	钢筋混凝土支撑	1. 部位 2. 混凝土种类 3. 混凝土强度等级	m³	按设计图示尺寸以体积计算	1. 模板(支架或支撑)制作、安装、拆除、堆放、运输及清理模内杂物、刷隔离剂等 2. 混凝土制作、运输、浇筑、振捣、养护
010202011	钢支撑	1. 部位 2. 钢材品种、规格 3. 探伤要求	t	按设计图示尺寸以质量计算。不扣除孔眼质量,焊条、铆钉、螺栓等不另增加质量	1. 支撑、铁件制作(摊销、租赁) 2. 支撑、铁件安装 3. 探伤 4. 刷漆 5. 拆除 6. 运输

3. 工程量计算注意事项

地层情况根据岩土工程勘察报告按单位工程各地层所占比例(包括范围值)进行描述。对无法准确描述的地层情况,可注明由投标人根据岩土工程勘察报告自行决定报价。

基坑与边坡的检测、变形观测等费用按国家相关取费标准单独计算,不在本清单项目中。

地下连续墙和喷射混凝土的钢筋网及咬合灌注桩的钢筋笼的制作、安装,按混凝土和钢筋混凝土中相关项目编码列项。本分部未列的基坑与边坡支护的排桩按桩基础中相关项目编码列项。砖、石挡土墙、护坡按砌筑工程中相关项目编码列项。混凝土挡土墙按混凝土及钢筋混凝土中相关项目编码列项。弃土(不含泥浆)清理、运输按土石方工程中相关项目编码列项。

7.6.5 桩基工程

1. 桩基工程的工作内容

桩基工程主要包括各种预制桩的沉桩、接桩、送桩、截凿桩头以及灌注桩工程。桩基础的承载力检测、桩身完整性检测等费用按国家相关取费标准单独计算，不在本清单项目中。

预制混凝土方桩、预制混凝土管桩项目以成品桩编制，应包括成品桩购置费，如果用现场预制桩，应包括现场预制的所有费用。

打试验桩和打斜桩应按相应项目编码单独列项，并应包括在项目特征中注明试验桩或斜桩（斜率）。

泥浆护壁成孔灌注桩是指在泥浆护壁条件下成孔，采用水下灌注混凝土的桩。其成孔方法包括冲击钻成孔、冲抓锥成孔、回旋钻成孔、潜水钻成孔、泥浆护壁的旋挖成孔等；沉管灌注桩的沉管方法包括锤击沉管法、振动沉管法、振动冲击沉管法、内夯沉管法等；干作业成孔灌注桩是指不用泥浆护壁和套管护壁的情况下，用钻机成孔后，下钢筋笼，灌注混凝土的桩，适用于地下水位以上的土层使用，其成孔方法包括螺旋钻成孔、螺旋钻成孔扩底、干作业的旋挖成孔等。

项目特征中的桩长应包括桩尖，空桩长度＝孔深－桩长，孔深为自然地面至设计桩底的深度。

混凝土灌注桩的钢筋笼制作、安装，按混凝土及钢筋混凝土工程中相关项目编码列项。

2. 桩基工程工程量计算规范

详情见表 7-21 和表 7-22。

打桩（编号：010301）　　　　　　　　表 7-21

项目编码	项目名称	项目特征	计量单位	工程量计算规则	工作内容
010301001	预制钢筋混凝土方桩	1. 地层情况 2. 送桩深度、桩长 3. 桩截面 4. 桩倾斜度 5. 沉桩方法 6. 接桩方法 7. 混凝土强度等级	1. m 2. m³ 3. 根	1. 以米计量，按设计图示尺寸以桩长（包括桩尖）计算 2. 以立方米计量，按设计图示截面积乘以桩长（包括桩尖）以实体积计算 3. 以根计量，按设计图示数量计算	1. 工作平台搭拆 2. 桩机竖拆、移位 3. 沉桩 4. 接桩 5. 送桩
010301002	预制钢筋混凝土管桩	1. 地层情况 2. 送桩深度、桩长 3. 桩外径、壁厚 4. 桩倾斜度 5. 沉桩方法 6. 桩尖类型 7. 混凝土强度等级 8. 填充材料种类 9. 防护材料种类			1. 工作平台搭拆 2. 桩机竖拆、移位 3. 沉桩 4. 接桩 5. 送桩 6. 桩尖制作安装 7. 填充材料、刷防护材料
010301003	钢管桩	1. 地层情况 2. 送桩深度、桩长 3. 材质 4. 管径、壁厚 5. 桩倾斜度 6. 沉桩方法 7. 填充材料种类 8. 防护材料种类	1. t 2. 根	1. 以吨计量，按设计图示尺寸以质量计算 2. 以根计量，按设计图示数量计算	1. 工作平台搭拆 2. 桩机竖拆、移位 3. 沉桩 4. 接桩 5. 送桩 6. 切割钢管、精割盖帽 7. 管内取土 8. 填充材料、刷防护材料

续表

项目编码	项目名称	项目特征	计量单位	工程量计算规则	工作内容
010301004	截（凿）桩头	1. 桩类型 2. 桩头截面、高度 3. 混凝土强度等级 4. 有无钢筋	1. m³ 2. 根	1. 以立方米计量，按设计桩截面乘以桩头长度以体积计算 2. 以根计量，按设计图示数量计算	1. 截（切割）桩头 2. 凿平 3. 废料外运

灌注桩（编号：010302） 表7-22

项目编码	项目名称	项目特征	计量单位	工程量计算规则	工作内容
010302001	泥浆护壁成孔灌注桩	1. 地层情况 2. 空桩长度、桩长 3. 桩径 4. 成孔方法 5. 护筒类型、长度 6. 混凝土种类、强度等级	1. m 2. m³ 3. 根	1. 以米计量，按设计图示尺寸以桩长（包括桩尖）计算 2. 以立方米计量，按不同截面在桩上范围内以体积计算 3. 以根计量，按设计图示数量计算	1. 护筒埋设 2. 成孔、固壁 3. 混凝土制作、运输、灌注、养护 4. 土方、废泥浆外运 5. 打桩场地硬化及泥浆池、泥浆沟
010302002	沉管灌注桩	1. 地层情况 2. 空桩长度、桩长 3. 复打长度 4. 桩径 5. 沉管方法 6. 桩尖类型 7. 混凝土种类、强度等级			1. 打（沉）拔钢管 2. 桩尖制作、安装 3. 混凝土制作、运输、灌注、养护
010302003	干作业成孔灌注桩	1. 地层情况 2. 空桩长度、桩长 3. 桩径 4. 扩孔直径、高度 5. 成孔方法 6. 混凝土种类、强度等级	1. m 2. m³ 3. 根	1. 以米计量，按设计图示尺寸以桩长（包括桩尖）计算 2. 以立方米计量，按不同截面在桩上范围内以体积计算 3. 以根计量，按设计图示数量计算	1. 成孔、扩孔 2. 混凝土制作、运输、灌注、振捣、养护
010302004	挖孔桩土（石）方	1. 土（石）类别 2. 挖孔深度 3. 弃土（石）运距	m³	按设计图示尺寸（含护壁）截面积乘以挖孔深度以立方米计算	1. 排地表水 2. 挖土、凿石 3. 基底钎探 4. 运输

续表

项目编码	项目名称	项目特征	计量单位	工程量计算规则	工作内容
010302005	人工挖孔灌注桩	1. 桩芯长度 2. 桩芯直径、扩底直径、扩底高度 3. 护壁厚度、高度 4. 护壁混凝土种类、强度等级 5. 桩芯混凝土种类、强度等级	1. m³ 2. 根	1. 以立方米计量,按桩芯混凝土体积计算 2. 以根计量,按设计图示数量计算	1. 护壁制作 2. 混凝土制作、运输、灌注、振捣、养护
010302006	钻孔压浆桩	1. 地层情况 2. 空钻长度、桩长 3. 钻孔直径 4. 水泥强度等级	1. m 2. 根	1. 以米计量,按设计图示尺寸以桩长计算 2. 以根计量,按设计图示数量计算	钻孔、下注浆管、投放骨料、浆液制作、运输、压浆
010302007	灌注桩后压浆	1. 注浆导管材料、规格 2. 注浆导管长度 3. 单孔注浆量 4. 水泥强度等级	孔	按设计图示以注浆孔数计算	1. 注浆导管制作、安装 2. 浆液制作、运输、压浆

3. 桩基工程工程量计算

1) 预制钢筋混凝土方桩

(1) 预制钢筋混凝土方桩的清单工程量计算规则

① 以米计量,按设计图示尺寸以桩长(包括桩尖)计算,如图 7-25 所示。

② 以立方米计量,按设计图示截面积乘以桩长(包括桩尖)以实体积计算。

③ 以根计量,按设计图示数量计算。

图 7-25 预制钢筋混凝土方桩示意图

(2) 预制钢筋混凝土方桩的计价工程量计算规则

① 方桩

预制钢筋混凝土方桩的工程量是按设计桩长度(包括桩尖)乘以截面面积以体积计算。

② 接桩

有些桩基设计很深,而预制桩因吊装、运输、就位等原因,不能将桩预制很长,从而需要接头,这种连接的过程就叫接桩,如图 7-26 所示。接桩的工程量根据接头的不同分别计算,电焊接桩按设计接头以个数计算;硫磺胶泥接桩按桩截面的面积以平方米计算。

③ 送桩

打桩有时要求将桩顶面送到自然地面以下,这时桩锤就不可能直接触及桩头,因而需要另一种"送桩"(也叫冲桩),接到该桩顶上以传递桩锤的力量,使桩锤将桩打到要求的位置,最后再去掉"送桩",这一过程即为送桩,如图 7-26 所示。

送桩的工程量计算按送桩长度乘以桩截面面积以立方米计算,其中送桩长度是按打桩架底到桩顶面高度计算,或按自然顶面至自然地坪另加 0.5m 计算,如图 7-26 所示。

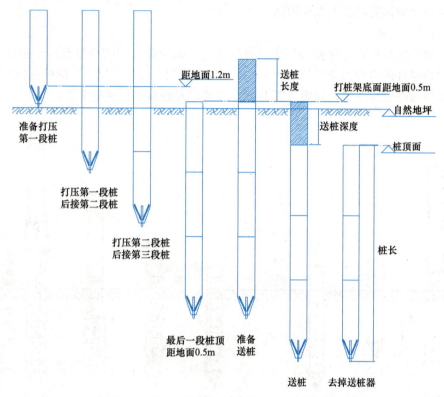

图 7-26 接桩、送桩示意图

【例 7-17】 某工程需要打设 400mm×400mm×24000mm 的预制钢筋混凝土方桩,共计 300 根。预制桩的每节长度为 8m,送桩深度为 5m,桩的接头采用焊接接头。试求预制方桩的清单工程量和计价工程量。

解 清单工程量

  按米计算 $24×300=7200$m

  按立方米计算 $0.4×0.4×24×300=1152$m^3

  按根计算   300 根

计价工程量

  预制方桩工程量 $0.4×0.4×24×300=1152$m^3

  接桩工程量 $2×300=600$ 个

送桩工程量　　　　$(0.4 \times 0.4) \times (5 + 0.5) \times 300 = 264 m^3$

2）预制钢筋混凝土管桩

（1）预制钢筋混凝土管桩的清单工程量计算规则

预制钢筋混凝土管桩的清单工程量计算规则与预制钢筋混凝土方桩的不同之处在于：多了桩尖制作安装和填充材料、刷防护材料的工作内容。

（2）预制钢筋混凝土管桩的计价工程量计算规则

预制钢筋混凝土管桩按设计桩长度（包括桩尖）乘以截面积以体积计算，空心部分的体积应扣除。如管桩的空心部分按要求灌注混凝土或其他填充材料时，则应另行计算。接桩、送桩与预制钢筋混凝土方桩相同。

3）沉管灌注桩

沉管灌注桩是将带有活瓣的桩尖（打时合拢，拔时张开）的钢管打入土中的设计深度，然后将拌好的混凝土浇筑到钢管内，灌到需要量时立即拔出钢管。这种在现场灌注的混凝土桩叫做沉管灌注桩，如图7-27所示。常见的是砂石桩和混凝土桩。

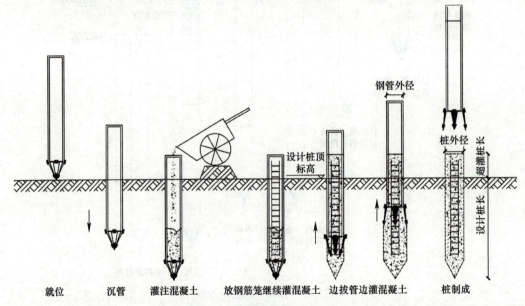

图7-27　沉管灌注桩施工示意图

（1）沉管灌注桩的清单工程量计算规则

① 以米计量，按设计图示尺寸以桩长（包括桩尖）计算。

② 以立方米计量，按不同截面在桩上范围内以体积计算。

③ 以根计量，按设计图示数量计算。

（2）沉管灌注桩的计价工程量计算规则

按设计桩长（包括桩尖，不扣除桩尖虚体积）与设计超灌长度之和乘以钢管管箍外径的截面面积，以立方米计算。设计图纸未注明超灌长度，可按0.5m计算，与清单工程量计算规则相同。

混凝土灌注桩的清单工程量和计价工程量中不包括钢筋笼制作、安装的工程量，相应工程量按混凝土及钢筋混凝土工程工程量计算规则计算。

7.6.6 砌筑工程

1. 砌筑工程的工作内容

砌筑工程是指用砖、石和各类砌块进行建筑或构筑的工程。主要工作内容包括基础、墙体、柱和其他零星砌体的砌筑。

基础与墙（柱）身使用同一种材料时，以设计室内地面为界（有地下室者，以地下室室内设计地面为界），以下为基础，以上为墙（柱）身。若基础与墙身使用不同材料，位于设计室内地面高度≤±300mm时，以不同材料为分界线；高度＞±300mm时，以设计室内地面为分界线。

砌体内加筋、墙体拉结的制作、安装，应按混凝土及钢筋混凝土工程中相关项目编码列项。

砌块排列应上、下错缝搭砌，如果搭错缝长度满足不了规定的压搭要求，应采取压砌钢筋网片的措施，具体构造要求按设计规定。若设计无规定时，应注明由投标人根据工程实际情况自行考虑。

石基础、石勒脚、石墙的划分：基础与勒脚应以设计室外地坪为界。勒脚与墙身应以设计室内地面为界。石围墙内外地坪标高不同时，应以较低地坪标高为界，以下为基础；内外标高之差为挡土墙时，挡土墙以上为墙身。

2. 砌筑工程工程量计算规范

砌筑工程部分包括砖砌体、砌块砌体、石砌体、垫层四个子项，下面内容详细列出了砖砌体和垫层的工程量清单项目及工程量计算规则，见表7-23及表7-24。砌块砌体和石砌体的工程量计算规则与砖砌体基本相同，请参照相关规范。

砖砌体（编号：010401）　　　　　　　表7-23

项目编码	项目名称	项目特征	计量单位	工程量计算规则	工作内容
010401001	砖基础	1. 砖品种、规格、强度等级 2. 基础类型 3. 砂浆强度等级 4. 防潮层材料种类	m³	按设计图示尺寸以体积计算。包括附墙垛基础宽出部分体积，扣除地梁（圈梁）、构造柱所占体积，不扣除基础大放脚T形接头处的重叠部分及嵌入基础内的钢筋、铁件、管道、基础砂浆防潮层和单个面积≤0.3m²的孔洞所占体积，靠墙暖气沟的挑檐不增加。 基础长度：外墙按外墙中心线，内墙按内墙净长线计算	1. 砂浆制作、运输 2. 砌砖 3. 防潮层铺设 4. 材料运输
010401002	砖砌挖孔桩护壁	1. 砖品种、规格、强度等级 2. 砂浆强度等级		按设计图示尺寸以立方米计算	1. 砂浆制作、运输 2. 砌砖 3. 材料运输

续表

项目编码	项目名称	项目特征	计量单位	工程量计算规则	工作内容
010401003	实心砖墙	1. 砖品种、规格、强度等级 2. 墙体类型 3. 砂浆强度等级、配合比	m³	按设计图示尺寸以体积计算 扣除门窗洞口、过人洞、空圈、嵌入墙内的钢筋混凝土柱、梁、圈梁、挑梁、过梁及凹进墙内的壁龛、管槽、散热器槽、消火栓箱所占体积，不扣除梁头、板头、檩头、垫木、木楞头、沿缘木、木砖、门窗走头、砖墙内加固钢筋、木筋、铁件、钢管及单个面积≤0.3m² 的孔洞所占的体积。凸出墙面的腰线、挑檐、压顶、窗台线、虎头砖、门窗套的体积亦不增加。凸出墙面的砖垛并入墙体体积内计算 1. 墙长度：外墙按中心线、内墙按净长计算 2. 墙高度： (1) 外墙：斜（坡）屋面无檐口天棚者算至屋面板底；有屋架且室内外均有天棚者算至屋架下弦底另加200mm；无天棚者算至屋架下弦底另加 300mm，出檐宽度超过 600mm 时按实砌高度计算；与钢筋混凝土楼板隔层者算至板顶。平屋顶算至钢筋混凝土板底 (2) 内墙：位于屋架下弦者，算至屋架下弦底；无屋架者算至天棚底另加 100mm；有钢筋混凝土楼板隔层者算至楼板顶；有框架梁时算至梁底 (3) 女儿墙：从屋面板上表面算至女儿墙顶面（如有混凝土压顶算至压顶下表面） (4) 内、外山墙：按其平均高度计算 3. 框架间墙：不分内外墙按墙体净尺寸以体积计算 4. 围墙：高度算至压顶上表面（如有混凝土压顶时算至压顶下表面），围墙柱并入围墙体积内	1. 砂浆制作、运输 2. 砌砖 3. 刮缝 4. 砖压顶砌筑 5. 材料运输
010401004	多孔砖墙				
010401005	空心砖墙				
010401006	空斗墙	1. 砖品种、规格、强度等级 2. 墙体类型 3. 砂浆强度等级、配合比	m³	按设计图示尺寸以空斗墙外形体积计算。墙角、内外墙交接处、门窗洞口立边、窗台砖、屋檐处的实砌部分体积并入空斗墙体积内	1. 砂浆制作、运输 2. 砌砖 3. 装填充料 4. 刮缝 5. 材料运输
010401007	空花墙			按设计图示尺寸以空花部分外形体积计算，不扣除空洞部分体积	
010401008	填充墙			按设计图示尺寸以填充墙外形体积计算	

续表

项目编码	项目名称	项目特征	计量单位	工程量计算规则	工作内容
010401009	实心砖柱	1. 砖品种、规格、强度等级 2. 柱类型 3. 砂浆强度等级、配合比	m³	按设计图示尺寸以体积计算。扣除混凝土及钢筋混凝土梁垫、梁头、板头所占体积	1. 砂浆制作、运输 2. 砌砖 3. 刮缝 4. 材料运输
010401010	多孔砖柱				
010401011	砖检查井	1. 井截面 2. 砖品种规格、强度等级 3. 垫层材料种类、厚度 4. 底板厚度 5. 井盖安装 6. 混凝土强度等级 7. 砂浆强度等级 8. 防潮层材料种类	座	按设计图示数量计算	1. 砂浆制作、运输 2. 铺设垫层 3. 底板混凝土制作、运输、浇筑、振捣、养护 4. 砌砖 5. 刮缝 6. 井池底、壁抹灰 7. 抹防潮层 8. 材料运输
010401012	零星砌砖	1. 零星砌砖名称、部位 2. 砖品种、规格、强度等级 3. 砂浆强度等级、配合比	1. m³ 2. m² 3. m 4. 个	1. 以立方米计量,按设计图示尺寸截面积乘以长度计算 2. 以平方米计量,按设计图示尺寸水平投影面积计算 3. 以米计量,按设计图示尺寸长度计算 4. 以个计量,按设计图示数量计算	1. 砂浆制作、运输 2. 砌砖 3. 刮缝 4. 材料运输
010401013	砖散水、地坪	1. 砖品种、规格、强度等级 2. 垫层材料种类、厚度 3. 散水、地坪厚度 4. 面层种类、厚度 5. 砂浆强度等级	m²	按设计图示尺寸以面积计算	1. 土方挖、运、填 2. 地基找平、夯实 3. 铺设垫层 4. 砌砖散水、地坪 5. 抹砂浆面层
010401014	砖地沟、明沟	1. 砖品种、规格、强度等级 2. 沟截面尺寸 3. 垫层材料种类、厚度 4. 混凝土强度等级 5. 砂浆强度等级	m	以米计量,按设计图示以中心线长度计算	1. 土方挖、运、填 2. 铺设垫层 3. 底板混凝土制作、运输、浇筑、振捣、养护 4. 砌砖 5. 刮缝、抹灰 6. 材料运输

垫层（编号：010404） 表 7-24

项目编码	项目名称	项目特征	计量单位	工程量计算规则	工作内容
010404001	垫层	垫层材料种类、配合比、厚度	m³	按设计图示尺寸以立方米计算	1. 垫层材料的拌制 2. 垫层铺设 3. 材料运输

3. 砌筑工程工程量计算

1) 砖基础

(1) 砖基础的清单工程量

外墙基础的长度按外墙中心线计算，内墙基础的长度按内墙基础净长线计算。

砖基础受刚性角的限制，需在基础底部做成逐步放阶的形式，俗称大放脚。根据大放脚的断面形式分为等高式大放脚和间隔式大放脚，如图 7-28 所示。

等高式大放脚：按标准砖双面放脚每层等高 12.6cm，砌出 6.25cm 计算。

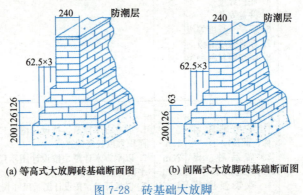

(a) 等高式大放脚砖基础断面图　　(b) 间隔式大放脚砖基础断面图

图 7-28　砖基础大放脚

为了简便砖基础大放脚工程量的计算，可将大放脚部分的面积折成相等墙基断面的面积，即墙基厚乘以折加高度，以计算增加断面。每种规格的墙基础大放脚折加高度及增加断面积见表 7-25。

砖基础大放脚折加高度和大放脚增加断面积表　　表 7-25

	放脚层数	一	二	三	四	五	六	七	八	九	十
折加高度(m)	半砖 0.115　等高	0.137	0.411								
	间隔	0.137	0.342								
	一砖 0.240　等高	0.066	0.197	0.394	0.656	0.984	1.378	1.838	2.363	2.953	3.61
	间隔	0.066	0.164	0.328	0.525	0.788	1.083	1.444	1.838	2.297	2.789
	1.5砖 0.365　等高	0.043	0.129	0.259	0.432	0.647	0.906	1.208	1.553	1.942	2.372
	间隔	0.043	0.108	0.216	0.345	0.518	0.712	0.949	1.208	1.51	1.834
	两砖 0.490　等高	0.032	0.096	0.193	0.321	0.482	0.672	0.90	1.157	1.447	1.768
	间隔	0.032	0.08	0.161	0.253	0.38	0.53	0.707	0.90	1.125	1.366
	2.5砖 0.615　等高	0.026	0.077	0.154	0.256	0.384	0.538	0.717	0.922	1.153	1.409
	间隔	0.026	0.064	0.128	0.205	0.307	0.419	0.563	0.717	0.896	1.088
	三砖 0.740　等高	0.021	0.064	0.128	0.213	0.319	0.447	0.596	0.766	0.958	1.171
	间隔	0.021	0.053	0.106	0.17	0.255	0.351	0.468	0.596	0.745	0.905

续表

放脚层数		一	二	三	四	五	六	七	八	九	十
增加断面面积(m^2)	等高	0.016	0.047	0.095	0.158	0.236	0.236	0.331	0.441	0.567	0.709
	间隔	0.016	0.039	0.079	0.126	0.189	0.260	0.347	0.441	0.551	0.669

【例 7-18】 某工程平面布置图及基础剖面图如图 7-29 所示,图中所标尺寸为轴线位置,墙厚均为 240mm,试计算砖基础的工程量。

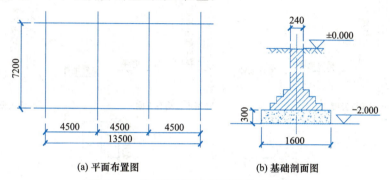

(a) 平面布置图 (b) 基础剖面图

图 7-29 某工程平面布置图及基础剖面图

解 外墙　　$L_{wz} = (13.5 + 7.2) \times 2 = 41.40 \text{m}$

经查表 7-25 用折加高度方法计算

$S_{断面} = (2 - 0.3 + 0.394) \times 0.24 = 0.503 \text{m}^2$

用增加断面方法计算

$S_{断面} = (2 - 0.3) \times 0.24 + 0.095 = 0.503 \text{m}^2$

$V_{外} = 41.4 \times 0.503 = 20.82 \text{m}^3$

内墙　　$L_{NJ} = (7.2 - 0.24) \times 2 = 13.92 \text{m}$

$V_{内} = 13.92 \times 0.503 = 7.00 \text{m}^3$

$V = V_{外} + V_{内} = 20.82 + 7.00 = 27.82 \text{m}^3$

(2) 砖基础的计价工程量

砖基础的计价工程量与清单工程量的计算方法相同。所不同的是清单中砖基础的工程内容包括防潮层的铺设,而计价中防潮层的工程量一般要单独列项计算。

2) 实心砖墙

(1) 实心砖墙的清单工程量计算规则

实心砖墙的清单工程量 =（墙长 × 墙高 − $\sum$ 嵌入墙身的门窗洞口的面积）

× 墙厚 − $\sum$ 嵌入墙身的构件的体积

① 外墙墙身高度

斜（坡）屋面无檐口天棚者算至屋面板底;有屋架且室内外均有天棚者算至屋架下弦底另加 200mm;无天棚者算至屋架下弦底另加 300mm,出檐宽度超过 600mm 时按实砌高度计算;与钢筋混凝土楼板隔层者算至板顶;平屋面算至钢筋混凝土板底;如有女儿墙则算至板顶。各类外墙墙身高度示意图如图 7-30 所示。

② 内墙墙身高度

位于屋架下弦者,算至屋架下弦底;无屋架者算至天棚底另加 100mm;有钢筋混凝土楼板隔层者算至楼板顶；有框架梁时算至梁底。内墙墙身高度示意图如图 7-31 所示。

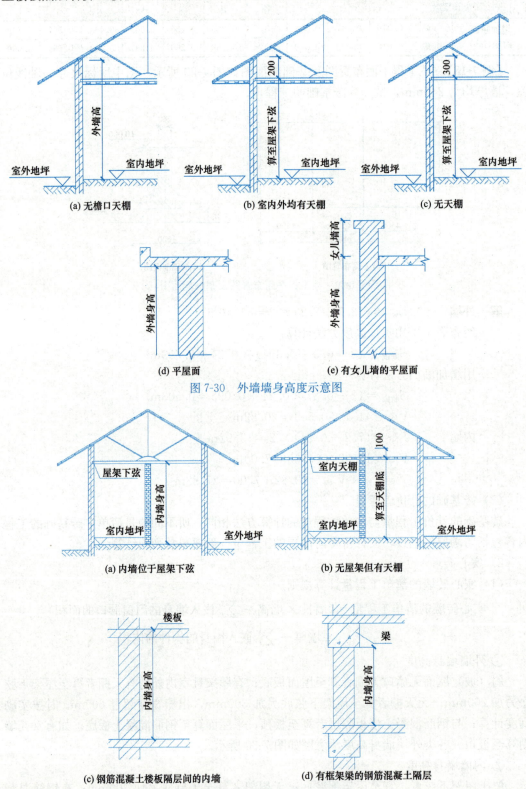

图 7-30　外墙墙身高度示意图

图 7-31　内墙墙身高度示意图

③ 墙长度

外墙按中心线计算，内墙按净长计算。

【例 7-19】 某单层建筑物平面示意图如图 7-32 所示。内墙为一砖墙，外墙为一砖半墙，板顶标高为 3.3m，板厚 0.12m。M1 洞口尺寸 900mm×2100mm，M2 洞口尺寸 2100mm×2400mm，C1 尺寸 1500mm×1500mm。请分别计算砖外墙、内墙的清单工程量。

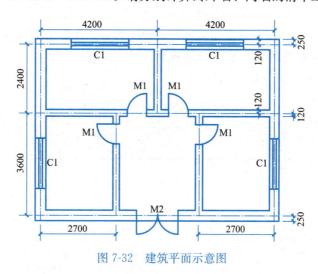

图 7-32 建筑平面示意图

解 外墙砌筑工程量

外墙中心线

$$L_{wz} = L_{ww} - 4 \times 墙厚 = (4.2 \times 2 + 0.25 \times 2 + 3.6 + 2.4 + 0.25 \times 2)$$
$$\times 2 - 4 \times 0.37 = 29.32 \text{m}$$

外墙高度： $H_{外} = 3.3$m

应扣外墙上门窗洞口面积： $2.1 \times 2.4 + 1.5 \times 1.5 \times 4 = 14.04 \text{m}^2$

$$V_{外墙} = (L_{wz} \times H_{外} - S_{外门窗}) \times 外墙厚$$
$$= (29.32 \times 3.3 - 14.04) \times 0.37 = 30.6 \text{m}^3$$

内墙砌筑工程量

内墙净长线　　$L_{NJ} = (4.2 \times 2 - 0.24) + (2.4 - 0.24) + (3.6 - 0.24) \times 2 = 17.04$m

内墙净高　　$H_{内} = 3.3 - 0.12 = 3.18$m

应扣内墙上门窗洞口面积　$0.9 \times 2.1 \times 4 = 7.56 \text{m}^2$

$$V_{内墙} = (L_{NJ} \times H_{内} - S_{内门窗}) \times 内墙厚$$
$$= (17.04 \times 3.18 - 7.56) \times 0.24 = 11.19$$

（2）实心砖墙的计价工程量计算规则

内外墙的计价工程量计算规则与清单工程量计算规则完全相同。

7.6.7　混凝土及钢筋混凝土工程

1. 混凝土及钢筋混凝土工程的工作内容

建筑物的基础、梁、板、柱多采用混凝土及钢筋混凝土材料。根据施工方法不同，混凝土及钢筋混凝土部分的工作内容分为现浇混凝土和预制混凝土构件的制作、运输、浇筑、振捣、养护以及钢筋工程。

在《房屋建筑与装饰工程工程量计算规范》GB 50854—2013 中，现浇混凝土及钢筋混凝土实体工程项目"工作内容"中增加了模板及支架的内容，同时在措施项目中单列了现浇混凝土模板及支架工程项目。对此，招标人应根据工程实际情况选用。若招标人在措施项目清单中未编制模板项目清单，按混凝土及钢筋混凝土实体项目执行，综合单价应包含模板及支架。

混凝土及钢筋混凝土工程清单工程量与计价工程量计算规则相同。

2. 混凝土及钢筋混凝土工程量计算规则

详情请见表 7-26～表 7-41。

现浇混凝土基础（编号：010501） 表 7-26

项目编码	项目名称	项目特征	计量单位	工程量计算规则	工作内容
010501001	垫层		m³	按设计图示尺寸以体积计算。不扣除伸入承台基础的桩头所占体积	1. 模板及支撑制作、安装、拆除、堆放、运输及清理模内杂物、刷隔离剂等 2. 混凝土制作、运输、浇筑、振捣、养护
010501002	带形基础	1. 混凝土种类 2. 混凝土强度等级			
010501003	独立基础				
010501004	满堂基础				
010501005	桩承台基础				
010501006	设备基础	1. 混凝土类别 2. 混凝土强度等级 3. 灌浆材料及其强度等级			

现浇混凝土柱（编号：010502） 表 7-27

项目编码	项目名称	项目特征	计量单位	工程量计算规则	工作内容
010502001	矩形柱	1. 混凝土类别 2. 混凝土强度等级	m³	按设计图示尺寸以体积计算 柱高： 1. 有梁板的柱高，应自柱基上表面（或楼板上表面）至上一层楼板上表面之间的高度计算 2. 无梁板的柱高，应自柱基上表面（或楼板上表面）至柱帽下表面之间的高度计算 3. 框架柱的柱高，应自柱基上表面至柱顶高度计算 4. 构造柱按全高计算，嵌接墙体部分（马牙槎）并入柱身体积 5. 依附柱上的牛腿和升板的柱帽，并入柱身体积计算	1. 模板及支架（撑）制作、安装、拆除、堆放、运输及清理模内杂物、刷隔离剂等 2. 混凝土制作、运输、浇筑、振捣、养护
010502002	构造柱				
010502003	异形柱	1. 柱形状 2. 混凝土种类 3. 混凝土强度等级			

现浇混凝土梁（编号：010503） 表7-28

项目编码	项目名称	项目特征	计量单位	工程量计算规则	工作内容
010503001	基础梁	1. 混凝土类别 2. 混凝土强度等级	m³	按设计图示尺寸以体积计算。伸入墙内的梁头、梁垫并入梁体积内。 梁长： 1. 梁与柱连接时，梁长算至柱侧面 2. 主梁与次梁连接时，次梁长算至主梁侧面	1. 模板及支架（撑）制作、安装、拆除、堆放、运输及清理模内杂物、刷隔离剂等 2. 混凝土制作、运输、浇筑、振捣、养护
010503002	矩形梁				
010503003	异形梁				
010503004	圈梁				
010503005	过梁				
010503006	弧形、拱形梁	1. 混凝土种类 2. 混凝土强度等级	m³	按设计图示尺寸以体积计算。伸入墙内的梁头、梁垫并入梁体积内。 梁长： 1. 梁与柱连接时，梁长计算至柱侧面 2. 主梁与次梁连接时，次梁长计算至主梁侧面	1. 模板及支架（撑）制作、安装、拆除、堆放、运输及清理模内杂物、刷隔离剂等 2. 混凝土制作、运输、浇筑、振捣、养护

现浇混凝土墙（编号：010504） 表7-29

项目编码	项目名称	项目特征	计量单位	工程量计算规则	工作内容
010504001	直形墙	1. 混凝土种类 2. 混凝土强度等级	m³	按设计图示尺寸以体积计算。扣除门窗洞口及单个面积＞0.3m²的孔洞所占体积，墙垛及突出墙面部分并入墙体体积内计算	1. 模板及支架（撑）制作、安装、拆除、堆放、运输及清理模内杂物、刷隔离剂等 2. 混凝土制作、运输、浇筑、振捣、养护
010504002	弧形墙				
010504003	短肢剪力墙				
010504004	挡土墙				

现浇混凝土板（编号：010505） 表7-30

项目编码	项目名称	项目特征	计量单位	工程量计算规则	工作内容
010505001	有梁板	1. 混凝土种类 2. 混凝土强度等级	m³	按设计图示尺寸以体积计算，不扣除单个面积≤0.3m²的柱、垛以及孔洞所占体积 压形钢板混凝土楼板扣除构件内压形钢板所占体积 有梁板（包括主、次梁与板）按梁、板体积之和计算，无梁板按板和柱帽体积之和计算，各类板伸入墙内的板头并入板体积内，薄壳板的肋、基梁并入薄壳体积内计算	1. 模板及支架（撑）制作、安装、拆除、堆放、运输及清理模内杂物、刷隔离剂等 2. 混凝土制作、运输、浇筑、振捣、养护
010505002	无梁板				
010505003	平板				
010505004	拱板				
010505005	薄壳板				
010505006	栏板	1. 混凝土种类 2. 混凝土强度等级		按设计图示尺寸以体积计算	
010505007	天沟（檐沟）、挑檐板				

续表

项目编码	项目名称	项目特征	计量单位	工程量计算规则	工作内容
010505008	雨篷、悬挑板、阳台板	1. 混凝土种类 2. 混凝土强度等级	m³	按设计图示尺寸以墙外部分体积计算。包括伸出墙外的牛腿和雨篷反挑檐的体积	1. 模板及支架（撑）制作、安装、拆除、堆放、运输及清理模内杂物、刷隔离剂等 2. 混凝土制作、运输、浇筑、振捣、养护
010505009	空心板			按设计图示尺寸以体积计算。空心板（GBF高强薄壁蜂巢芯板等）应扣除空心部分体积	
010505010	其他板			按设计图示尺寸以体积计算	

现浇混凝土楼梯（编号：010506）　　表 7-31

项目编码	项目名称	项目特征	计量单位	工程量计算规则	工作内容
010506001	直形楼梯	1. 混凝土种类 2. 混凝土强度等级	1. m² 2. m³	1. 以平方米计量，按设计图示尺寸以水平投影面积计算。不扣除宽度≤500mm 的楼梯井，伸入墙内部分不计算 2. 以立方米计量，按设计图示尺寸以体积计算	1. 模板及支架（撑）制作、安装、拆除、堆放、运输及清理模内杂物、刷隔离剂等 2. 混凝土制作、运输、浇筑、振捣、养护
010506002	弧形楼梯				

现浇混凝土其他构件（编号：010507）　　表 7-32

项目编码	项目名称	项目特征	计量单位	工程量计算规则	工作内容
010507001	散水、坡道	1 垫层材料种类、厚度 2. 面层厚度 3. 混凝土类别 4. 混凝土强度等级 5. 变形缝填塞材料种类	m²	按设计图示尺寸以水平投影面积计算。不扣除单个≤0.3m² 的孔洞所占面积	1. 地基夯实 2. 铺设垫层 3. 模板及支撑制作、安装、拆除、堆放、运输及清理模内杂物、刷隔离剂等 4. 混凝土制作、运输、浇筑、振捣、养护 5. 变形缝填塞
010507002	室外地坪	1. 地坪厚度 2. 混凝土强度等级			
010507003	电缆沟、地沟	1. 土壤类别； 2. 沟截面净空尺寸 3. 垫层材料种类、厚度 4. 混凝土种类 5. 混凝土强度等级 6. 防护材料种类	m	以米计量，按设计图示以中心线长度计算	1. 挖填、运土石方 2. 铺设垫层 3. 模板及支撑制作、安装、拆除、堆放、运输及清理模内杂物、刷隔离剂等 4. 混凝土制作、运输、浇筑、振捣、养护 5. 刷防护材料

续表

项目编码	项目名称	项目特征	计量单位	工程量计算规则	工作内容
010507004	台阶	1. 踏步高宽比 2. 混凝土种类 3. 混凝土强度等级	1. m² 2. m³	1. 以平方米计量，按设计图示尺寸水平投影面积计算 2. 以立方米计量，按设计图示尺寸以体积计算	1. 模板及支撑制作、安装、拆除、堆放、运输及清理模内杂物、刷隔离剂等 2. 混凝土制作、运输、浇筑、振捣、养护
010507005	扶手、压顶	1. 断面尺寸 2. 混凝土种类 3. 混凝土强度等级	1. m 2. m³	1. 以米计量，按设计图示的中心线延长米计算 2. 以立方米计量，按设计图示尺寸以体积计算	1. 模板及支架（撑）制作、安装、拆除、堆放、运输及清理模内杂物、刷隔离剂等 2. 混凝土制作、运输、浇筑、振捣、养护
010507006	化粪池检查井	1. 部位 2. 混凝土强度等级 3. 防水、抗渗要求	1. m³ 2. 座	1. 按设计图示尺寸以体积计算 2. 以座计量，按设计图示数量计算	
010507007	其他构件	1. 构件的类型 2. 构件规格 3. 部位 4. 混凝土类别 5. 混凝土强度等级	m³		

后浇带（编号：010508） 表7-33

项目编码	项目名称	项目特征	计量单位	工程量计算规则	工作内容
010508001	后浇带	1. 混凝土种类 2. 混凝土强度等级	m³	按设计图示尺寸以体积计算	1. 模板及支架（撑）制作、安装、拆除、堆放、运输及清理模内杂物、刷隔离剂等 2. 混凝土制作、运输、浇筑、振捣、养护及混凝土交接面、钢筋等的清理

预制混凝土柱（编号：010509） 表7-34

项目编码	项目名称	项目特征	计量单位	工程量计算规则	工作内容
010509001	矩形柱	1. 图代号 2. 单件体积 3. 安装高度 4. 混凝土强度等级 5. 砂浆（细石混凝土）强度等级、配合比	1. m³ 2. 根	1. 以立方米计量，按设计图示尺寸以体积计算 2. 以根计量，按设计图示尺寸以数量计算	1. 模板制作、安装、拆除、堆放、运输及清理模内杂物、刷隔离剂等 2. 混凝土制作、运输、浇筑、振捣、养护 3. 构件运输、安装 4. 砂浆制作、运输 5. 接头灌缝、养护
010509002	异形柱				

预制混凝土梁（编号：010510） 表 7-35

项目编码	项目名称	项目特征	计量单位	工程量计算规则	工作内容
010510001	矩形梁	1. 图代号 2. 单件体积 3. 安装高度 4. 混凝土强度等级 5. 砂浆（细石混凝土）强度等级、配合比	1. m³ 2. 根	1. 以立方米计量，按设计图示尺寸以体积计算 2. 以根计量，按设计图示尺寸以数量计算	1. 模板制作、安装、拆除、堆放、运输及清理模内杂物、刷隔离剂等 2. 混凝土制作、运输、浇筑、振捣、养护 3. 构件运输、安装 4. 砂浆制作、运输 5. 接头灌缝、养护
010510002	异形梁				
010510003	过梁				
010510004	拱形梁				
010510005	鱼腹式吊车梁				
010510006	其他梁				

预制混凝土屋架（编号：010511） 表 7-36

项目编码	项目名称	项目特征	计量单位	工程量计算规则	工作内容
010511001	折线型	1. 图代号 2. 单件体积 3. 安装高度 4. 混凝土强度等级 5. 砂浆（细石混凝土）强度等级、配合比	1. m³ 2. 榀	1. 以立方米计量，按设计图示尺寸以体积计算 2. 以榀计量，按设计图示尺寸以数量计算	1. 模板制作、安装、拆除、堆放、运输及清理模内杂物、刷隔离剂等 2. 混凝土制作、运输、浇筑、振捣、养护 3. 构件运输、安装 4. 砂浆制作、运输 5. 接头灌缝、养护
010511002	组合				
010511003	薄腹				
010511004	门式刚架				
010511005	天窗架				

预制混凝土板（编号：010512） 表 7-37

项目编码	项目名称	项目特征	计量单位	工程量计算规则	工作内容
010512001	平板	1. 图代号 2. 单件体积 3. 安装高度 4. 混凝土强度等级 5. 砂浆（细石混凝土）强度等级、配合比	1. m³ 2. 块	1. 以立方米计量，按设计图示尺寸以体积计算。不扣除构件内钢筋、预埋铁件及单个尺寸≤300mm×300mm 的孔洞所占体积，扣除空心板空洞体积 2. 以块计量，按设计图示尺寸以数量计算	1. 模板制作、安装、拆除、堆放、运输及清理模内杂物、刷隔离剂等 2. 混凝土制作、运输、浇筑、振捣、养护 3. 构件运输、安装 4. 砂浆制作、运输 5. 接头灌缝、养护
010512002	空心板				
010512003	槽形板				
010512004	网架板				
010512005	折线板				
010512006	带肋板				
010512007	大型板				
010512008	沟盖板、井盖板、井圈	1. 单件体积 2. 安装高度 3. 混凝土强度等级 4. 砂浆强度等级、配合比	1. m³ 2. 块（套）	1. 以立方米计量，按设计图示尺寸以体积计算 2. 以块计量，按设计图示尺寸以数量计算	

预制混凝土楼梯（编号：010513） 表 7-38

项目编码	项目名称	项目特征	计量单位	工程量计算规则	工作内容
010513001	楼梯	1. 楼梯类型 2. 单件体积 3. 混凝土强度等级 4. 砂浆（细石混凝土）强度等级	1. m³ 2. 段	1. 以立方米计量，按设计图示尺寸以体积计算。扣除空心踏步板空洞体积 2. 以段计量，按设计图示数量计算	1. 模板制作、安装、拆除、堆放、运输及清理模内杂物、刷隔离剂等 2. 混凝土制作、运输、浇筑、振捣、养护 3. 构件运输、安装 4. 砂浆制作、运输 5. 接头灌缝、养护

其他预制构件（编号：010514） 表 7-39

项目编码	项目名称	项目特征	计量单位	工程量计算规则	工作内容
010514001	垃圾道、通风道、烟道	1. 单件体积 2. 混凝土强度等级 3. 砂浆强度等级	1. m³ 2. m² 3. 根（块、套）	1. 以立方米计量，按设计图示尺寸以体积计算。不扣除单个面积≤300mm×300mm的孔洞所占体积，扣除烟道、垃圾道、通风道的孔洞所占体积 2. 以平方米计量，按设计图示尺寸以面积计算。不扣除单个面积≤300mm×300mm的孔洞所占面积 3. 以根计量，按设计图示尺寸以数量计算	1. 模板制作、安装、拆除、堆放、运输及清理模内杂物、刷隔离剂等 2. 混凝土制作、运输、浇筑、振捣、养护 3. 构件运输、安装 4. 砂浆制作、运输 5. 接头灌缝、养护
010514002	其他构件	1. 单件体积 2. 构件的类型 3. 混凝土强度等级 4. 砂浆强度等级			

钢筋工程（编号：010515） 表 7-40

项目编码	项目名称	项目特征	计量单位	工程量计算规则	工作内容
010515001	现浇构件钢筋	钢筋种类、规格	t	按设计图示钢筋（网）长度（面积）乘单位理论质量计算	1. 钢筋制作、运输 2. 钢筋安装 3. 焊接（绑扎）
010515002	预制构件钢筋				
010515003	钢筋网片				1. 钢筋网制作、运输 2. 钢筋网安装 3. 焊接（绑扎）
010515004	钢筋笼				1. 钢筋笼制作、运输 2. 钢筋笼安装 3. 焊接（绑扎）
010515005	先张法预应力钢筋	1. 钢筋种类、规格 2. 锚具种类	t	按设计图示钢筋长度乘单位理论质量计算	1. 钢筋制作、运输 2. 钢筋张拉

续表

项目编码	项目名称	项目特征	计量单位	工程量计算规则	工作内容
010515006	后张法预应力钢筋	1. 钢筋种类、规格 2. 钢丝种类、规格 3. 钢绞线种类、规格 4. 锚具种类 5. 砂浆强度等级	t	按设计图示钢筋（丝束、绞线）长度乘单位理论质量计算 1. 低合金钢筋两端均采用螺杆锚具时，钢筋长度按孔道长度减0.35m计算，螺杆另行计算 2. 低合金钢筋一端采用镦头插片、另一端采用螺杆锚具时，钢筋长度按孔道长度计算，螺杆另行计算 3. 低合金钢筋一端采用镦头插片、另一端采用帮条锚具时，钢筋增加0.15m计算；两端均采用帮条锚具时，钢筋长度按孔道长度增加0.3m计算 4. 低合金钢筋采用后张混凝土自锚时，钢筋长度按孔道长度增加0.35m计算 5. 低合金钢筋（钢绞线）采用JM、XM、QM型锚具，孔道长度≤20m时，钢筋长度增加1m计算，孔道长度>20m时，钢筋长度增加1.8m计算 6. 碳素钢丝采用锥形锚具，孔道长度≤20m时，钢丝束长度按孔道长度增加1m计算，孔道长度>20m时，钢丝束长度按孔道长度增加1.8m计算 7. 碳素钢丝采用镦头锚具时，钢丝束长度按孔道长度增加0.35m计算	1. 钢筋、钢丝、钢绞线制作、运输 2. 钢筋、钢丝、钢绞线安装 3. 预埋管孔道铺设 4. 锚具安装 5. 砂浆制作、运输 6. 孔道压浆、养护
010515007	预应力钢丝				
010515008	预应力钢绞线				
010515009	支撑钢筋（铁马）	1. 钢筋种类 2. 规格		按钢筋长度乘单位理论质量计算	钢筋制作、焊接、安装
010515010	声测管	1. 材质 2. 规格型号		按设计图示尺寸以质量计算	1. 检测管截断、封头 2. 套管制作、焊接 3. 定位、固定

螺栓、铁件（编号：010516） 表7-41

项目编码	项目名称	项目特征	计量单位	工程量计算规则	工作内容
010516001	螺栓	1. 螺栓种类 2. 规格	t	按设计图示尺寸以质量计算	1. 螺栓、铁件制作、运输 2. 螺栓、铁件安装
010516002	预埋铁件	1. 钢材种类 2. 规格 3. 铁件尺寸			
010516003	机械连接	1. 连接方式 2. 螺纹套筒种类 3. 规格	个	按数量计算	1. 钢筋套丝 2. 套筒连接

其他相关问题应按下列规定处理:

(1) 预制混凝土构件或预制钢筋混凝土构件,如施工图设计标注做法见标准图集时,项目特征注明标准图集的编码、页号及节点大样即可。

(2) 现浇或预制混凝土和钢筋混凝土构件,不扣除构件内钢筋、螺栓、预埋铁件、张拉孔道所占体积,但应扣除劲性骨架的型钢所占体积。

3. 混凝土及钢筋混凝土工程量计算

1) 现浇混凝土基础

现浇混凝土基础包括带形基础、独立基础、杯形基础、满堂基础、桩承台基础、设备基础等。

(1) 带形基础

带形基础又称条形基础,外形呈长条形,常见的带形基础的截面有梯形、阶梯形和矩形三种,带形基础如图 7-33 所示。

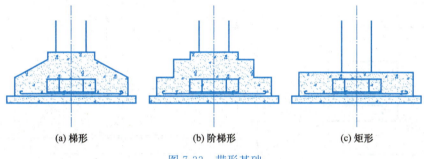

(a) 梯形 (b) 阶梯形 (c) 矩形

图 7-33 带形基础

混凝土带形基础的工程量的一般计算式为:

$$V = L \times S \tag{7-6}$$

式中 V——带形基础体积;

L——带形基础长度,外墙按中心线计算,内墙按净长线计算;

S——带形基础断面面积。

(2) 独立基础

独立基础一般为阶梯式或截锥式形状,独立基础如图 7-34(a)、(b) 所示。当基础形式为阶梯形时,其体积为各阶矩形的体积之和。截锥式形状的独立基础,其体积可由矩形体积和棱台体积(图 7-34c)之和构成。

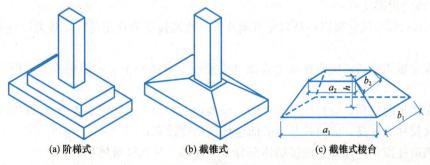

(a) 阶梯式 (b) 截锥式 (c) 截锥式棱台

图 7-34 独立基础

棱台体积公式为：

$$V = \frac{h}{3}(a_1b_1 + \sqrt{a_1b_1 \times a_2b_2} + a_2b_2) \quad (7-7)$$

式中　V——棱台体积（m³）；
　　a_1、b_1——棱台下底的长（m）和宽（m）；
　　a_2、b_2——棱台上底的长（m）和宽（m）；
　　h——棱台高（m）。

（3）杯形基础

杯形基础体积计算示意图如图7-35所示。其体积可视为两个矩形体积，一个棱台体积减一个倒棱台体积（杯口净空体积$V_{杯}$）构成，即：

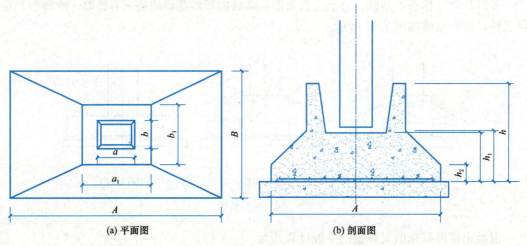

图7-35　杯形基础体积计算示意图

$$V = ABh_2 + \frac{h_1 - h_2}{3}(AB + \sqrt{AB \times a_1b_1} + a_1b_1) + a_1b_1(h - h_1) - V_{杯} \quad (7-8)$$

式中各符号含义如图7-35所示。

（4）满堂基础

当带形基础和独立基础不能满足设计强度要求时，往往采用满堂基础。满堂基础分为无梁式（也称板式）满堂基础和有梁式（也称梁板式或片筏式）满堂基础。

2）柱

（1）现浇混凝土柱

按柱图示截面尺寸乘以柱高以立方米计算。柱高按下列规定计算，各类柱高示意图见图7-36。

① 有梁板的柱高，应自柱基上表面（或楼板上表面）至上一层楼板上表面之间的高度计算；

② 无梁板的柱高，应自柱基上表面（或楼板上表面）至柱帽下表面之间的高度计算；

③ 框架柱的柱高：应自柱基上表面至柱顶高度计算；

④ 构造柱按全高计算，嵌接墙体部分（马牙槎）并入柱身体积；

⑤ 依附柱上的牛腿和升板的柱帽，并入柱身体积计算。

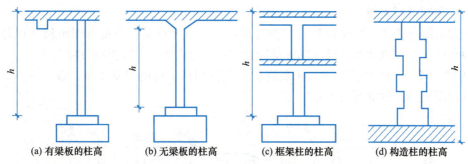

图 7-36 各类柱高示意图

（2）预制混凝土柱

预制混凝土柱的工程量计算有两种方法：以立方米计量，按设计图示尺寸以体积计算；以根计量，按设计图示尺寸以数量计算。计算时应按要求写明项目特征。

3）梁

（1）现浇混凝土梁

现浇混凝土梁包括基础梁、框架梁、圈梁和过梁等，其工程量按图示断面尺寸乘以梁长以立方米计算。主次梁示意图如图 7-37 所示。梁长按下列规定确定：

① 梁与柱连接时，梁长算至柱侧面；

② 主梁与次梁连接时，次梁长算至主梁侧面；

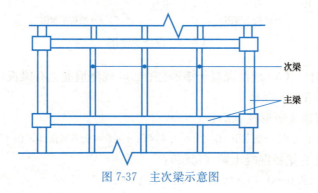

图 7-37 主次梁示意图

（2）预制混凝土梁

预制混凝土梁的工程量计算有两种方法：以立方米计量，按设计图示尺寸以体积计算；以根计量，按设计图示尺寸以数量计算。计算时应按要求写明项目特征。

4）板

（1）现浇混凝土板

现浇混凝土板可分为有梁板、无梁板、平板、拱板等，其工程量按图示面积乘以板厚度以立方米计算。

① 有梁板（包括主、次梁与板）按梁、板体积之和计算；

② 无梁板按板和柱帽体积之和计算；

③ 平板按实体体积计算。

各类现浇混凝土板伸入墙内的板头并入板体积内，薄壳板的肋、基梁并入薄壳体积内计算。

(2) 预制混凝土板

预制混凝土板的工程量计算有两种方法：以立方米计量，按设计图示尺寸以体积计算；以块计量，按设计图示尺寸以数量计算。计算时应按要求写明项目特征。

【例 7-20】 计算如图 7-38 所示现浇框架主体结构工程的混凝土梁、板、柱的清单工程量（混凝土的强度等级均为 C30）。

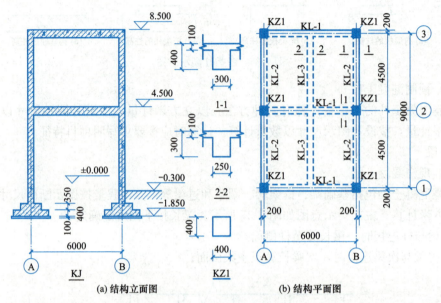

图 7-38 现浇框架图

解 （1）列项目：C30 现浇混凝土矩形柱；C30 现浇混凝土有梁板

（2）计算清单工程量

① C30 现浇混凝土矩形柱 KZ1：

工程量 $=(8.5+1.85-0.35-0.4)\times 0.4\times 0.4\times 6=9.6\times 0.4\times 0.4\times 6=9.216m^3$

② 现浇混凝土有梁板混凝土量（每层）：

KL1 工程量 $=(6.0-0.4)\times 0.3\times (0.4-0.1)\times 3=1.51m^3$

KL2 工程量 $=(4.5-0.2\times 2)\times 0.3\times (0.4-0.1)\times 4=1.48m^3$

KL3 工程量 $=(4.5-0.1-0.15)\times 0.25\times (0.3-0.1)\times 2=0.425m^3$

现浇板工程量 $=(6.0+0.4)\times (9.0+0.4)\times 0.1=6.016m^3$

合计 C30 现浇混凝土有梁板工程量 $=(1.51+1.48+0.425+6.016)\times 2=18.862m^3$

5）楼梯

(1) 现浇混凝土楼梯

现浇混凝土楼梯工程量的计算有两种方法：

① 以平方米计量，按设计图示尺寸以水平投影面积计算。不扣除宽度小于 500mm 的楼梯井，伸入墙内部分不计算。整体楼梯（包括直形楼梯、弧形楼梯）水平投影面积包括休息平台、平台梁、斜梁和楼梯的连接梁。当整体楼梯与现浇楼板无梯梁连接时，以楼梯的最后一个踏步边缘加 300mm 为界。

② 以立方米计量，按设计图示尺寸以体积计算。

(2) 预制混凝土楼梯

预制混凝土楼梯的工程量计算有两种方法：以立方米计量，按设计图示尺寸以体积计算；以段计量，按设计图示尺寸以数量计算。计算时应按要求写明项目特征。

【例 7-21】 求如图 7-39 所示现浇混凝土楼梯工程量。

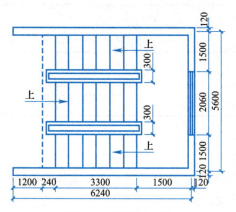

图 7-39 楼梯平面图

现浇混凝土楼梯工程量 $=(6.24-1.2-0.12)\times(5.6-0.24)=26.37\mathrm{m}^2$

6) 钢筋工程

钢筋按照其在结构中的用途，可分为现浇构件钢筋、预制构件钢筋、钢筋网片和钢筋笼。钢筋工程的内容一般包括钢筋制作、运输、安装、焊接或绑扎。

钢筋工程量按设计图示钢筋（网）长度（面积）乘以单位理论质量计算。

现浇构件中伸出构件的锚固钢筋应并入钢筋工程量内。除设计（包括规范规定）标明的搭接外，其他施工搭接不计算工程量，在综合单价中综合考虑。

现浇构件中固定位置的支撑钢筋、双层钢筋用的"铁马"在编制工程量清单时，其工程数量可为暂估量，结算时按现场签证数量计算。

(1) 钢筋的保护层厚度

为保护钢筋不受大气的侵蚀生锈，在钢筋周围留有混凝土保护层。钢筋外表面至混凝土构件外表面的尺寸通常称为钢筋的保护层厚度。根据《混凝土结构设计规范》GB 50010—2010，设计使用年限为 50 年的混凝土结构，最外层钢筋的保护层厚度根据构件形式不同而不同，混凝土保护层的最小厚度如表 7-42 所示。

混凝土保护层的最小厚度（单位：mm） 表 7-42

环境类别	板、墙、壳	梁、柱、杆
一	15	20
二 a	20	25
二 b	25	35

注：1. 一类环境是室内正常环境；二 a 类环境是室内潮湿环境、非严寒和非寒冷地区的露天环境及严寒和寒冷地区的冰冻线以下与无侵蚀性的水或土壤直接接触的环境；二 b 类环境是指严寒和寒冷地区的露天环境及严寒和寒冷地区冰冻线以上与无侵蚀性的水或土壤直接接触的环境；
2. 混凝土强度等级不大于 C25 时，表中保护层厚度值应增加 4mm；
3. 钢筋混凝土基础设置混凝土垫层，基础中钢筋的保护层厚度应从垫层顶面算起，且不应小于 40mm。

(2) 钢筋的锚固长度

钢筋锚固长度指不同构件交接处彼此的钢筋应互相锚入。如柱和梁、梁与板等交接处,钢筋均应互相锚入。常用的纵向受拉钢筋抗震锚固长度见表 7-43。

纵向受拉钢筋抗震锚固长度(单位:mm)　　　表 7-43

混凝土强度与抗震等级 钢筋种类与直径		C20		C25		C30	
		一、二级	三级	一、二级	三级	一、二级	三级
HPB300	普通钢筋	36d	33d	31d	28d	27d	25d
HRB400	普通钢筋	d≤25: 44d	41d	38d	35d	34d	31d
		d>25: 49d	45d	42d	39d	38d	34d

(3) 钢筋长度的计算

① 通长钢筋长度计算

$$钢筋长度 = 构件长度 - 2 \times 端部保护层厚度$$

② 有弯钩的直钢筋长度计算

$$钢筋长度 = 构件长度 - 2 \times 端部保护层厚度 + 2 \times 端部弯钩增加长度$$

钢筋的弯钩形式可分为三种,直弯钩(90°)和斜弯钩(45°)、半圆弯钩(180°)、不同钢筋弯钩形式增加长度示意如图 7-40 所示。半圆弯钩是最常用的一种弯钩,直弯钩只用在柱纵向钢筋的底部,斜弯钩只用在直径较小的钢筋中。

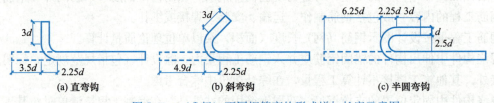

(a) 直弯钩　　　　(b) 斜弯钩　　　　(c) 半圆弯钩

图 7-40 (Ⅰ级)不同钢筋弯钩形式增加长度示意图

一般情况下,钢筋弯钩的增加长度如表 7-44 所示。

钢筋弯钩增加长度(单位:mm)　　　表 7-44

弯钩角度		180°	90°	135°
增加长度	Ⅰ级钢筋	6.25d	3.5d	4.9d
	Ⅱ级钢筋		x+0.90d	x+2.90d
	Ⅲ级钢筋		x+1.20d	x+3.60d

注:表中 x 为钢筋平直部分,图 7-40 中所示的 3d 为Ⅰ级钢筋平直部分长度,Ⅱ级、Ⅲ级钢筋的平直部分长度 x 由设计决定。

③ 弯起钢筋长度计算

$$钢筋长 = 构件长度 - 2 \times 端部保护层厚度 + 弯起钢筋增加的长度 + 2 \times 端部弯钩增加长度$$

由于钢筋带有弯起,造成钢筋弯起段长度大于平直段长度,如图 7-41 所示。

钢筋弯起段增加的长度可按图 7-42 所示方法计算。

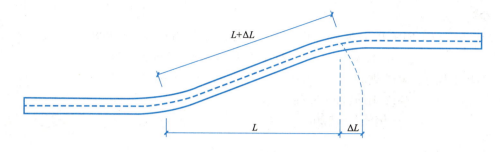

图 7-41 弯起钢筋增加长度示意图

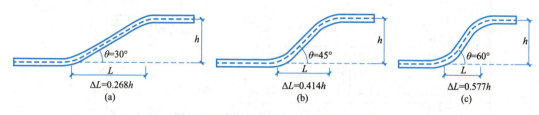

图 7-42 弯起钢筋增加长度计算示意图

④ 箍筋长度计算

箍筋根数计算：

箍筋根数取决于箍筋间距和箍筋配置的范围，而配置范围为构件长度减去两端保护层厚度。此外，考虑到实际施工时柱和梁的两头都需要放置钢筋，因此计算公式为：

箍筋根数＝(构件长－2×保护层)/间距＋1

每箍长度＝构件断面周长－8×箍筋保护层厚度＋箍筋两端弯钩的增加长度

按照设计要求，箍筋的两端均有弯钩，箍筋末端每个弯钩增加的长度按表 7-45 取定。

箍筋弯钩增加长度（单位：mm） 表 7-45

弯钩形式		90°	135°	180°
弯钩增加值	一般结构	5.5d	6.87d	8.25d
	抗震结构	10.5d	11.87d	13.25d

为了简便计算，每箍长度也可以按梁柱的外围周长近似计算。

【例 7-22】 如图 7-43 所示为某现浇 C25 混凝土矩形梁的配筋图，各号钢筋均为 Ⅰ 级钢筋。①号、②号、③号、④号钢筋两端均有半圆弯钩，箍筋弯钩为抗震结构地斜弯钩。③号、④号钢筋的弯起角度为 45°。主筋混凝土保护层厚度为 25cm。矩形梁的两端均设箍筋。试求该矩形梁的钢筋清单工程量。

解 ① ϕ12：$(6.5-0.025\times2+6.25\times0.012\times2)\times2\times0.888=11.72$kg

② ϕ22：$(6.5-0.025\times2+6.25\times0.022\times2)\times2\times2.98=40.08$kg

③、④ϕ22：

$[6.5-0.025\times2+6.25\times0.022\times2+0.41\times(0.5-0.025\times2)\times2]$

$\times2.98=21.14$kg

Φ8:
$$[(0.24+0.5)\times 2-(0.025-0.008)\times 8+11.87\times 0.008\times 2]$$
$$\times[(6.5-0.025\times 2)/0.2+1]\times 0.395=20.15\text{kg}$$

清单工程量：Φ12 钢筋：0.012t;

Φ22 钢筋：0.082t;

Φ8 钢筋：0.020t。

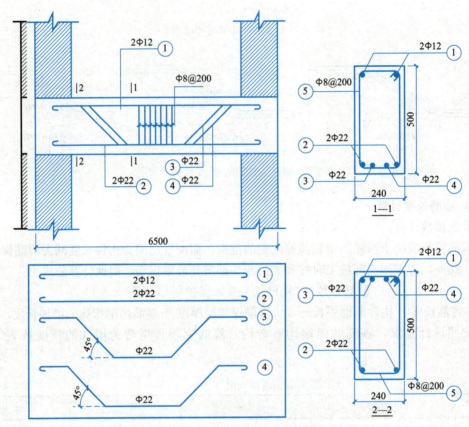

图 7-43 混凝土矩形梁的配筋图

7.6.8 金属结构工程

1. 金属结构工程的内容

金属结构是指建筑物内用各种型钢、钢板和钢管等金属材料或半成品，以不同的连接方式加工制作、安装形成的结构类型。

型钢混凝土柱、梁浇筑钢筋混凝土，其混凝土和钢筋应按混凝土及钢筋混凝土工程中相关项目编码列项。

钢板楼板上浇筑钢筋混凝土，其混凝土和钢筋应编码列项。

2. 金属结构工程量计算规范

详情见表 7-46～表 7-52。

钢网架（编码：010601） 表7-46

项目编码	项目名称	项目特征	计量单位	工程量计算规则	工作内容
010601001	钢网架	1. 钢材品种、规格 2. 网架节点形式、连接方式 3. 网架跨度、安装高度 4. 探伤要求 5. 防火要求	t	按设计图示尺寸以质量计算。不扣除孔眼的质量，焊条、铆钉等不另增加质量	1. 拼装 2. 安装 3. 探伤 4. 补刷油漆

钢屋架、钢托架、钢桁架、钢桥架（编码：010602） 表7-47

项目编码	项目名称	项目特征	计量单位	工程量计算规则	工作内容
010602001	钢屋架	1. 钢材品种、规格 2. 单榀质量 3. 屋架跨度、安装高度 4. 螺栓种类 5. 探伤要求 6. 防火要求	1. 榀 2. t	1. 以榀计量，按设计图示数量计算 2. 以吨计量，按设计图示尺寸以质量计算。不扣除孔眼的质量，焊条、铆钉、螺栓等不另增加质量	1. 拼装 2. 安装 3. 探伤 4. 补刷油漆
010602002	钢托架	1. 钢材品种、规格 2. 单榀质量 3. 安装高度 4. 螺栓种类 5. 探伤要求 6. 防火要求	t	按设计图示尺寸以质量计算。不扣除孔眼的质量，焊条、铆钉、螺栓等不另增加质量	
010602003	钢桁架				
010602004	钢架桥	1. 桥类型 2. 钢材品种、规格 3. 单榀质量 4. 安装高度 5. 螺栓种类 6. 探伤要求	t		

钢柱（编码：010603） 表7-48

项目编码	项目名称	项目特征	计量单位	工程量计算规则	工作内容
010603001	实腹钢柱	1. 柱类型 2. 钢材品种、规格 3. 单根柱质量 4. 螺栓种类 5. 探伤要求 6. 防火要求	t	按设计图示尺寸以质量计算。不扣除孔眼的质量，焊条、铆钉、螺栓等不另增加质量，依附在钢柱上的牛腿及悬臂梁等并入钢柱工程量内	1. 拼装 2. 安装 3. 探伤 4. 补刷油漆
010603002	空腹钢柱				
010603003	钢管柱	1. 钢材品种、规格 2. 单根柱质量 3. 螺栓种类 4. 探伤要求 5. 防火要求		按设计图示尺寸以质量计算。不扣除孔眼的质量，焊条、铆钉、螺栓等不另增加质量，钢管柱上的节点板、加强环、内衬管、牛腿等并入钢管柱工程量内	

钢梁（编码：010604） 表 7-49

项目编码	项目名称	项目特征	计量单位	工程量计算规则	工作内容
010604001	钢梁	1. 梁类型 2. 钢材品种、规格 3. 单根质量 4. 螺栓种类 5. 安装高度 6. 探伤要求 7. 防火要求	t	按设计图示尺寸以质量计算。不扣除孔眼的质量，焊条、铆钉、螺栓等不另增加质量，制动梁、制动板、制动桁架、车挡并入钢吊车梁工程量内	1. 拼装 2. 安装 3. 探伤 4. 补刷油漆
010504002	钢吊车梁	1. 钢材品种、规格 2. 单根质量 3. 螺栓种类 4. 安装高度 5. 探伤要求 6. 防火要求			

钢板楼板、墙板（编码：010605） 表 7-50

项目编码	项目名称	项目特征	计量单位	工程量计算规则	工作内容
010605001	钢板楼板	1. 钢材品种、规格 2. 钢板厚度 3. 螺栓种类 4. 防火要求	m²	按设计图示尺寸以铺设水平投影面积计算。不扣除单个面积≤0.3m²的柱、垛及孔洞所占面积	1. 拼装 2. 安装 3. 探伤 4. 补刷油漆
010605002	钢板墙板	1. 钢材品种、规格 2. 钢板厚度、复合板厚度 3. 螺栓种类 4. 复合板夹芯材料种类、层数、型号、规格 5. 防火要求	m²	按设计图示尺寸以铺挂展开面积计算。不扣除单个面积≤0.3m²的梁、孔洞所占面积，包角、包边、窗台泛水等不另加面积	

钢构件（编码：010606） 表 7-51

项目编码	项目名称	项目特征	计量单位	工程量计算规则	工作内容
010606001	钢支撑、钢拉条	1. 钢材品种、规格 2. 构件类型 3. 安装高度 4. 螺栓种类 5. 探伤要求 6. 防火要求	t	按设计图示尺寸以质量计算。不扣除孔眼的质量，焊条、铆钉、螺栓等不另增加质量	1. 拼装 2. 安装 3. 探伤 4. 补刷油漆
010606002	钢檩条	1. 钢材品种、规格 2. 构件类型 3. 单根质量 4. 安装高度 5. 螺栓种类 6. 探伤要求 7. 防火要求			

续表

项目编码	项目名称	项目特征	计量单位	工程量计算规则	工作内容
010606003	钢天窗架	1. 钢材品种、规格 2. 单榀质量 3. 安装高度 4. 螺栓种类 5. 探伤要求 6. 防火要求	t	按设计图示尺寸以质量计算。不扣除孔眼的质量，焊条、铆钉、螺栓等不另增加质量	1. 拼装 2. 安装 3. 探伤 4. 补刷油漆
010606004	钢挡风架	1. 钢材品种、规格 2. 单榀质量 3. 螺栓种类 4. 探伤要求 5. 防火要求			
010606005	钢墙架				
010606006	钢平台	1. 钢材品种、规格 2. 螺栓种类 3. 防火要求			
010606007	钢走道				
010606008	钢梯	1. 钢材品种、规格 2. 钢梯形式 3. 螺栓种类 4. 防火要求			
010606009	钢护栏	1. 钢材品种、规格 2. 防火要求			
010606010	钢漏斗	1. 钢材品种、规格 2. 漏斗、天沟形式 3. 安装高度 4. 探伤要求		按设计图示尺寸以质量计算，不扣除孔眼的质量，焊条、铆钉、螺栓等不另增加质量，依附漏斗或天沟的型钢并入漏斗或天沟工程量内	1. 拼装 2. 安装 3. 探伤 4. 补刷油漆
010606011	钢板天沟				
010606012	钢支架	1. 钢材品种、规格 2. 单付重量 3. 防火要求	t	按设计图示尺寸以质量计算，不扣除孔眼的质量，焊条、铆钉、螺栓等不另增加质量	1. 拼装 2. 安装 3. 探伤 4. 补刷油漆
010606013	零星钢构件	1. 构件名称 2. 钢材品种、规格			

金属制品（编码：010607） 表7-52

项目编码	项目名称	项目特征	计量单位	工程量计算规则	工作内容
010607001	成品空调、金属百叶护栏	1. 材料品种、规格 2. 边框材质	m²	按设计图示尺寸以框外围展开面积计算	1. 安装 2. 校正 3. 预埋铁件及安螺栓
010607002	成品栅栏	1. 材料品种、规格 2. 边框及立柱型钢品种、规格			1. 安装 2. 校正 3. 预埋铁件 4. 安螺栓及金属立柱

续表

项目编码	项目名称	项目特征	计量单位	工程量计算规则	工作内容
010607003	成品雨篷	1. 材料品种、规格 2. 雨篷宽度 3. 晾衣杆品种、规格	1. m 2. m²	1. 以米计量，按设计图示接触边以米计算 2. 以平方米计量，按设计图示尺寸以展开面积计算	1. 安装 2. 校正 3. 预埋铁件及安螺栓
010607004	金属网栏	1. 材料品种、规格 2. 边框及立柱型钢品种、规格	m²	按设计图示尺寸以框外围展开面积计算	1. 安装 2. 校正 3. 安螺栓及金属立柱
010607005	砌块墙钢丝网加固	1. 材料品种、规格 2. 加固方式		按设计图示尺寸以面积计算	1. 铺贴 2. 铆固
010607006	后浇带金属网				

在计算不规则或多边形钢板重量时均以矩形面积计算，金属构件的切边，不规则及多边形钢板发生的损耗在综合单价中考虑。

3. 金属结构工程量计算

金属结构工程量按设计图示尺寸以质量计算。在实际计算时，往往先计算出每种钢材的质量（kg），再换算成吨（t）。常用建筑钢材的质量计算公式如表7-53所示。

钢材重量计算公式表（单位：t）　　　　　　　　表7-53

名称	计算公式
圆钢	$0.00617 \times 直径^2$
方钢	$0.00785 \times 边宽^2$
六角钢	$0.0068 \times 对边距^2$
扁钢	$0.00785 \times 边宽 \times 厚$
等边角钢	$0.00795 \times 边厚 \times (2 \times 边宽 - 边厚)$
不等边角钢	$0.00795 \times 边厚 \times (长边宽 + 短边宽 - 边厚)$
工字钢	
a 型	$0.00785 \times 腹厚 \times [高 + 3.34 \times (腿宽 - 腹厚)]$
b 型	$0.00785 \times 腹厚 \times [高 + 2.65 \times (腿宽 - 腹厚)]$
c 型	$0.00785 \times 腹厚 \times [高 + 2.26 \times (腿宽 - 腹厚)]$
槽钢	
a 型	$0.00785 \times 腹厚 \times [高 + 3.26 \times (腿宽 - 腹厚)]$
b 型	$0.00785 \times 腹厚 \times [高 + 2.44 \times (腿宽 - 腹厚)]$
c 型	$0.00785 \times 腹厚 \times [高 + 2.24 \times (腿宽 - 腹厚)]$
钢管	$0.2466 \times 壁厚 \times (外径 - 壁厚)$
钢板	$7.85 \times 板厚$

【**例 7-23**】 某工程钢屋架如图 7-44 所示，计算钢屋架工程量。

解 金属结构制作按图示钢材尺寸以吨计算，参照表 7-53。

上弦重量：$3.40 \times 2 \times 2 \times [0.00795 \times 7 \times (2 \times 70 - 7)] = 100.66 \text{kg}$

下弦重量：$5.60 \times 2 \times (0.00617 \times 16^2) = 17.70 \text{kg}$

立杆重量：$1.70 \times [0.00795 \times 5 \times (2 \times 50 - 5)] = 6.42 \text{kg}$

斜撑重量：1.50×2×2×[0.00795×5×(2×50−5)]＝22.66kg

1号连接板重量：0.7×0.5×2×(7.85×8)＝43.96kg

2号连接板重量：0.5×0.45×(7.85×8)＝14.13kg

3号连接板重量：0.4×0.3×(7.85×8)＝7.54kg

檩托重量：0.14×12×[0.00795×5×(2×50−5)]＝6.34kg

屋架工程量：100.66＋17.70＋6.42＋22.66＋43.96＋14.13＋7.54＋6.34＝219.41kg＝0.219t

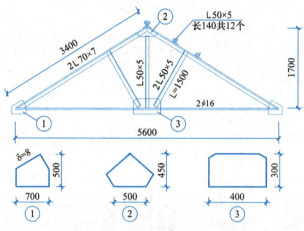

图 7-44　钢屋架施工图

7.6.9　木结构工程

1. 木结构工程内容

木结构工程包括木屋架、木构件和屋面木基层。木结构工程的分部分项工程内容主要综合了制作、运输、安装、刷防护材料等内容，实际工程刷油漆时，在装饰工程单独进行油漆报价。

2. 木结构工程的计算规范

详情请见表 7-54～表 7-56 所示。

木屋架（编码：010701）　　　表 7-54

项目编码	项目名称	项目特征	计量单位	工程量计算规则	工作内容
010701001	木屋架	1. 跨度 2. 材料品种、规格 3. 抛光要求 4. 拉杆及夹板种类 5. 防护材料种类	1. 榀 2. m³	1. 以榀计量，按设计图示数量计算 2. 以立方米计量，按设计图示的规格尺寸以体积计算	1. 制作 2. 运输 3. 安装 4. 刷防护材料
010701002	钢木屋架	1. 跨度 2. 木材品种、规格 3. 抛光要求 4. 钢材品种、规格 5. 防护材料种类	榀	以榀计量，按设计图示数量计算	

木构件（编码：010702） 表 7-55

项目编码	项目名称	项目特征	计量单位	工程量计算规则	工作内容
010702001	木柱	1. 构件规格尺寸 2. 木材种类 3. 抛光要求 4. 防护材料种类	m³	按设计图示尺寸以体积计算	1. 制作 2. 运输 3. 安装 4. 刷防护材料
010702002	木梁				
010702003	木檩		1. m³ 2. m	1. 以立方米计量，按设计图示尺寸以体积计算 2. 以米计量，按设计图示尺寸以长度计算	
010702004	木楼梯	1. 楼梯形式 2. 木材种类 3. 抛光要求 4. 防护材料种类	m²	按设计图示尺寸以水平投影面积计算。不扣除宽度≤300mm 的楼梯井，伸入墙内部分不计算	1. 制作 2. 运输 3. 安装 4. 刷防护材料
010702005	其他木构件	1. 构件名称 2. 构件规格尺寸 3. 木材种类 4. 抛光要求 5. 防护材料种类	1. m³ 2. m	1. 以立方米计量，按设计图示尺寸以体积计算 2. 以米计量，按设计图示尺寸以长度计算	

屋面木基层（编码：010703） 表 7-56

项目编码	项目名称	项目特征	计量单位	工程量计算规则	工作内容
010703001	屋面木基层	1. 椽子断面尺寸及椽距 2. 望板材料种类、厚度 3. 防护材料种类	m²	按设计图示尺寸以斜面积计算 不扣除房上烟囱、风帽底座、风道、小气窗、斜沟等所占面积。小气窗的出檐部分不增加面积	1. 椽子制作、安装 2. 望板制作、安装 3. 顺水条和挂瓦条制作、安装 4. 刷防护材料

3. 木结构工程的工程量计算

本章清单工程量计算规则与计价工程量计算规则基本相同，除另有规定者外，大部分分项均按设计图示尺寸以体积计算。

木楼梯按设计图示尺寸以水平投影面积计算，扣除宽度大于 300mm 的楼梯井的面积，伸入墙内部分不计算。

7.6.10 门窗工程

1. 门窗结构工程内容

门窗工程包括木门、金属门、金属卷帘门、木窗、金属窗、门窗套、窗台板、窗帘、窗帘盒、窗帘轨等内容。

其中，门窗的工作内容一般包括门窗安装、玻璃安装、五金安装等，但未包括门框和窗框的安装，门框、窗框安装需要单独列项。

各种门窗的工程量计算规则有两种：以樘计算，按设计图示数量计算；以平方米计算，按设计图示洞口尺寸以面积计算。

2. 门窗工程的计算规范

详情见表 7-57～表 7-66 所示。

木门（编码：010801） 表7-57

项目编码	项目名称	项目特征	计量单位	工程量计算规则	工作内容
010801001	木质门	1. 门代号及洞口尺寸 2. 镶嵌玻璃品种、厚度	1. 樘 2. m²	1. 以樘计量，按设计图示数量计算 2. 以平方米计量，按设计图示洞口尺寸以面积计算	1. 门安装 2. 玻璃安装 3. 五金安装
010801002	木质门带套				
010801003	木质连窗门				
010801004	木质防火门	1. 门代号及洞口尺寸 2. 镶嵌玻璃品种、厚度			
010801005	木门框	1. 门代号及洞口尺寸 2. 框截面尺寸 3. 防护材料种类	1. 樘 2. m	1. 以樘计量，按设计图示数量计算 2. 以米计量，按设计图示框的中心线以延长米计算	1. 木门框制作、安装 2. 运输 3. 刷防护材料
010801006	门锁安装	1. 锁品种 2. 锁规格	个（套）	按设计图示数量计算	安装

金属门（编码：010802） 表7-58

项目编码	项目名称	项目特征	计量单位	工程量计算规则	工作内容
010802001	金属（塑钢）门	1. 门代号及洞口尺寸 2. 门框或扇外围尺寸 3. 门框、扇材质 4. 玻璃品种、厚度	1. 樘 2. m²	1. 以樘计量，按设计图示数量计算 2. 以平方米计量，按设计图示洞口尺寸以面积计算	1. 门安装 2. 五金安装 3. 玻璃安装
010802002	彩板门	1. 门代号及洞口尺寸 2. 门框或扇外围尺寸			
010802003	钢质防火门	1. 门代号及洞口尺寸 2. 门框或扇外围尺寸 3. 门框、扇材质			1. 门安装 2. 五金安装
010802004	防盗门				

金属卷帘（闸）门（编码：010803） 表 7-59

项目编码	项目名称	项目特征	计量单位	工程量计算规则	工作内容
010803001	金属卷帘（闸）门	1. 门代号及洞口尺寸 2. 门材质 3. 启动装置品种、规格	1. 樘 2. m²	1. 以樘计量，按设计图示数量计算 2. 以平方米计量，按设计图示洞口尺寸以面积计算	1. 门运输、安装 2. 启动装置、活动小门、五金安装
010803002	防火卷帘（闸）门				

厂库房大门、特种门（编码：010804） 表 7-60

项目编码	项目名称	项目特征	计量单位	工程量计算规则	工作内容
010804001	木板大门	1. 门代号及洞口尺寸 2. 门框或扇外围尺寸 3. 门框、扇材质 4. 五金种类、规格 5. 防护材料种类	1. 樘 2. m²	1. 以樘计量，按设计图示数量计算 2. 以平方米计量，按设计图示洞口尺寸以面积计算	1. 门（骨架）制作、运输 2. 门、五金配件安装 3. 刷防护材料
010804002	钢木大门				
010804003	全钢板大门				
010804004	防护铁丝门			1. 以樘计量，按设计图示数量计算 2. 以平方米计量，按设计图示门框或扇以面积计算	
010804005	金属格栅门	1. 门代号及洞口尺寸 2. 门框或扇外围尺寸 3. 门框、扇材质 4. 启动装置的品种、规格		1. 以樘计量，按设计图示数量计算 2. 以平方米计量，按设计图示洞口尺寸以面积计算	1. 门安装 2. 启动装置、五金配件安装
010804006	钢质花饰大门	1. 门代号及洞口尺寸 2. 门框或扇外围尺寸 3. 门框、扇材质		1. 以樘计量，按设计图示数量计算 2. 以平方米计量，按设计图示门框或扇以面积计算	1. 门安装 2. 五金配件安装
010804007	特种门			1. 以樘计量，按设计图示数量计算 2. 以平方米计量，按设计图示洞口尺寸以面积计算	

其他门（编码：010805） 表 7-61

项目编码	项目名称	项目特征	计量单位	工程量计算规则	工作内容
010805001	电子感应门	1. 门代号及洞口尺寸 2. 门框或扇外围尺寸 3. 门框、扇材质 4. 玻璃品种、厚度 5. 启动装置的品种、规格 6. 电子配件品种、规格	1. 樘 2. m²	1. 以樘计量，按设计图示数量计算 2. 以平方米计量，按设计图示洞口尺寸以面积计算	1. 门安装 2. 启动装置、五金、电子配件安装
010805002	旋转门				

续表

项目编码	项目名称	项目特征	计量单位	工程量计算规则	工作内容
010805003	电子对讲门	1. 门代号及洞口尺寸 2. 门框或扇外围尺寸 3. 门材质 4. 玻璃品种、厚度 5. 启动装置的品种、规格 6. 电子配件品种、规格	1. 樘 2. m²	1. 以樘计量，按设计图示数量计算 2. 以平方米计量，按设计图示洞口尺寸以面积计算	1. 门安装 2. 启动装置、五金、电子配件安装
010805004	电动伸缩门				
010805005	全玻自由门	1. 门代号及洞口尺寸 2. 门框或扇外围尺寸 3. 框材质 4. 玻璃品种、厚度			1. 门安装 2. 五金安装
010805006	镜面不锈钢饰面门	1. 门代号及洞口尺寸 2. 门框或扇外围尺寸 3. 框、扇材质 4. 玻璃品种、厚度			
010805007	复合材料门				

木窗（编码：010806）　　表 7-62

项目编码	项目名称	项目特征	计量单位	工程量计算规则	工作内容
010806001	木质窗	1. 窗代号及洞口尺寸 2. 玻璃品种、厚度	1. 樘 2. m²	1. 以樘计量，按设计图示数量计算 2. 以平方米计量，按设计图示洞口尺寸以面积计算	1. 窗安装 2. 五金、玻璃安装
010806002	木飘（凸）窗				
010806003	木橱窗	1. 窗代号 2. 框截面及外围展开面积 3. 玻璃品种、厚度 4. 防护材料种类		1. 以樘计量，按设计图示数量计算 2. 以平方米计量，按设计图示尺寸以框外围展开面积计算	1. 窗制作、运输、安装 2. 五金、玻璃安装 3. 刷防护材料
010806004	木纱窗	1. 窗代号及框的外围尺寸 2. 窗纱材料品种、规格		1. 以樘计量，按设计图数量计算 2. 以平方米计量，按设计图示洞口尺寸以面积计算	1. 窗安装 2. 五金、玻璃安装

金属窗（编码：010807）　　表 7-63

项目编码	项目名称	项目特征	计量单位	工程量计算规则	工作内容
010807001	金属（塑钢、断桥）窗	1. 窗代号及洞口尺寸 2. 框、扇材质 3. 玻璃品种、厚度	1. 樘 2. m²	1. 以樘计量，按设计图示数量计算 2. 以平方米计量，按设计图示洞口尺寸以面积计算	1. 窗安装 2. 五金、玻璃安装
010807002	金属防火窗				
010807003	金属百叶窗				

续表

项目编码	项目名称	项目特征	计量单位	工程量计算规则	工作内容
010807004	金属纱窗	1. 窗代号及洞口尺寸 2. 框材质 3. 窗纱材料品种、规格	1. 樘 2. m²	1. 以樘计量，按设计图示数量计算 2. 以平方米计量，按设计图示洞口尺寸以面积计算	1. 窗安装 2. 五金安装
010807005	金属格栅窗	1. 窗代号及洞口尺寸 2. 框外围尺寸 3. 框、扇材质		1. 以樘计量，按设计图示数量计算 2. 以平方米计量，按设计图示洞口尺寸以面积计算	1. 窗安装 2. 五金安装
010807006	金属（塑钢、断桥）橱窗	1. 窗代号 2. 框外围展开面积 3. 框、扇材质 4. 玻璃品种、厚度 5. 防护材料种类	1. 樘 2. m²	1. 以樘计量，按设计图示数量计算 2. 以平方米计量，按设计图示尺寸以框外围展开面积计算	1. 窗制作、运输、安装 2. 五金、玻璃安装 3. 刷防护材料
010807007	金属（塑钢、断桥）飘（凸）窗	1. 窗代号 2. 框外围展开面积 3. 框、扇材质 4. 玻璃品种、厚度			1. 窗安装 2. 五金、玻璃安装
010807008	彩板窗	1. 窗代号 2. 框外围展开面积 3. 框、扇材质 4. 玻璃品种、厚度		1. 以樘计量，按设计图示数量计算 2. 以平方米计量，按设计图示尺寸或框外围以面积计算	
010807009	复合材料窗				

门窗套（编码：010808） 表7-64

项目编码	项目名称	项目特征	计量单位	工程量计算规则	工作内容
010808001	木门窗套	1. 窗代号及洞口尺寸 2. 门窗套展开宽度 3. 基层材料种类 4. 面层材料品种、规格 5. 线条品种、规格 6. 防护材料种类	1. 樘 2. m² 3. m	1. 以樘计量，按设计图示数量计算 2. 以平方米计量，按设计图示尺寸以展开面积计算 3. 以米计量，按设计图示中心以延长米计算	1. 清理基层 2. 立筋制作、安装 3. 基层板安装 4. 面层铺贴 5. 线条安装 6. 刷防护材料
010808002	木筒子板	1. 筒子板宽度 2. 基层材料种类 3. 面层材料品种、规格 4. 线条品种、规格 5. 防护材料种类			
010808003	饰面夹板筒子板	1. 筒子板宽度 2. 基层材料种类 3. 面层材料品种、规格 4. 线条品种、规格 5. 防护材料种类			

续表

项目编码	项目名称	项目特征	计量单位	工程量计算规则	工作内容
010808004	金属门窗套	1. 窗代号及洞口尺寸 2. 门窗套展开宽度 3. 基层材料种类 4. 面层材料品种、规格 5. 防护材料种类	1. 樘 2. m² 3. m	1. 以樘计量，按设计图示数量计算 2. 以平方米计量，按设计图示尺寸以展开面积计算 3. 以米计量，按设计图示中心以延长米计算	1. 清理基层 2. 立筋制作、安装 3. 基层板安装 4. 面层铺贴 5. 刷防护材料
010808005	石材门窗套	1. 窗代号及洞口尺寸 2. 门窗套展开宽度 3. 粘结层厚度、砂浆配合比 4. 面层材料品种、规格 5. 线条品种、规格			1. 清理基层 2. 立筋制作、安装 3. 基层抹灰 4. 面层铺贴 5. 线条安装
010808006	门窗木贴脸	1. 门窗代号及洞口尺寸 2. 贴脸板宽度 3. 防护材料种类	1. 樘 2. m	1. 以樘计量，按设计图示数量计算 2. 以米计量，按设计图示尺寸以延长米计算	安装
010808007	成品木门窗套	1. 窗代号及洞口尺寸 2. 门窗套展开宽度 3. 门窗套材料品种、规格	1. 樘 2. m² 3. m	1. 以樘计量，按设计图示数量计算 2. 以平方米计量，按设计图示尺寸以展开面积计算 3. 以米计量，按设计图示中心以延长米计算	1. 清理基层 2. 立筋制作、安装 3. 板安装

窗台板（编码：010809） 表 7-65

项目编码	项目名称	项目特征	计量单位	工程量计算规则	工作内容
010809001	木窗台板	1. 基层材料种类 2. 窗台面板材质、规格、颜色 3. 防护材料种类	m²	按设计图示尺寸以展开面积计算	1. 基层清理 2. 基层制作、安装 3. 窗台板制作、安装 4. 刷防护材料
010809002	铝塑窗台板				
010809003	金属窗台板				
010809004	石材窗台板	1. 粘结层厚度、砂浆配合比 2. 窗台板材质、规格、颜色			1. 基层清理 2. 抹找平层 3. 窗台板制作、安装

窗帘、窗帘盒、窗帘轨（编码：010810） 表 7-66

项目编码	项目名称	项目特征	计量单位	工程量计算规则	工作内容
010810001	窗帘	1. 窗帘材质 2. 窗帘高度、宽度 3. 窗帘层数 4. 带幔要求	1. m 2. m²	1. 以米计量，按设计图示尺寸以成活后长度计算 2. 以平方米计量，按图示尺寸以成活后展开面积计算	1. 制作、运输 2. 安装

续表

项目编码	项目名称	项目特征	计量单位	工程量计算规则	工作内容
010810002	木窗帘盒	1. 窗帘盒材质、规格 2. 防护材料种类	m	按设计图示尺寸以长度计算	1. 制作、运输安装 2. 刷防护材料
010810003	饰面夹板、塑料窗帘盒				
010810004	铝合金窗帘盒				
010810005	窗帘轨	1. 窗帘轨材质、规格 2. 轨的数量 3. 防护材料种类			

3. 门窗工程的工程量计算

门窗工程的清单工程量计算规则有两种：以樘计算，按设计图示数量计算；以平方米计算，按设计图示洞口尺寸以面积计算。

门窗工程的计价工程量均按设计图示门、窗洞口面积计算。

7.6.11 屋面及防水工程

1. 屋面及防水工程的内容

屋面及防水工程包括一般工业与民用建筑结构的屋面、室内卫生间、浴室防水、构筑物（含水池、水塔等）防水工程，楼地面、墙基、墙身的防水防潮以及屋面、墙面及楼地面的各种变形缝。

2. 屋面及防水工程的计算规范

详情见表 7-67～表 7-70 所示。

瓦、型材及其他屋面（编码：010901） 表 7-67

项目编码	项目名称	项目特征	计量单位	工程量计算规则	工作内容
010901001	瓦屋面	1. 瓦品种、规格 2. 粘结层砂浆的配合比	m^2	按设计图示尺寸以斜面积计算。 不扣除房上烟囱、风帽底座、风道、小气窗、斜沟等所占面积。小气窗的出檐部分不增加面积	1. 砂浆制作、运输、摊铺、养护 2. 安瓦、做瓦脊
010901002	型材屋面	1. 型材品种、规格 2. 金属檩条材料品种、规格 3. 接缝、嵌缝材料种类			1. 檩条制作、运输、安装 2. 屋面型材安装 3. 接缝、嵌缝
010901003	阳光板屋面	1. 阳光板品种、规格 2. 骨架材料品种、规格 3. 接缝、嵌缝材料种类 4. 油漆品种、刷漆遍数	m^2	按设计图示尺寸以斜面积计算。 不扣除屋面面积≤0.3m^2孔洞所占面积	1. 骨架制作、运输、安装、刷防护材料、油漆 2. 阳光板安装 3. 接缝、嵌缝
010901004	玻璃钢屋面	1. 玻璃钢品种、规格 2. 骨架材料品种、规格 3. 玻璃钢固定方式 4. 接缝、嵌缝材料种类 5. 油漆品种、刷漆遍数			1. 骨架制作、运输、安装、刷防护材料、油漆 2. 玻璃钢制作、安装 3. 接缝、嵌缝

续表

项目编码	项目名称	项目特征	计量单位	工程量计算规则	工作内容
010901005	膜结构屋面	1. 膜布品种、规格 2. 支柱（网架）钢材品种、规格 3. 钢丝绳品种、规格 4. 锚固基座做法 5. 油漆品种、刷漆遍数	m²	按设计图示尺寸以需要覆盖的水平投影面积计算	1. 膜布热压胶接 2. 支柱（网架）制作、安装 3. 膜布安装 4. 穿钢丝绳、锚头锚固 5. 锚固基座挖土、回填 6. 刷防护材料、油漆

屋面防水及其他（编码：010902）　　　　　　　　表 7-68

项目编码	项目名称	项目特征	计量单位	工程量计算规则	工作内容
010902001	屋面卷材防水	1. 卷材品种、规格、厚度 2. 防水层数 3. 防水层做法	m²	按设计图示尺寸以面积计算 1. 斜屋顶（不包括平屋顶找坡）按斜面积计算，平屋顶按水平投影面积计算 2. 不扣除房上烟囱、风帽底座、风道、屋面小气窗和斜沟所占面积 3. 屋面的女儿墙、伸缩缝和天窗等处的弯起部分，并入屋面工程量内	1. 基层处理 2. 刷底油 3. 铺油毡卷材、接缝
010902002	屋面涂膜防水	1. 防水膜品种 2. 涂膜厚度、遍数 3. 增强材料种类	m²		1. 基层处理 2. 刷基层处理剂 3. 铺布、喷涂防水层
010902003	屋面刚性层	1. 刚性层厚度 2. 混凝土种类 3. 混凝土强度等级 4. 嵌缝材料种类 5. 钢筋规格、型号	m²	按设计图示尺寸以面积计算。不扣除房上烟囱、风帽底座、风道等所占面积	1. 基层处理 2. 混凝土制作、运输、铺筑、养护 3. 钢筋制安
010902004	屋面排水管	1. 排水管品种、规格 2. 雨水斗、山墙出水口品种、规格 3. 接缝、嵌缝材料种类 4. 油漆品种、刷漆遍数	m	按设计图示尺寸以长度计算。如设计未标注尺寸，以檐口至设计室外散水上表面垂直距离计算	1. 排水管及配件安装、固定 2. 雨水斗、山墙出水口、雨水箅子安装 3. 接缝、嵌缝 4. 刷漆
010902005	屋面排（透）气管	1. 排（透）气管品种、规格 2. 接缝、嵌缝材料种类 3. 油漆品种、刷漆遍数	m	按设计图示尺寸以长度计算	1. 排（透）气管及配件安装、固定 2. 铁件制作、安装 3. 接缝、嵌缝 4. 刷漆

续表

项目编码	项目名称	项目特征	计量单位	工程量计算规则	工作内容
010902006	屋面（廊、阳台）泄（吐）水管	1. 吐水管品种、规格 2. 接缝、嵌缝材料种类 3. 吐水管长度 4. 油漆品种、刷漆遍数	根（个）	按设计图示数量计算	1. 水管及配件安装、固定 2. 接缝、嵌缝 3. 刷漆
010902007	屋面天沟、檐沟	1. 材料品种、规格 2. 接缝、嵌缝材料种类	m²	按设计图示尺寸以展开面积计算	1. 天沟材料铺设 2. 天沟配件安装 3. 接缝、嵌缝 4. 刷防护材料
010902008	屋面变形缝	1. 嵌缝材料种类 2. 止水带材料种类 3. 盖缝材料 4. 防护材料种类	m	按设计图示以长度计算	1. 清缝 2. 填塞防水材料 3. 止水带安装 4. 盖缝制作、安装 5. 刷防护材料

墙面防水、防潮（编码：010903） 表 7-69

项目编码	项目名称	项目特征	计量单位	工程量计算规则	工作内容
010903001	墙面卷材防水	1. 卷材品种、规格、厚度 2. 防水层数 3. 防水层做法	m²	按设计图示尺寸以面积计算	1. 基层处理 2. 刷胶粘剂 3. 铺防水卷材 4. 接缝、嵌缝
010903002	墙面涂膜防水	1. 防水膜品种 2. 涂膜厚度、遍数 3. 增强材料种类	m²	按设计图示尺寸以面积计算	1. 基层处理 2. 刷基层处理剂 3. 铺布、喷涂防水层
010903003	墙面砂浆防水（防潮）	1. 防水层做法 2. 砂浆厚度、配合比 3. 钢丝网规格			1. 基层处理 2. 挂钢丝网片 3. 设置分格缝 4. 砂浆制作、运输、摊铺、养护
010903004	墙面变形缝	1. 嵌缝材料种类 2. 止水带材料种类 3. 盖缝材料 4. 防护材料种类	m	按设计图示以长度计算	1. 清缝 2. 填塞防水材料 3. 止水带安装 4. 盖缝制作、安装 5. 刷防护材料

楼（地）面防水、防潮（编码：010904） 表7-70

项目编码	项目名称	项目特征	计量单位	工程量计算规则	工作内容
010904001	楼（地）面卷材防水	1. 卷材品种、规格、厚度 2. 防水层数 3. 防水层做法 4. 反边高度	m²	按设计图示尺寸以面积计算 1. 楼（地）面防水：按主墙间净空面积计算，扣除凸出地面的构筑物、设备基础等所占面积，不扣除间壁墙及单个面积≤0.3m²柱、垛、烟囱和孔洞所占面积 2. 楼（地）面防水反边高度≤300mm算作地面防水，反边高度＞300mm算作墙面防水	1. 基层处理 2. 刷胶粘剂 3. 铺防水卷材 4. 接缝、嵌缝
010904002	楼（地）面涂膜防水	1. 防水膜品种 2. 涂膜厚度、遍数 3. 增强材料种类 4. 反边高度			1. 基层处理 2. 刷基层处理剂 3. 铺布、喷涂防水层
010904003	楼（地）面砂浆防水（防潮）	1. 防水层做法 2. 砂浆厚度、配合比 3. 反边高度			1. 基层处理 2. 砂浆制作、运输、摊铺、养护
010904004	楼（地）面变形缝	1. 嵌缝材料种类 2. 止水带材料种类 3. 盖缝材料 4. 防护材料种类	m	按设计图示以长度计算	1. 清缝 2. 填塞防水材料 3. 止水带安装 4. 盖缝制作、安装 5. 刷防护材料

3. 屋面及防水工程的工程量计算

1）瓦、型材及其他屋面

按设计图示尺寸以斜面积计算，具体可按设计图示尺寸的水平面积乘以屋面坡度延尺系数 C（表7-71），以平方米计算。四坡屋面斜脊长度按图7-45中 A 乘以隅延尺系数 D（表7-71）以延长米计算。

屋面坡度系数表 表7-71

坡度			延尺系数 C	隅延尺系数 D
B（$A=1$）	高跨比（$B/2A$）	角度（θ）	$A=1$	$A=1$
1	1/2	45°	1.4142	1.7321
0.75		36°52′	1.2500	1.6008
0.70		35°	1.2207	1.5779
0.666	1/3	33°40′	1.2015	1.5620
0.65		33°01′	1.1926	1.5564
0.60		30°58′	1.1662	1.5362
0.577		30°	1.1547	1.5270
0.55		28°49′	1.1413	1.5170
0.50	1/4	26°34′	1.1180	1.5000
0.45		24°14′	1.0966	1.4839
0.40	1/5	21°48′	1.0770	1.4697

续表

坡度			延尺系数 C	隅延尺系数 D
B ($A=1$)	高跨比（$B/2A$）	角度（θ）	$A=1$	$A=1$
0.35		19°17′	1.0594	1.4569
0.30		16°42′	1.0440	1.4457
0.25		14°02′	1.0308	1.4362
0.20	1/10	11°19′	1.0198	1.4283
0.15		8°32′	1.0112	1.4221
0.125		7°8′	1.0078	1.4191
0.100	1/20	5°42′	1.0050	1.4177
0.083		4°45′	1.0035	1.4166
0.066	1/30	3°49′	1.0022	1.4157

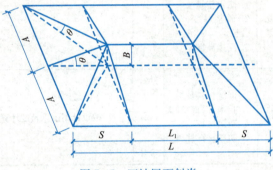

图 7-45 四坡屋面斜脊

2）屋面防水及其他

按设计图示尺寸以面积计算。平屋顶按水平投影面积计算、斜屋顶按斜面积计算，具体可按设计图示尺寸的水平面积乘以屋面坡度延尺系数 C（表 7-71）以平方米计算，不扣除房上烟囱、风帽底座、风道、屋面小气窗和斜沟所占面积；屋面的女儿墙、伸缩缝和天窗等处的弯起部分，并入屋面工程量内；屋面防水搭接及附加层用量、墙面防水搭接及附加层用量、楼（地）面防水搭接及附加层用量均不另行计算，在综合单价中考虑。

【例 7-24】 图 7-46 所示为某四坡水泥瓦屋顶平面图，设计屋面坡度高跨比为 1/4，试计算瓦屋面的清单工程量及全部屋脊长度。

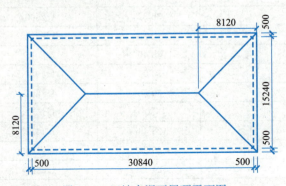

图 7-46 四坡水泥瓦屋顶平面图

解 瓦屋面的清单工程量：

根据高跨比查屋面坡度延尺系数：$C=1.118$

斜屋面面积 $=(30.84+0.5\times2)\times(15.24+0.5\times2)\times1.118=578.10\text{m}^2$

屋脊长度：

根据高跨比查屋面坡度隅延尺系数：$D=1.5$

屋面斜脊长度 $=A\times D=8.12\times1.5=12.18\text{m}$

全部屋脊长度 $=(31.84-8.12\times2)+12.18\times4=64.32\text{m}$

7.6.12 保温、隔热、防腐工程

1. 保温、隔热、防腐工程的内容

为了防止建筑物内部温度受外界温度的影响，使建筑物内部维持一定的温度而增加的材料层称保温隔热层，常用的保温隔热材料可分为松散保温隔热材料、板状保温隔热材料和整体保温隔热材料。保温隔热防水分为内保温、外保温、夹心保温。

在建筑物的使用过程中，由于酸、碱、盐及有机溶剂等介质的作用，会使建筑材料产生不同程度的物理和化学变化及发生腐蚀现象。在建筑工程中，常见的防腐蚀工程包括水类防腐蚀工程、硫磺类防腐蚀工程、沥青类防腐蚀工程、树脂类防腐蚀工程、块料防腐蚀工程、聚氯乙烯防腐蚀工程、涂料防腐蚀工程等。根据不同的结构和材料，又可分为防腐隔离层、防腐整体面层和防腐块料面层三大类。

工程量基本按设计图示尺寸以面积计算。

2. 保温、隔热、防腐工程的计算规范

详情见表 7-72～表 7-74 所示。

保温、隔热（编码：011001） 表 7-72

项目编码	项目名称	项目特征	计量单位	工程量计算规则	工作内容
011001001	保温隔热屋面	1. 保温隔热材料品种、规格、厚度 2. 隔气层材料品种、厚度 3. 粘结材料种类、做法 4. 防护材料种类、做法	m²	按设计图示尺寸以面积计算。扣除面积>0.3m² 孔洞所占位面积	1. 基层清理 2. 刷粘结材料 3. 铺粘保温层 4. 铺、刷（喷）防护材料
011001002	保温隔热天棚	1. 保温隔热面层材料品种、规格、性能 2. 保温隔热材料品种、规格及厚度 3. 粘结材料种类及做法 4. 防护材料种类及做法		按设计图示尺寸以面积计算。扣除面积>0.3m² 的柱、垛、孔洞所占面积，与天棚相连的梁按展开面积，计算并入天棚工程量内	

续表

项目编码	项目名称	项目特征	计量单位	工程量计算规则	工作内容
011001003	保温隔热墙面	1. 保温隔热部位 2. 保温隔热方式 3. 踢脚线、勒脚线保温做法 4. 龙骨材料品种、规格 5. 保温隔热面层材料品种、规格、性能 6. 保温隔热材料品种、规格及厚度 7. 增强网及抗裂防水砂浆种类 8. 粘结材料种类及做法 9. 防护材料种类及做法	m²	按设计图示尺寸以面积计算。扣除门窗洞口以及面积>0.3m² 梁、孔洞所占面积；门窗洞口侧壁以及与墙相连的柱，并入保温墙体工程量内	1. 基层清理 2. 刷界面剂 3. 安装龙骨 4. 填贴保温材料 5. 保温板安装 6. 粘贴面层 7. 铺设增强格网、抹抗裂、防水砂浆面层 8. 嵌缝 9. 铺、刷（喷）防护材料
011001004	保温柱、梁			按设计图示尺寸以面积计算。 1. 柱按设计图示柱断面保温层中心线展开长度乘保温层高度以面积计算，扣除面积>0.3m² 梁所占面积 2. 梁按设计图示梁断面乘保温层中心线展开长度以面积计算	
011001005	保温隔热楼地面	1. 保温隔热部位 2. 保温隔热材料品种、规格、厚度 3. 隔气层材料品种、厚度 4. 粘结材料种类、做法 5. 防护材料种类、做法	m²	按设计图示尺寸以面积计算。扣除面积>0.3m² 柱、垛、孔洞所占面积。门洞、空圈、暖气包槽、壁龛的开口部分不增加面积	1. 基层清理 2. 刷粘结材料 3. 铺粘保温层 4. 铺、刷（喷）防护材料
011001006	其他保温隔热	1. 保温隔热部位 2. 保温隔热方式 3. 隔气层材料品种、厚度 4. 保温隔热面层材料品种、规格、性能 5. 保温隔热材料品种、规格及厚度 6. 粘结材料种类及做法 7. 增强网及抗裂防水砂浆种类 8. 防护材料种类及做法		按设计图示尺寸以展开面积计算。扣除面积>0.3m² 孔洞及占位面积	1. 基层清理 2. 刷界面剂 3. 安装龙骨 4. 填贴保温材料 5. 保温板安装 6. 粘贴面层 7. 铺设增强格网、抹抗裂、防水砂浆面层 8. 嵌缝 9. 铺、刷（喷）防护材料

防腐面层（编码：011002）　　　　　　　　　　　　　　　　　　　表 7-73

项目编码	项目名称	项目特征	计量单位	工程量计算规则	工作内容
011002001	防腐混凝土面层	1. 防腐部位 2. 面层厚度 3. 混凝土种类 4. 胶泥种类、配合比	m²	按设计图示尺寸以面积计算。 1. 平面防腐：扣除凸出地面的构筑物、设备基础等以及面积＞0.3m² 孔洞、柱、垛所占面积，门洞、空圈、暖气包槽、壁龛的开口部分不增加面积 2. 立面防腐：扣除门、窗、洞口以及面积＞0.3m² 孔洞、梁所占面积，门、窗、洞口侧壁、垛突出部分按展开面积并入墙面积内	1. 基层清理 2. 基层刷稀胶泥 3. 混凝土制作、运输、摊铺、养护
011002002	防腐砂浆面层	1. 防腐部位 2. 面层厚度 3. 砂浆、胶泥种类、配合比			1. 基层清理 2. 基层刷稀胶泥 3. 砂浆制作、运输、摊铺、养护
011002003	防腐胶泥面层	1. 防腐部位 2. 面层厚度 3. 胶泥种类、配合比			1. 基层清理 2. 胶泥调制、摊铺
011002004	玻璃钢防腐面层	1. 防腐部位 2. 玻璃钢种类 3. 贴布材料的种类、层数 4. 面层材料品种	m²	按设计图示尺寸以面积计算。 1. 平面防腐：扣除凸出地面的构筑物、设备基础等以及面积＞0.3m² 孔洞、柱、垛所占面积 2. 立面防腐：扣除门、窗、洞口以及面积＞0.3m² 孔洞、梁所占面积，门、窗、洞口侧壁、垛突出部分按展开面积并入墙面积内	1. 基层清理 2. 刷底漆、刮腻子 3. 胶浆配制、涂刷 4. 粘布、涂刷面层
011002005	聚氯乙烯板面层	1. 防腐部位 2. 面层材料品种、厚度 3. 粘结材料种类			1. 基层清理 2. 配料、涂胶 3. 聚氯乙烯板铺设
011002006	块料防腐面层	1. 防腐部位 2. 块料品种、规格 3. 粘结材料种类 4. 勾缝材料种类			1. 基层清理 2. 铺贴块料 3. 胶泥调制、勾缝
011002007	池、槽块料防腐面层	1. 防腐池、槽名称、代号 2. 块料品种、规格 3. 粘结材料种类 4. 勾缝材料种类		按设计图示尺寸以展开面积计算	1. 基层清理 2. 铺贴块料 3. 胶泥调制、勾缝

其他防腐（编码：011003）　　　　　　　　　　　　　　　　　　　表 7-74

项目编码	项目名称	项目特征	计量单位	工程量计算规则	工作内容
011003001	隔离层	1. 隔离层部位 2. 隔离层材料品种 3. 隔离层做法 4. 粘贴材料种类	m²	按设计图示尺寸以面积计算。 1. 平面防腐：扣除凸出地面的构筑物、设备基础等以及面积＞0.3m² 孔洞、柱、垛所占面积，门洞、空圈、暖气包槽、壁龛的开口部分不增加面积 2. 立面防腐：扣除门、窗、洞口以及面积＞0.3m² 孔洞、梁所占面积，门、窗、洞口侧壁、垛突出部分按展开面积并入墙面积内	1. 基层清理、刷油 2. 煮沥青 3. 胶泥调制 4. 隔离层铺设

续表

项目编码	项目名称	项目特征	计量单位	工程量计算规则	工作内容
011003002	砌筑沥青浸渍砖	1. 砌筑部位 2. 浸渍砖规格 3. 胶泥种类 4. 浸渍砖砌法	m³	按设计图示尺寸以体积计算	1. 基层清理 2. 胶泥调制 3. 浸渍砖铺砌
011003003	防腐涂料	1. 涂刷部位 2. 基层材料类型 3. 刮腻子的种类、遍数 4. 涂料品种、刷涂遍数	m²	按设计图示尺寸以面积计算。 1. 平面防腐：扣除凸出地面的构筑物、设备基础等以及面积>0.3m²孔洞、柱、垛所占面积，门洞、空圈、暖气包槽、壁龛的开口部分不增加面积 2. 立面防腐：扣除门、窗、洞口以及面积>0.3m²孔洞、梁所占面积，门、窗、洞口侧壁、垛突出部分按展开面积并入墙面积内	1. 基层清理 2. 刮腻子 3. 刷涂料

3. 保温、隔热、防腐工程的工程量计算

保温层隔热层的清单工程量计算规则按设计图示尺寸以面积计算，而保温层的计价工程量则应区分不同材料，按设计图示尺寸以立方米计算。屋面找坡层的计价工程量按图示水平投影面积乘以平均厚度，以立方米计算。屋面找坡层平均厚度的计算如图7-47所示。

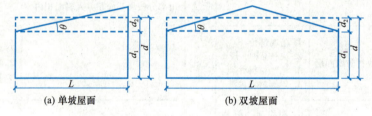

图 7-47 屋面找坡层平均厚度计算示意图

单坡屋面平均厚度：
$$d = d_1 + d_2 = d_1 + iL/2 \tag{7-9}$$

双坡屋面平均厚度：
$$d = d_1 + d_2 = d_1 + iL/4 \tag{7-10}$$

式中　d——厚度，m；

　　　i——坡度系数（$i=\tan\theta$）；

　　　θ——屋面倾斜角。

7.6.13 楼地面装饰工程

1. 楼地面工程的内容

楼地面装饰工程主要包括整体面层及找平层、块料面层、橡塑面层、踢脚线、楼梯面层、台阶装饰、零星装饰项目等。

2. 楼地面工程的计算规范

楼地面工程的计算规范详情见表7-75～表7-82所示。

整体面层及找平层（编码：011101） 表 7-75

项目编码	项目名称	项目特征	计量单位	工程量计算规则	工作内容
011101001	水泥砂浆楼地面	1. 找平层厚度、砂浆配合比 2. 素水泥浆遍数 3. 面层厚度、砂浆配合比 4. 面层做法要求	m²	按设计图示尺寸以面积计算。扣除凸出地面构筑物、设备基础、室内管道、地沟等所占面积，不扣除间壁墙及≤0.3m²柱、垛、附墙烟囱及孔洞所占面积。门洞、空圈、暖气包槽、壁龛的开口部分不增加面积	1. 基层清理 2. 抹找平层 3. 抹面层 4. 材料运输
011101002	现浇水磨石楼地面	1. 找平层厚度、砂浆配合比 2. 面层厚度、水泥石子浆配合比 3. 嵌条材料种类、规格 4. 石子种类、规格、颜色 5. 颜料种类、颜色 6. 图案要求 7. 磨光、酸洗、打蜡要求			1. 基层清理 2. 抹找平层 3. 面层铺设 4. 嵌缝条安装 5. 磨光、酸洗打蜡 6. 材料运输
011101003	细石混凝土楼地面	1. 找平层厚度、砂浆配合比 2. 面层厚度、混凝土强度等级			1. 基层清理 2. 抹找平层 3. 面层铺设 4. 材料运输
011101004	菱苦土楼地面	1. 找平层厚度、砂浆配合比 2. 面层厚度 3. 打蜡要求			1. 基层清理 2. 抹找平层 3. 面层铺设 4. 打蜡 5. 材料运输
011101005	自流坪楼地面	1. 找平层砂浆配合比、厚度 2. 界面剂材料种类 3. 中层漆材料种类、厚度 4. 面漆材料种类、厚度 5. 面层材料种类			1. 基层处理 2. 抹找平层 3. 涂界面剂 4. 涂刷中层漆 5. 打磨、吸尘 6. 镘自流平面漆（浆） 7. 拌和自流平浆料 8. 铺面层
011101006	平面砂浆找平层	找平层厚度、砂浆配合比		按设计图示尺寸以面积计算	1. 基层清理 2. 抹找平层 3. 材料运输

块料面层（编码：011102） 表7-76

项目编码	项目名称	项目特征	计量单位	工程量计算规则	工作内容
011102001	石材楼地面	1. 找平层厚度、砂浆配合比 2. 结合层厚度、砂浆配合比 3. 面层材料品种、规格、颜色 4. 嵌缝材料种类 5. 防护层材料种类 6. 酸洗、打蜡要求	m²	按设计图示尺寸以面积计算。门洞、空圈、暖气包槽、壁龛的开口部分并入相应的工程量内	1. 基层清理 2. 抹找平层 3. 面层铺设、磨边 4. 嵌缝 5. 刷防护材料 6. 酸洗、打蜡 7. 材料运输
011102002	碎石材楼地面				
011102003	块料楼地面	1. 找平层厚度、砂浆配合比 2. 结合层厚度、砂浆配合比 3. 面层材料品种、规格、颜色 4. 嵌缝材料种类 5. 防护层材料种类 6. 酸洗、打蜡要求	m²	按设计图示尺寸以面积计算。门洞、空圈、暖气包槽、壁龛的开口部分并入相应的工程量内	1. 基层清理 2. 抹找平层 3. 面层铺设、磨边 4. 嵌缝 5. 刷防护材料 6. 酸洗、打蜡 7. 材料运输

橡塑面层（编码：011103） 表7-77

项目编码	项目名称	项目特征	计量单位	工程量计算规则	工作内容
011103001	橡胶板楼地面	1. 粘结层厚度、材料种类 2. 面层材料品种、规格颜色 3. 压线条种类	m²	按设计图示尺寸以面积计算。门洞、空圈、暖气包槽、壁龛的开口部分并入相应的工程量内	1. 基层清理 2. 面层铺贴 3. 压缝条装钉 4. 材料运输
011103002	橡胶板卷材楼地面				
011103003	塑料板楼地面				
011103004	塑料卷材楼地面				

其他材料面层（编码：011104） 表7-78

项目编码	项目名称	项目特征	计量单位	工程量计算规则	工作内容
011104001	地毯楼地面	1. 面层材料品种、规格、颜色 2. 防护材料种类 3. 粘结材料种类 4. 压线条种类	m²	按设计图示尺寸以面积计算。门洞、空圈、暖气包槽、壁龛的开口部分并入相应的工程量内	1. 基层清理 2. 铺贴面层 3. 刷防护材料 4. 装钉压条 5. 材料运输
011104002	竹、木（复合）地板	1. 龙骨材料种类、规格、铺设间距 2. 基层材料种类、规格 3. 面层材料品种、规格、颜色 4. 防护材料种类	m²		1. 基层清理 2. 龙骨铺设 3. 基层铺设 4. 面层铺贴 5. 刷防护材料 6. 材料运输

续表

项目编码	项目名称	项目特征	计量单位	工程量计算规则	工作内容
011104003	金属复合地板	1. 龙骨材料种类、规格、铺设间距 2. 基层材料种类、规格 3. 面层材料品种、规格、颜色 4. 防护材料种类	m²	按设计图示尺寸以面积计算。门洞、空圈、散热器包槽、壁龛的开口部分并入相应的工程量内	1. 基层清理 2. 龙骨铺设 3. 基层铺设 4. 面层铺贴 5. 刷防护材料 6. 材料运输
011104004	防静电活动地板	1. 支架高度、材料种类 2. 面层材料品种、规格、颜色 3. 防护材料种类			1. 基层清理 2. 固定支架安装 3. 活动面层安装 4. 刷防护材料 5. 材料运输

踢脚线（编码：011105） 表7-79

项目编码	项目名称	项目特征	计量单位	工程量计算规则	工作内容
011105001	水泥砂浆踢脚线	1. 踢脚线高度 2. 底层厚度、砂浆配合比 3. 面层厚度、砂浆配合比	1. m² 2. m	1. 以平方米计量，按设计图示长度乘高度以面积计算 2. 以米计量，按延长米计算	1. 基层清理 2. 底层和面层抹灰 3. 材料运输
011105002	石材踢脚线	1. 踢脚线高度 2. 粘贴层厚度、材料种类 3. 面层材料品种、规格、颜色 4. 防护材料种类			1. 基层清理 2. 底层抹灰 3. 面层铺贴、磨边 4. 擦缝 5. 磨光、酸洗、打蜡 6. 刷防护材料 7. 材料运输
011105003	块料踢脚线				
011105004	塑料板踢脚线	1. 踢脚线高度 2. 粘结层厚度、材料种类 3. 面层材料种类、规格、颜色			1. 基层清理 2. 基层铺贴 3. 面层铺贴 4. 材料运输
011105005	木质踢脚线	1. 踢脚线高度 2. 基层材料种类、规格 3. 面层材料品种、规格、颜色			
011105006	金属踢脚线				
011105007	防静电踢脚线				

楼梯面层（编码：011106） 表 7-80

项目编码	项目名称	项目特征	计量单位	工程量计算规则	工作内容
011106001	石材楼梯面层	1. 找平层厚度、砂浆配合比 2. 粘结层厚度、材料种类 3. 面层材料品种、规格、颜色 4. 防滑条材料种类、规格 5. 勾缝材料种类 6. 防护材料种类 7. 酸洗、打蜡要求	m^2	按设计图示尺寸以楼梯（包括踏步、休息平台及≤500mm 的楼梯井）水平投影面积计算。楼梯与楼地面相连时，算至梯口梁内侧边沿；无梯口梁者，算至最上一层踏步边沿加 300mm	1. 基层清理 2. 抹找平层 3. 面层铺贴、磨边 4. 贴嵌防滑条 5. 勾缝 6. 刷防护材料 7. 酸洗、打蜡 8. 材料运输
011106002	块料楼梯面层				
011106003	拼碎块料面层				
011106004	水泥砂浆楼梯面层	1. 找平层厚度、砂浆配合比 2. 面层厚度、砂浆配合比 3. 防滑条材料种类、规格			1. 基层清理 2. 抹找平层 3. 抹面层 4. 抹防滑条 5. 材料运输
011106005	现浇水磨石楼梯面层	1. 找平层厚度、砂浆配合比 2. 面层厚度、水泥石子浆配合比 3. 防滑条材料种类、规格 4. 石子种类、规格、颜色 5. 颜料种类、颜色 6. 磨光、酸洗打蜡要求			1. 基层清理 2. 抹找平层 3. 抹面层 4. 贴嵌防滑条 5. 磨光、酸洗、打蜡 6. 材料运输
011106006	地毯楼梯面层	1. 基层种类 2. 面层材料品种、规格、颜色 3. 防护材料种类 4. 粘结材料种类 5. 固定配件材料种类、规格			1. 基层清理 2. 铺贴面层 3. 固定配件安装 4. 刷防护材料 5. 材料运输
011106007	木板楼梯面层	1. 基层材料种类、规格 2. 面层材料品种、规格、颜色 3. 粘结材料种类 4. 防护材料种类			1. 基层清理 2. 基层铺贴 3. 面层铺贴 4. 刷防护材料 5. 材料运输
011106008	橡胶板楼梯面层	1. 粘结层厚度、材料种类 2. 面层材料品种、规格、颜色 3. 压线条种类			1. 基层清理 2. 面层铺贴 3. 压缝条装钉 4. 材料运输
011106009	塑料板楼梯面层				

台阶装饰（编码：011107）   表 7-81

项目编码	项目名称	项目特征	计量单位	工程量计算规则	工作内容
011107001	石材台阶面	1. 找平层厚度、砂浆配合比 2. 粘结层材料种类 3. 面层材料品种、规格、颜色 4. 勾缝材料种类 5. 防滑条材料种类、规格 6. 防护材料种类	m²	按设计图示尺寸以台阶（包括最上层踏步边沿加300mm）水平投影面积计算	1. 基层清理 2. 抹找平层 3. 面层铺贴 4. 贴嵌防滑条 5. 勾缝 6. 刷防护材料 7. 材料运输
011107002	块料台阶面	^	^	^	^
011107003	拼碎块料台阶面	^	^	^	^
011107004	水泥砂浆台阶面	1. 找平层厚度、砂浆配合比 2. 面层厚度、砂浆配合比 3. 防滑条材料种类	m²	^	1. 基层清理 2. 抹找平层 3. 抹面层 4. 抹防滑条 5. 材料运输
011107005	现浇水磨石台阶面	1. 找平层厚度、砂浆配合比 2. 面层厚度、水泥石子浆配合比 3. 防滑条材料种类、规格 4. 石子种类、规格、颜色 5. 颜料种类、颜色 6. 磨光、酸洗、打蜡要求	m²	^	1. 清理基层 2. 抹找平层 3. 抹面层 4. 贴嵌防滑条 5. 打磨、酸洗、打蜡 6. 材料运输
011107006	剁假石台阶面	1. 找平层厚度、砂浆配合比 2. 面层厚度、砂浆配合比 3. 剁假石要求	m²	^	1. 清理基层 2. 抹找平层 3. 抹面层 4. 剁假石 5. 材料运输

零星装饰项目（编码：011108）   表 7-82

项目编码	项目名称	项目特征	计量单位	工程量计算规则	工作内容
011108001	石材零星项目	1. 工程部位 2. 找平层厚度、砂浆配合比 3. 贴结合层厚度、材料种类 4. 面层材料品种、规格、颜色 5. 勾缝材料种类 6. 防护材料种类 7. 酸洗、打蜡要求	m²	按设计图示尺寸以面积计算	1. 清理基层 2. 抹找平层 3. 面层铺贴、磨边 4. 勾缝 5. 刷防护材料 6. 酸洗、打蜡 7. 材料运输
011108002	拼碎石材零星项目	^	^	^	^
011108003	块料零星项目	^	^	^	^
011108004	水泥砂浆零星项目	1. 工程部位 2. 找平层厚度、砂浆配合比 3. 面层厚度、砂浆厚度	^	^	1. 清理基层 2. 抹找平层 3. 抹面层 4. 材料运输

3. 楼地面装饰工程的工程量计算

（1）整体面层及找平层的清单工程量计算规则与计价工程量的相同，均按照设计图示尺寸以面积计算；扣除凸出地面构筑物、设备基础、室内管道、地沟等所占面积；不扣除间壁墙及≤$0.3m^2$柱、垛、附墙烟囱及孔洞所占面积；门洞、空圈、暖气包槽、壁龛的开口部分不增加面积；门洞、空圈、暖气包槽、壁龛的开口部分并入相应的计价工程量中。

（2）踢脚线的清单工程量计算规则与计价工程量的相同

踢脚线的清单工程量计算规则有两种：按设计图示长度乘高度以面积计算；按延长米计算。

踢脚线的计价工程量计算规则一般按设计图示，饰面外围尺寸实铺长度乘以高度以面积计算。

其他项目清单工程量计算规则与计价工程量的相同。

7.6.14 墙柱面装饰与隔断幕墙工程

1. 墙柱面装饰与隔断幕墙工程的内容

墙柱面装饰与隔断幕墙工程包括墙面抹灰、柱（梁）面抹灰、零星抹灰、墙面块料面层、柱（梁）面镶贴块料、镶贴零星块料、墙饰面、柱（梁）饰面、幕墙工程、隔断。

2. 墙柱面装饰与隔断幕墙工程的计算规范

详情见表7-83~表7-92所示。

墙面抹灰（编码：011201） 表7-83

项目编码	项目名称	项目特征	计量单位	工程量计算规则	工作内容
011201001	墙面一般抹灰	1. 墙体类型 2. 底层厚度、砂浆配合比 3. 面层厚度、砂浆配合比 4. 装饰面材料种类 5. 分格缝宽度、材料种类	m^2	按设计图示尺寸以面积计算。扣除墙裙、门窗洞口及单个>$0.3m^2$的孔洞面积，不扣除踢脚线、挂镜线和墙与构件交接处的面积，门窗洞口和孔洞的侧壁及顶面不增加面积。附墙柱、梁、垛、烟囱侧壁并入相应的墙面面积内。 1. 外墙抹灰面积按外墙垂直投影面积计算 2. 外墙裙抹灰面积按其长度乘以高度计算 3. 内墙抹灰面积按主墙间的净长乘以高度计算 (1) 无墙裙的，高度按室内楼地面至天棚底面计算 (2) 有墙裙的，高度按墙裙顶至天棚底面计算 (3) 有吊顶天棚抹灰，高度算至天棚底 4. 内墙裙抹灰面按内墙净长乘以高度计算	1. 基层清理 2. 砂浆制作、运输 3. 底层抹灰 4. 抹面层 5. 抹装饰面 6. 勾分格缝
011201002	墙面装饰抹灰				
011201003	墙面勾缝	1. 勾缝类型 2. 勾缝材料种类			1. 基层清理 2. 砂浆制作、运输 3. 勾缝
011201004	立面砂浆找平层	1. 基层类型 2. 找平层砂浆厚度、配合比			1. 基层清理 2. 砂浆制作、运输 3. 抹灰找平

柱（梁）面抹灰（编码：011202）　　　　　　　　　　　　表 7-84

项目编码	项目名称	项目特征	计量单位	工程量计算规则	工作内容
011202001	柱、梁面一般抹灰	1. 柱（梁）体类型 2. 底层厚度、砂浆配合比 3. 面层厚度、砂浆配合比 4. 装饰面材料种类 5. 分格缝宽度、材料种类	m²	1. 柱面抹灰：按设计图示柱断面周长乘高度以面积计算 2. 梁面抹灰：按设计图示梁断面周长乘长度以面积计算	1. 基层清理 2. 砂浆制作、运输 3. 底层抹灰 4. 抹面层 5. 勾分格缝
011202002	柱、梁面装饰抹灰				
011202003	柱、梁面砂浆找平	1. 柱（梁）体类型 2. 找平的砂浆厚度、配合比			1. 基层清理 2. 砂浆制作、运输 3. 抹灰找平
011202004	柱面勾缝	1. 勾缝类型 2. 勾缝材料种类		按设计图示柱断面周长乘高度以面积计算	1. 基层清理 2. 砂浆制作、运输 3. 勾缝

零星抹灰（编码：011203）　　　　　　　　　　　　表 7-85

项目编码	项目名称	项目特征	计量单位	工程量计算规则	工作内容
011203001	零星项目一般抹灰	1. 基层类型、部位 2. 底层厚度、砂浆配合比 3. 面层厚度、砂浆配合比 4. 装饰面材料种类 5. 分格缝宽度、材料种类	m²	按设计图示尺寸以面积计算	1. 基层清理 2. 砂浆制作、运输 3. 底层抹灰 4. 抹面层 5. 抹装饰面 6. 勾分格缝
011203002	零星项目装饰抹灰	1. 基层类型、部位 2. 底层厚度、砂浆配合比 3. 面层厚度、砂浆配合比 4. 装饰面材料种类 5. 分格缝宽度、材料种类			
011203003	零星项目砂浆找平	1. 基层类型、部位 2. 找平的砂浆厚度、配合比			1. 基层清理 2. 砂浆制作、运输 3. 抹灰找平

墙面块料面层（编码：011204）　　　　　　　　　　　　表 7-86

项目编码	项目名称	项目特征	计量单位	工程量计算规则	工作内容
011204001	石材墙面	1. 墙体类型 2. 安装方式 3. 面层材料品种、规格、颜色 4. 缝宽、嵌缝材料种类 5. 防护材料种类 6. 磨光、酸洗、打蜡要求	m²	按镶贴表面积计算	1. 基层清理 2. 砂浆制作、运输 3. 粘结层铺贴 4. 面层安装 5. 嵌缝 6. 刷防护材料 7. 磨光、酸洗、打蜡
011204002	拼碎石材墙面				
011204003	块料墙面				
011204004	干挂石材钢骨架	1. 骨架种类、规格 2. 防锈漆品种遍数	t	按设计图示以质量计算	1. 骨架制作、运输、安装 2. 刷漆

柱（梁）面镶贴块料（编码：011205） 表 7-87

项目编码	项目名称	项目特征	计量单位	工程量计算规则	工作内容
011205001	石材柱面	1. 柱截面类型、尺寸 2. 安装方式 3. 面层材料品种、规格、颜色 4. 缝宽、嵌缝材料种类 5. 防护材料种类 6. 磨光、酸洗、打蜡要求	m^2	按镶贴表面积计算	1. 基层清理 2. 砂浆制作、运输 3. 粘结层铺贴 4. 面层安装 5. 嵌缝 6. 刷防护材料 7. 磨光、酸洗、打蜡
011205002	块料柱面				
011205003	拼碎块柱面				
011205004	石材梁面	1. 安装方式 2. 面层材料品种、规格、颜色 3. 缝宽、嵌缝材料种类 4. 防护材料种类 5. 磨光、酸洗、打蜡要求			
011205005	块料梁面				

镶贴零星块料（编码：011206） 表 7-88

项目编码	项目名称	项目特征	计量单位	工程量计算规则	工作内容
011206001	石材零星项目	1. 基层类型、部位 2. 安装方式 3. 面层材料品种、规格、颜色 4. 缝宽、嵌缝材料种类 5. 防护材料种类 6. 磨光、酸洗、打蜡要求	m^2	按镶贴表面积计算	1. 基层清理 2. 砂浆制作、运输 3. 面层安装 4. 嵌缝 5. 刷防护材料 6. 磨光、酸洗、打蜡
011206002	块料零星项目				
011206003	拼碎块零星项目				

墙饰面（编码：011207） 表 7-89

项目编码	项目名称	项目特征	计量单位	工程量计算规则	工作内容
011207001	墙面装饰板	1. 龙骨材料种类、规格、中距 2. 隔离层材料种类、规格 3. 基层材料种类、规格 4. 面层材料品种、规格、颜色 5. 压条材料种类、规格	m^2	按设计图示墙净长乘净高以面积计算。扣除门窗洞口及单个＞$0.3m^2$ 的孔洞所占面积	1. 基层清理 2. 龙骨制作、运输、安装 3. 钉隔离层 4. 基层铺钉 5. 面层铺贴
011207002	墙面装饰浮雕	1. 基层类型 2. 浮雕材料种类 3. 浮雕样式	m^2	按设计图示尺寸以面积计算	1. 基层清理 2. 材料制作、运输 3. 安装成型

柱（梁）饰面（编码：011208）

表 7-90

项目编码	项目名称	项目特征	计量单位	工程量计算规则	工作内容
011208001	柱（梁）面装饰	1. 龙骨材料种类、规格、中距 2. 隔离层材料种类 3. 基层材料种类、规格 4. 面层材料品种、规格、颜色 5. 压条材料种类、规格	m²	按设计图示饰面外围尺寸以面积计算。柱帽、柱墩并入相应柱饰面工程量内	1. 清理基层 2. 龙骨制作、运输、安装 3. 钉隔离层 4. 基层铺钉 5. 面层铺贴
011208002	成品装饰柱	1. 柱截面、高度尺寸 2. 柱材质	1. 根 2. m	1. 以根计算量，按设计数量计算 2. 以米计量，按设计长度计算	柱运输、固定、安装

幕墙工程（编码：011209）

表 7-91

项目编码	项目名称	项目特征	计量单位	工程量计算规则	工作内容
011209001	带骨架幕墙	1. 骨架材料种类、规格、中距 2. 面层材料品种、规格、颜色 3. 面层固定方式 4. 隔离带、框边封闭材料品种、规格 5. 嵌缝、塞口材料种类	m²	按设计图示框外围尺寸以面积计算。与幕墙同种材质的窗所占面积不扣除	1. 骨架制作、运输、安装 2. 面层安装 3. 隔离带、框边封闭 4. 嵌缝、塞口 5. 清洗
011209002	全玻（无框玻璃）幕墙	1. 玻璃品种、规格、颜色 2. 粘结塞口材料种类 3. 固定方式		按设计图示尺寸以面积计算。带肋全玻幕墙按展开面积计算	1. 幕墙安装 2. 嵌缝、塞口 3. 清洗

隔断（编码：011210）

表 7-92

项目编码	项目名称	项目特征	计量单位	工程量计算规则	工作内容
011210001	木隔断	1. 骨架、边框材料种类、规格 2. 隔板材料品种、规格、颜色 3. 嵌缝、塞口材料品种 4. 压条材料种类	m²	按设计图示框外围尺寸以面积计算。不扣除单个≤0.3m²的孔洞所占面积；浴厕门的材质与隔断相同时，门的面积并入隔断面积内	1. 骨架及边框制作、运输、安装 2. 隔板制作、运输、安装 3. 嵌缝、塞口 4. 装钉压条
011210002	金属隔断	1. 骨架、边框材料种类、规格 2. 隔板材料品种、规格、颜色 3. 嵌缝、塞口材料品种		按设计图示框外围尺寸以面积计算。不扣除单个≤0.3m²的孔洞所占面积；浴厕门的材质与隔断相同时，门的面积并入隔断面积内	1. 骨架及边框制作、运输、安装 2. 隔板制作、运输、安装 3. 嵌缝、塞口

项目编码	项目名称	项目特征	计量单位	工程量计算规则	工作内容
011210003	玻璃隔断	1. 边框材料种类、规格 2. 玻璃品种、规格、颜色 3. 嵌缝、塞口材料品种	m²	按设计图示框外围尺寸以面积计算。不扣除单个≤0.3m²的孔洞所占面积	1. 边框制作、运输、安装 2. 玻璃制作、运输、安装 3. 嵌缝、塞口
011210004	塑料隔断	1. 边框材料种类、规格 2. 隔板材料品种、规格、颜色 3. 嵌缝、塞口材料品种			1. 骨架及边框制作、运输、安装 2. 隔板制作、运输、安装 3. 嵌缝、塞口
011210005	成品隔断	1. 隔断材料品种、规格、颜色 2. 配件品种、规格	1. m² 2. 间	1. 按平方米计量，按设计图示框外围尺寸以面积计算 2. 以间计量，按设计间的数量计算	1. 隔断运输、安装 2. 嵌缝、塞口
011210006	其他隔断	1. 骨架、边框材料种类、规格 2. 隔板材料品种、规格、颜色 3. 嵌缝、塞口材料品种	m²	按设计图示框外围尺寸以面积计算。不扣除单个≤0.3m²的孔洞所占面积	1. 骨架及边框安装 2. 隔板安装 3. 嵌缝、塞口

3. 墙柱面装饰与隔断幕墙工程的工程量计算

墙柱面装饰与隔断幕墙工程的清单工程量计算规则与计价工程量的相同，均按照设计图示尺寸以面积计算。

【例 7-25】 某一层建筑示意图如图 7-48 所示，柱 Z 的边长为 300mm，M1 洞口尺寸 1000mm×2100mm，C1 尺寸 1200mm×1800mm×80mm，求外墙内外抹灰工程量。

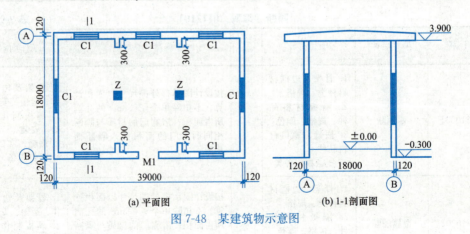

图 7-48 某建筑物示意图

解

外墙内表面抹灰工程量

$$[(39-0.24+18-0.24)\times2+4\times2\times0.3]\times3.9-1.2$$
$$\times1.8\times7-1\times2.1=432.996\mathrm{m}^2$$

外墙外表面抹灰工程量

$$(39.24+18.24)\times2\times(3.9+0.3)-1.2\times1.8\times7-1\times2.1=465.612\mathrm{m}^2$$

7.6.15 天棚工程

1. 天棚工程的内容

天棚工程包括天棚抹灰、天棚吊顶、采光天棚等。

2. 天棚工程的计算规范

详情请见表 7-93~表 7-96 所示。

天棚抹灰（编码：011301） 表 7-93

项目编码	项目名称	项目特征	计量单位	工程量计算规则	工作内容
011301001	天棚抹灰	1. 基层类型 2. 抹灰厚度、材料种类 3. 砂浆配合比	m²	按设计图示尺寸以水平投影面积计算。不扣除间壁墙、垛、柱、附墙烟囱、检查口和管道所占的面积，带梁天棚的梁两侧抹灰面积并入天棚面积内，板式楼梯底面抹灰按斜面积计算，锯齿形楼梯底板抹灰按展开面积计算	1. 基层清理 2. 底层抹灰 3. 抹面层

天棚吊顶（编码：011302） 表 7-94

项目编码	项目名称	项目特征	计量单位	工程量计算规则	工作内容
011302001	吊顶天棚	1. 吊顶形式、吊杆规格、高度 2. 龙骨材料种类、规格、中距 3. 基层材料种类、规格 4. 面层材料品种、规格、 5. 压条材料种类、规格 6. 嵌缝材料种类 7. 防护材料种类	m²	按设计图示尺寸以水平投影面积计算。天棚面中的灯槽及跌级、锯齿形、吊挂式、藻井式天棚面积不展开计算。不扣除间壁墙、检查口、附墙烟囱、柱垛和管道所占面积，扣除单个>0.3m² 的孔洞、独立柱及与天棚相连的窗帘盒所占的面积	1. 基层清理、吊杆安装 2. 龙骨安装 3. 基层板铺贴 4. 面层铺贴 5. 嵌缝 6. 刷防护材料
011302002	格栅吊顶	1. 龙骨材料种类、规格、中距 2. 基层材料种类、规格 3. 面层材料品种、规格 4. 防护材料种类		按设计图示尺寸以水平投影面积计算	1. 基层清理 2. 安装龙骨 3. 基层板铺贴 4. 面层铺贴 5. 刷防护材料
011302003	吊筒吊顶	1. 吊筒形状、规格 2. 吊筒材料种类 3. 防护材料种类			1. 基层清理 2. 吊筒制作安装 3. 刷防护材料

续表

采光天棚工程（编码：011303） 表 7-95

项目编码	项目名称	项目特征	计量单位	工程量计算规则	工作内容
011302004	藤条造型悬挂吊顶	1. 骨架材料种类、规格 2. 面层材料品种、规格	m²	按设计图示尺寸以水平投影面积计算	1. 基层清理 2. 龙骨安装 3. 铺贴面层
011302005	织物软雕吊顶				
011302006	装饰网架吊顶	网架材料品种、规格			1. 基层清理 2. 网架制作安装

采光天棚工程（编码：011303） 表 7-95

项目编码	项目名称	项目特征	计量单位	工程量计算规则	工作内容
011303001	采光天棚	1. 骨架类型 2. 固定类型、固定材料品种、规格 3. 面层材料品种、规格 4. 嵌缝、塞口材料种类	m²	按框外围展开面积计算	1. 清理基层 2. 面层制作安装 3. 嵌缝、塞口 4. 清洗

天棚其他装饰（编码：011304） 表 7-96

项目编码	项目名称	项目特征	计量单位	工程量计算规则	工作内容
011304001	灯带（槽）	1. 灯带型式、尺寸 2. 格栅片材料品种、规格 3. 安装固定方式	m²	按设计图示尺寸以框外围面积计算	安装、固定
011304002	送风口、回风口	1. 风口材料品种、规格 2. 安装固定方式 3. 防护材料种类	个	按设计图示数量计算	1. 安装、固定 2. 刷防护材料

3. 天棚工程的工程量计算

天棚抹灰的清单工程量和计价工程量的计算规则相同，均按设计图示尺寸以水平投影面积计算；不扣除间壁墙、垛、柱、附墙烟囱、检查口和管道所占的面积；带梁天棚、梁两侧抹灰面积并入天棚面积内；板式楼梯底面抹灰按斜面积计算；锯齿形楼梯底板抹灰按展开面积计算。

【例 7-26】 如图 7-49 所示，已知井字梁顶棚主梁尺寸为 500mm×300mm，次梁尺寸为 300mm×150mm，板厚 100mm，请计算井字梁天棚抹灰的清单工程量。

解

$$(9-0.24)\times(7.5-0.24)+[(9-0.24)\times(0.5-0.1)-(0.3-0.1)\times 0.15\times 2]$$
$$+(7.5-0.24-0.6)\times(0.3-0.1)\times 2\times 2=72.37\text{m}^2$$

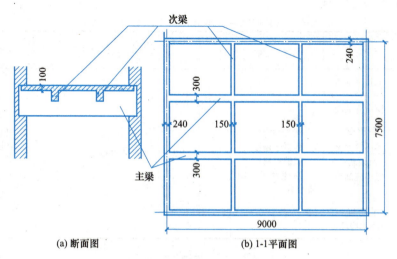

图 7-49 井字梁天棚示意图

7.6.16 油漆、涂料、裱糊工程

1. 油漆、涂料、裱糊工程的内容

油漆、涂料、裱糊工程包括门窗油漆，木扶手及其他板条、线条油漆，木材面油漆，金属面油漆，抹灰面油漆，喷刷涂料和裱糊等。

2. 油漆、涂料、裱糊工程的计算规范

详情见表 7-97～表 7-104 所示。

门油漆（编号：011401） 表 7-97

项目编码	项目名称	项目特征	计量单位	工程量计算规则	工作内容
011401001	木门油漆	1. 门类型 2. 门代号及洞口尺寸 3. 腻子种类 4. 刮腻子遍数 5. 防护材料种类 6. 油漆品种、刷漆遍数	1. 樘 2. m²	1. 以樘计量，按设计图示数量计量 2. 以平方米计量，按设计图示洞口尺寸以面积计算	1. 基层清理 2. 刮腻子 3. 刷防护材料、油漆
011401002	金属门油漆				1. 除锈、基层清理 2. 刮腻子 3. 刷防护材料、油漆

窗油漆（编号：011402） 表 7-98

项目编码	项目名称	项目特征	计量单位	工程量计算规则	工作内容
011402001	木窗油漆	1. 窗类型 2. 窗代号及洞口尺寸 3. 腻子种类 4. 刮腻子遍数 5. 防护材料种类 6. 油漆品种、刷漆遍数	1. 樘 2. m²	1. 以樘计量，按设计图示数量计量 2. 以平方米计量，按设计图示洞口尺寸以面积计算	1. 基层清理 2. 刮腻子 3. 刷防护材料、油漆
011402002	金属窗油漆				1. 除锈、基层清理 2. 刮腻子 3. 刷防护材料、油漆

木扶手及其他板条、线条油漆（编号：011403）

表 7-99

项目编码	项目名称	项目特征	计量单位	工程量计算规则	工作内容
011403001	木扶手油漆	1. 断面尺寸 2. 腻子种类 3. 刮腻子遍数 4. 防护材料种类 5. 油漆品种、刷漆遍数	m	按设计图示尺寸以长度计算	1. 基层清理 2. 刮腻子 3. 刷防护材料、油漆
011403002	窗帘盒油漆				
011403003	封檐板、顺水板油漆				
011403004	挂衣板、黑板框油漆				
011403005	挂镜线、窗帘棍、单独木线油漆				

木材面油漆（编号：011404）

表 7-100

项目编码	项目名称	项目特征	计量单位	工程量计算规则	工作内容
011404001	木护墙、木墙裙油漆	1. 腻子种类 2. 刮腻子遍数 3. 防护材料种类 4. 油漆品种、刷漆遍数	m²	按设计图示尺寸以面积计算	1. 基层清理 2. 刮腻子 3. 刷防护材料、油漆
011404002	窗台板、筒子板、盖板、门窗套、踢脚线油漆				
011404003	清水板条天棚、檐口油漆				
011404004	木方格吊顶天棚油漆				
011404005	吸声板墙面、天棚面油漆				
011404006	暖气罩油漆				
011404007	其他木材面				
011404008	木间壁、木隔断油漆			按设计图示尺寸以单面外围面积计算	
011404009	玻璃间壁露明墙筋油漆				
011404010	木栅栏、木栏杆（带扶手）油漆				
011404011	衣柜、壁柜油漆	1. 腻子种类 2. 刮腻子遍数 3. 防护材料种类 4. 油漆品种、刷漆遍数		按设计图示尺寸以油漆部分展开面积计算	1. 基层清理 2. 刮腻子 3. 刷防护材料、油漆
011404012	梁柱饰面油漆				
011404013	零星木装修油漆				
011404014	木地板油漆			按设计图示尺寸以面积计算。空洞、空圈、暖气包槽、壁龛的开口部分并入相应的工程量内	
011404015	木地板烫硬蜡面	1. 硬蜡品种 2. 面层处理要求			1. 基层清理 2. 烫蜡

金属面油漆（编号：011405） 表 7-101

项目编码	项目名称	项目特征	计量单位	工程量计算规则	工作内容
011405001	金属面油漆	1. 构件名称 2. 腻子种类 3. 刮腻子要求 4. 防护材料种类 5. 油漆品种、刷漆遍数	1. t 2. m²	1. 以吨计量，按设计图示尺寸以质量计算 2. 以平方米计量按设计展开面积计算	1. 基层清理 2. 刮腻子 3. 刷防护材料、油漆

抹灰面油漆（编号：011406） 表 7-102

项目编码	项目名称	项目特征	计量单位	工程量计算规则	工作内容
011406001	抹灰面油漆	1. 基层类型 2. 腻子种类 3. 刮腻子遍数 4. 防护材料种类 5. 油漆品种、刷漆遍数 6. 部位	m²	按设计图示尺寸以面积计算	1. 基层清理 2. 刮腻子 3. 刷防护材料、油漆
011406002	抹灰线条油漆	1. 线条宽度、道数 2. 腻子种类 3. 刮腻子遍数 4. 防护材料种类 5. 油漆品种、刷漆遍数	m	按设计图示尺寸以长度计算	
011406003	满刮腻子	1. 基层类型 2. 腻子种类 3. 刮腻子遍数	m²	按设计图示尺寸以面积计算	1. 基层清理 2. 刮腻子

喷刷涂料（编号：011407） 表 7-103

项目编码	项目名称	项目特征	计量单位	工程量计算规则	工作内容
011407001	墙面喷刷涂料	1. 基层类型 2. 喷刷涂料部位 3. 腻子种类 4. 刮腻子要求 5. 涂料品种、喷刷遍数	m²	按设计图示尺寸以面积计算	1. 基层清理 2. 刮腻子 3. 喷刷涂料
011407002	天棚喷刷涂料				
011407003	空花格、栏杆刷涂料	1. 腻子种类 2. 刮腻子遍数 3. 涂料品种、喷刷遍数		按设计图示尺寸以单面外围面积计算	
011407004	线条刷涂料	1. 基层清理 2. 线条宽度 3. 刮腻子遍数 4. 刷防护材料、油漆	m	按设计图示尺寸以长度计算	1. 基层清理 2. 刮腻子 3. 喷刷涂料

续表

项目编码	项目名称	项目特征	计量单位	工程量计算规则	工作内容
011407005	金属构件刷防火涂料	1. 喷刷防火涂料构件名称 2. 防火等级要求 3. 涂料品种、喷刷遍数	1. m² 2. t	1. 以平方米按设计展开面积计算 2. 以吨计量,按设计图示尺寸以质量计算	1. 基层清理 2. 刷防护材料、油漆
011407006	木材构件喷刷防火涂料		m²	以平方米计量,按设计图示尺寸以面积计算	1. 基层清理 2. 刷防火材料

裱糊（编号：011408） 表 7-104

项目编码	项目名称	项目特征	计量单位	工程量计算规则	工作内容
011408001	墙纸裱糊	1. 基层类型 2. 裱糊部位 3. 腻子种类 4. 刮腻子遍数 5. 粘结材料种类 6. 防护材料种类 7. 面层材料品种、规格、颜色	m²	按设计图示尺寸以面积计算	1. 基层清理 2. 刮腻子 3. 面层铺粘 4. 刷防护材料
011408002	织锦缎裱糊				

3. 油漆、涂料、裱糊工程的工程量计算

油漆、涂料、裱糊工程的清单工程量计算规则和计价工程量计算规则相同。

 习题

1. 简述工程量清单的组成及其编制方法。
2. 简述招标控制价的编制过程。
3. 简述投标报价的编制依据和编制方法。
4. 简述不同计价方式下合同的种类。
5. 清单工程量与计价工程量的区别是什么?

主要参考文献

[1] 刘亚臣. 工程经济学 [M]. 3 版. 大连：大连理工大学出版社，2008.
[2] 黄晨，曾学礼，徐媛媛. 建筑工程经济 [M]. 天津：天津大学出版社，2016.
[3] 王雪青. 工程估价 [M]. 3 版. 北京：中国建筑工业出版社，2020.
[4] 朱溢镕，阎俊爱，韩红霞. 建筑工程计量与计价 [M]. 北京：化学工业出版社，2016.
[5] 徐大图. 工程造价的确定与控制 [M]. 北京：中国计划出版社，1997.
[6] 谭大路. 工程估价 [M]. 4 版. 北京：中国建筑工业出版社，2019.
[7] 全国监理工程师培训教材编写委员会. 工程建设投资控制 [M]. 北京：中国建筑工业出版社，2018.
[8] 全国造价工程师培训教材编写委员会. 工程造价的确定与控制 [M]. 北京：中国计划出版社，2018.
[9] 全国一级建造师执业资格考试用书编写委员会. 建设工程经济 [M]. 北京：中国建筑工业出版社，2020.
[10] 姜慧，李学田. 建筑工程清单计价实务 [M]. 北京：中国建筑工业出版社，2014.
[11] 中华人民共和国住房和城乡建设部. 建设工程工程量清单计价规范 GB 50500—2013 [S]. 北京：中国计划出版社，2013.
[12] 中华人民共和国住房和城乡建设部. 房屋建筑与装饰工程工程量计算规范 GB 50854—2013 [S]. 北京：中国计划出版社，2013.
[13] 中华人民共和国住房和城乡建设部. 建筑工程建筑面积计算规范 GB/T 50353—2013 [S]. 北京：中国计划出版社，2014.
[14] 中国建设工程造价管理协会.《建筑工程建筑面积计算规范》图解 [M]. 北京：中国计划出版社，2015.